全球史 —人类文明新视野—

The Treasures of Alexander the Great

How One Man's
Wealth
Shaped the World

Frank L. Holt

亚历山大大帝的宝藏

一个人的财富
如何塑造世界

[美] 弗兰克·霍尔特 著
曹磊 译
陈慕尧 审校

中国社会科学出版社

审图号：GS（2023）3840 号
图字：01-2021-3550 号
图书在版编目（CIP）数据

亚历山大大帝的宝藏：一个人的财富如何塑造世界/（美）弗兰克·霍尔特著；曹磊译．—北京：中国社会科学出版社，2024.7
（鼓楼新悦）
书名原文：The Treasures of Alexander the Great：How One Man's Wealth Shaped the World
ISBN 978-7-5227-2764-6

Ⅰ.①亚… Ⅱ.①弗… ②曹… Ⅲ.①亚历山大大帝(前356-前323)—人物研究 ②古希腊—历史 Ⅳ.①K835.407=2 ②K125

中国国家版本馆 CIP 数据核字(2023)第 235648 号

ⓒ Oxford University Press 2016
Simplified Chinese translation copyright 2024 by China Social Sciences Press. All rights reserved.
The Treasures of Alexander the Great：How One Man's Wealth Shaped the World was originally published in English in 2016. This translation is published by arrangement with Oxford University Press. China Social Sciences Press is solely responsible for this translation from the original work and Oxford University Press shall have no liability for any errors, omissions or inaccuracies or ambiguities in such translation or for any losses caused by reliance thereon.
《亚历山大大帝的宝藏：一个人的财富如何塑造世界》英文版最初于 2016 年出版。本简体中文译本经牛津大学出版社授权出版。中国社会科学出版社对原著译文全权负责，牛津大学出版社对译文中的任何错误、遗漏、不准确、歧义或因依赖译文而造成的任何损失不承担任何责任。

出 版 人	赵剑英
项目统筹	侯苗苗
责任编辑	夏文钊
责任校对	郝阳洋
责任印制	王 超

出　　版	中国社会科学出版社
社　　址	北京鼓楼西大街甲 158 号
邮　　编	100720
网　　址	http://www.csspw.cn
发 行 部	010-84083685
门 市 部	010-84029450
经　　销	新华书店及其他书店
印刷装订	北京君升印刷有限公司
版　　次	2024 年 7 月第 1 版
印　　次	2024 年 7 月第 1 次印刷
开　　本	880×1230　1/32
印　　张	15.875
字　　数	308 千字
定　　价	96.00 元

凡购买中国社会科学出版社图书，如有质量问题请与本社营销中心联系调换
电话：010-84083683
版权所有　侵权必究

图 1.1 培拉的亚历山大半身像
摄影：卡罗勒·拉达托（Carole Raddato）

图 1.2　亚历山大金币背面的雅典娜© Bpk, Berlin/Münzkabinett, Staatliche Museen/Art Resource, New York.

图 2.1　培拉的马其顿王宫
摄影：卡罗勒·拉达托（Carole Raddato）

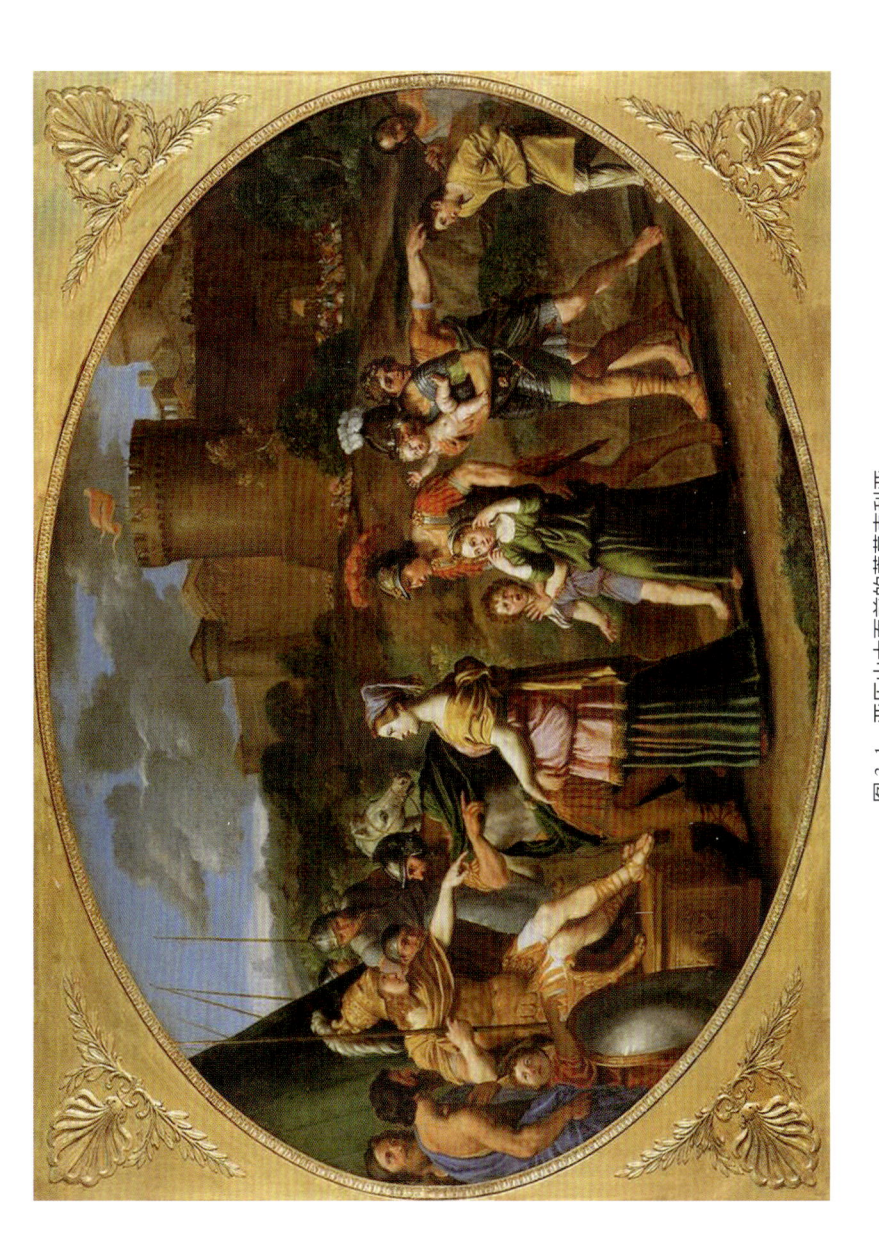

图 3.1 亚历山大面前的蒂莫克利亚

作者：多美尼基诺（Domenichino）

图 3.2 伊苏斯的马赛克镶嵌画，意大利那不勒斯国家考古博物馆
摄影：卡罗勒·拉达托（Carole Raddato）

图 4.1 波斯波利斯的废墟
摄影：阿里·穆萨维（Ali Mousavi）

图 4.2 波斯波利斯的朝贡者（阿帕达纳浮雕）
摄影：A. 戴维（A. Davey）

图 6.1 伊苏斯马赛克镶嵌画（细部）
摄影：卡罗勒·拉达托（Carole Raddato）

图 7.1 腓力二世发行的 4 德拉克马钱币（反面）
来源：CNG（Classical Numismatic Group, LLC） http：//www.cngcoins.com

图 7.2 亚历山大发行的 4 德拉克马钱币（反面） © Frank Holt.

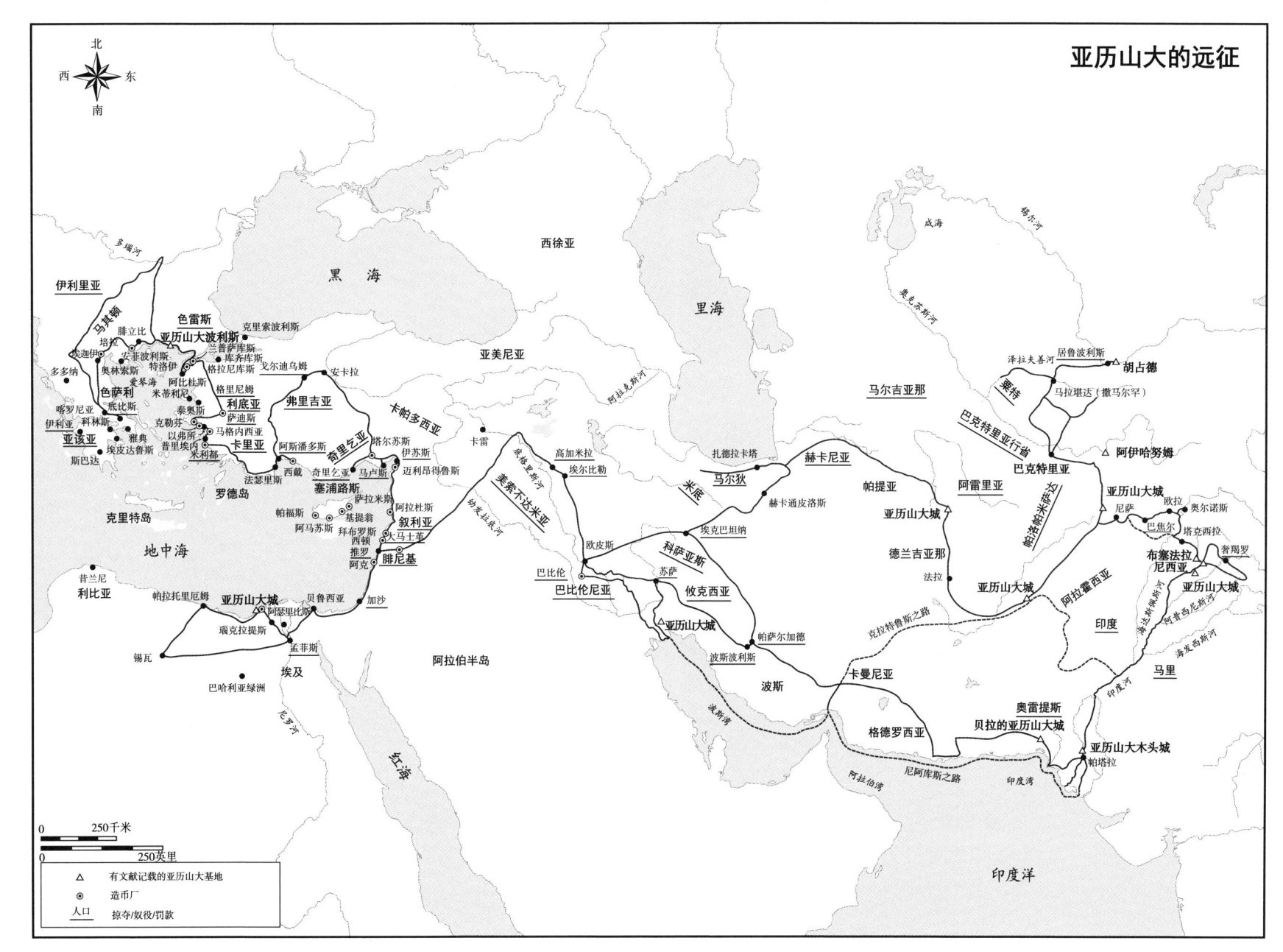

亚历山大远征地图

插图系原书插附地图

他掠夺的财富数量超乎想象。

——西西里的狄奥多罗斯[1]

---

[1] Diodorus of Sicily,生活在公元前1世纪的古希腊历史学家(如无特殊说明,本书脚注均为译者注,下同)。

qqqqqqqqqqddddddddtttttttttttttttt

hhnnnnnnnoooooooppooooooooooo;;;;;;;;;;;;;;

\\\\\\\\\\\\\\\\\.,\

那些在我的手稿页面上用脚尖打出如上字符的猫,

是本书每行文字的第一位热心读者,

也是首任不靠谱的编辑。

杰蒂,

汉,

贝拉。

目 录

关于书中单位的说明	001
前言	001
第1章 引言	011
想象"超乎想象"	013
研究资料和方法	019
探索被忽视的历史	037
第2章 贫穷的亚历山大?	043
低微的出身	045
塑造一位英雄	059
战争和财富	068
第3章 征服,亲善和高成本	077
巴尔干宝藏	079
小亚细亚	086
中东及以外地区	094

第 4 章　重述刀光剑影的祈祷　　115
　　彼可取而代之　　118
　　超乎想象的战利品　　121
　　波斯波利斯的陷落　　130
　　历史性的驮运　　141
　　印度王公、财富和仇恨　　150

第 5 章　国王的轻重缓急　　157
　　个人馈赠和资助　　160
　　宗教和仪式　　177
　　城市和其他基础建设　　183
　　陆军和海军　　187

第 6 章　混乱的管理　　197
　　幸运的色萨利，倦怠的马其顿　　199
　　债务和绝望　　206
　　大司库哈帕拉斯　　211
　　诈骗和阴谋　　219
　　哈帕拉斯还是亚历山大？　　227
　　继承者们　　232

第 7 章　结论　　239
　　一个和道德有关的故事　　241

心态和观念的变化　　　　　　　　　　**249**

　　货币化　　　　　　　　　　　　　　　**260**

　　钱币计数　　　　　　　　　　　　　　**268**

　　如何解释我们看到的一切　　　　　　　**279**

附录 1　古代度量衡和现代换算　　　　　289

附录 2　史料中记载的亚历山大财富统计　　293

附录 3　史料中记载的亚历山大债务统计　　301

附录 4　今在何处？　　　　　　　　　　313

注释　　　　　　　　　　　　　　　　　319

参考书目　　　　　　　　　　　　　　　454

重要译名对照表　　　　　　　　　　　　495

关于书中单位的说明

由于本书中多处使用了特殊单位，为便于读者理解，编者于正文开始前进行简要说明。

在涉及较大重量时，作者使用的单位"吨"（ton）并非公吨（metric ton，1 公吨 = 1000 千克），而是短吨（short ton，1 短吨 = 2000 磅 ≈ 907 千克）。

作者提及多种涉及货币的单位，编者就主要几种进行简要说明：

德拉克马（Drachma），古希腊银币，重约 4.3 克。

奥波尔（Obol），古希腊银币，面值为 1/6 德拉克马。

迈纳（Mina），代表 100 德拉克马银币重量的单位。

泰兰特（Talent），作为会计术语时指代一定价值的白银：

1 泰兰特 = 60 迈纳 = 6000 德拉克马 = 3.6 万奥波尔。

关于单位更详细的说明，可参见附录 1。

前　言

亚历山大大帝的矛盾复杂历史始终困扰着我们。这位年轻统治者魅力四射，彬彬有礼，善良、精明，同时又浮躁、残忍，他时而显露出高超的天赋，时而孩子般地装腔作势。他凭借超乎常人的才能调动各类资源，统率大军横扫三大洲，同时却对手中的资产缺乏有效管理，以至于任由世界上最庞大的财富两次落入沉迷享乐主义的小偷手中，还让追随他的士兵背上了难堪的债务。终其一生，亚历山大大帝维系着一个从巴尔干半岛（Balkans）绵延至今天印度海发西斯河[1]流域的大一统帝国，身后却为世人留下了历史上持续时间最为漫长的领土争端之一：仅仅因为一段争议边界就挑动得若干国家大打出手，甚至引发了前后6次叙利亚（Syrian）战争[2]。从某些方面来说，东征西讨的亚历山大与古代世界的其

---

[1] Hyphasis River，即发源于印度喜马偕尔邦古卢县罗唐山口的贝阿斯河（Beas River）。
[2] 公元前276—前195年，古埃及和塞琉古帝国为争夺地缘霸权，先后打了5次叙利亚战争，第6次叙利亚战争即该国持续至今的内战。

他人相比更具人性，比如他对底比斯[1]的蒂莫克利亚[2]、波斯（Persia）的大流士（Darius）家族和印度王公波鲁斯[3]的宽宏大量。然而这位年轻统治者屠戮战俘、杀害麾下将领，甚至对平民百姓斩草除根时也毫不手软。正因如此，他才得以在短时间内掳掠了比历史上其他统治者规模都要庞大的人口和财富。

公元前 1 世纪的历史学家西西里的狄奥多罗斯就像 21 世纪的我们策划广告那样，字斟句酌地试图通过某种恰当方式形容亚历山大在战争中赢得的巨大财富，他最终选中的字眼是"超乎想象"（unimaginable）。这个说法今天依然非常流行，却已难入很多严肃历史学家的法眼。亚历山大如何搜刮到如此多的财富？它的规模究竟有多大？它被藏在何处？聚敛它的目的又是什么？正如俗语所说的那样——找到了钱，也就找到了人，上述问题的答案将直接影响后人对于这位古代统治者生平及其社会文化遗产的认识。为了寻找答案，我们需要绕开那些抽象的形容词，追索以事实和数字的方式存在的蛛丝马迹。由此而来的结果或许无法让我们了解亚历山大当政

---

[1] Thebes，古希腊城邦。
[2] Timocleia，古希腊历史学家普鲁塔克在《亚历山大传》中有这样的记载，大概意思是说蒂莫克利亚是底比斯的一位贵族女性，底比斯沦陷时用计杀死了亚历山大手下趁乱强奸她的军官，亚历山大却没有追究她的责任。
[3] Raja Porus，"王公"在古印度是个相当于"国王"的尊称，波鲁斯是亚历山大的手下败将。

时期以统计学为基础的经济概况，却能反映这位统治者思想意识方面基本的轻重取舍和治国理念，以及此类思想意识在他征战生涯中的行为外化。

遗憾的是，目前成果斐然的亚历山大大帝研究领域对这个问题的关注依然比较有限。过去 65 年中，林林总总以亚历山大生平为题的专著和文章总数超过 4000 部（篇），主题涉及"财富""金钱""预算""商业""金融""掠夺""抢劫""奴隶"或"战利品"等关键词的却不到 25 部（篇），这其中最广为人知的包括本书参考书目收录的 1987 年米尔恩斯[1]、2007 年乔治·勒·里德[2]、2009 年丹尼尔·弗兰茨[3]和 2015 年博尔贾·安特拉·伯纳德[4]等学者出版的相关专著。总的来说，各类以亚历山大为题的专著对他拥有的财富视而不见，众多以古代经济为研究对象的专著却又无视亚历山大的存在，至于那些专门研究古代钱币的学者，他们似乎认为除货币以外的其他财富形式都没有任何意义，聚焦古代军事历史的学者则基本不算经济账。有鉴于此，写作本书的意图就是要在历史、经济、古典文学、考古和钱币学等领域之间促成一场有趣的"对话"。

---

[1] R. D. Milns，指 Robert David Milns，生于 1938 年，澳大利亚昆士兰大学教授。
[2] Georges Le Rider，1928—2014 年，法国历史学家。
[3] Daniel Franz，德国曼海姆大学古代史系主任。
[4] Borja Antela-Bernárdez，巴塞罗那自治大学教授。

在此基础上，本书的内容还将对某些近期或稍早出现的相关课题予以关注，比如纽约公共事务出版社（New York: Public Affairs）2014年推出的夸西·科沃滕[1]的《战争和黄金：五百年的帝国冒险和债务史》(*War and Gold: A 500-Year History of Empires, Adventures, and Debt*)，亚历山大在这本书中虽然没有露面，我们却可以提出这样的疑问——夸西·科沃滕为哈布斯堡王朝（Hapsburgs）量身定做的那套研究范式是否可以照猫画虎地套用在年代再早1000年的马其顿帝国（Macedonians）身上？以此类推，2014年考古学家伊恩·莫里斯[2]在纽约法勒、斯特劳斯和吉鲁图书公司（New York: Farrar, Straus and Giroux）出版的颇具争议的《为何而战》(*War! What Is It Good For?*)一书中所体现的那种"大历史"[3]的研究视域对本书而言其实也不无裨益。仅就"战争的深远影响"这个话题来说，亚历山大绝对是个理想的切入点，然而这位年轻征服者在伊恩·莫里斯的书中很少露面。该书第9页中，作者有违常规地强调了武装冲突的益处，进而得出结论，战争或许是人类发明的最文明的东西之一：

---

[1] Kwasi Kwarteng，英国经济学家，曾任英国财政大臣。
[2] Ian Morris，英国历史学家，斯坦福大学教授。
[3] Big History，通俗地说就是"小切口，大深度"，以某件小事为切入点，以小见大，综合采用考古、社会、民俗、文化、经济、自然科学等多方面的资源，还原、探索某个时期社会历史风貌。

这个过程总是伴随着动荡和不公，战争的胜利者总是进行强暴和掠夺，让成千上万的幸存者变为奴隶，并窃走他们的土地，失败者在随后若干代人的时光里可能都将堕入贫穷凄惨的境地。从某种意义上来说，战争不好，也不经济，但是随着时光流逝，数十年以后或者数个世纪以后，一个更加强大的社会必将在战争的废墟上拔地而起，为包括胜利者和失败者的后代子孙在内的每个人带来福祉……战争繁荣了这个世界。

伊恩·莫里斯特意用斜体字强调了"每个人"（everyone）这个词语，他的观点仿佛是对 1900 年以前普鲁塔克[1]《论道德》（*Moralia* 328b）相似观点的隔空再现：

即便是被亚历山大打败的对手，也托他的福兴旺发达。

按照普鲁塔克在《论道德》（328e）中的说法，亚历山大发动的战争让那些被征服者过上了富足、幸福的生活。对此，我们不禁要问，伊恩·莫里斯和他的观点是否有几分道理呢？

以广阔视域和长远目光为基础的多角度交叉分析，意在扫除

---

[1] Plutarch of Chaeronea，古希腊历史学家。

历史上的某些极端特例，其最终目的就是填补"大历史"研究过程中可能存在的"漏洞"。问题在于，这样的"漏洞"的确能对我们的研究产生影响。例如，你可以尝试这样想问题：历史上没有任何一场战争足以彻底根除奴役，当今世界的现代战争也无法做得更好。时至今日，仍有 2700 万人以奴隶的身份苟活于世。人类历史的绝大部分时间里，人数如此众多的奴隶的存在对于我们构建的那套历史理论框架来说实在是个令人非常不安的大"漏洞"，因为按照这套理论，一次又一次的战争本该让我们的世界变得更安全、更富足也更文明，可实际的情况却是战争造成的奴隶比它解放的奴隶还要多。各国政府或许能借打仗的方式避免本国人民沦落为奴，却无法从社会层面彻底根除奴役。那些认为战争可以让国家更强大，同时杜绝奴役等暴行泛滥的观点忽略了一个事实——目前有文字记载的历史中，前 90% 的篇幅都从未提到这种理想状态的出现。

　　本书随后几页的内容不会对这些历史的无法自圆其说之处视而不见，它们将集中精力关注公元前 4 世纪几个特定年份的细枝末节，恰恰是这几年让整个世界为之震动。作者将聚焦战争与财富、权力与掠夺间的关系，意在更加深入地理解亚历山大这个令人惊叹又令人沮丧的复杂个体，直到今天，萦绕在他身边的重重迷雾仍然欺瞒着我们的双眼。这个人年轻、大胆、聪明又残忍，无疑是一位成功者，不过一位成功者的出现必然要以无数人的失败为代价，还需要普鲁塔克、伊恩·莫里斯等人有意无意的配合[1]，历史上诸如此类的"合作者"实在不乏其人。本书的目标是要驳斥那些针对亚历山大的不公平指控，同时对那些强加到他身上的不实之词提出疑问，这两项任务需要我们以客观中立的眼光考量历史。要想做到客观中立，首先应该意识到国王虽然是他统辖王国中一切事物的所有者和仲裁者，然而他并非全知全能、无所不能，恰恰相反，身为最高统治者的亚历山大可能对自己面对的某些重要经济问题一窍不通。因此，本书探讨的话题将通过不同人物的立场被多角度、全方位呈现，无论这些人是普通士兵还是家庭妇女，是波斯人还是埃及人。

作者本人的能力有限，本书的写作得到来自多位不同专业背景人士的通力协助。这里首先要感谢牛津大学出版社的高级文学编辑斯特凡·弗兰卡和助理编辑莎拉·皮罗维茨，还要感谢以项目主管玛丽·乔·罗德斯为代表的牛津大学出版社编辑团队为我提供的高明建议，以及他们对整个编辑流程的专业把控。此外，来自奥纳西斯基金会[2]的资助让我能够以奥纳西斯高级访问学者的身份参与

---

[1] 指不同社会文化语境中的历史学家从自身角度出发对亚历山大这个历史人物进行的知识构建。
[2] Onassis Foundation，1975 年由"希腊船王"、前世界首富亚里士多德·奥纳西斯（Aristotle Onassis）创立。

一系列高校学术研讨会，为本书的最终完成起到了推动作用。受惠于该基金会的这个项目，我有幸以自己正在从事的研究工作为题发表演讲，参与学术讨论。这里，我还希望向芝加哥大学（University of Chicago）、伊利诺伊大学（University of Illinois）和辛辛那提大学（University of Cincinnati）那些好客的主人表达谢意。如此精彩绝伦的一次人生经历与奥纳西斯基金会教育项目主管玛丽亚·塞雷蒂博士的鼎力协助密不可分。

感谢我所供职的大学为本书写作提供的优越研究条件，感谢他们购买本书插图和地图版权，感谢该校研究生弗朗西斯·约瑟夫和本科生凯文·哈特利的帮助，他们的辛勤付出播撒在本书的字里行间。感谢西奥多·安蒂卡斯教授（Professor Theodore Antikas）就费尔吉纳十三陵[1]问题提供的专业信息，感谢本杰明·加斯塔德教授（Professor Benjamin Garstad）在安条克[2]问题上对我的及时点醒，感谢我的导师斯坦利·伯斯坦（Stanley Burstein）耐心细致地阅读本书的全部初稿，并在必要之处提出明智的建议和批评指正，感谢凯瑟琳·鲁滨康（Catherine Rubincam）对本书初稿第1章给予的专业意见，除此之外，出版社遴选的那些匿名读者的盲审意见也

---

［1］ Vergina tombs，位于今马其顿，亚历山大家族的王室墓地。
［2］ 原文为Malalas，叙利亚安条克古城的别称，亚历山大曾率军征战该地，因为"安条克"这个地名在英文资料中更常用，此处从俗翻译。

令我受益匪浅。本书写作过程中，我的妻子琳达一如既往地将初稿来回通读了好几遍，让我得以体会自己的研究成果得到分享的乐趣。我家里养的那些猫科动物也为本书帮了好多倒忙，尽管如此，我还是希望将这本书献给它们。

弗兰克·霍尔特

得克萨斯，休斯敦

2015 年 4 月

第 1 章

引言

> 壮士披挂整齐，看守自己的住宅，他所有的都平安无事。但有一个比他更壮的来，胜过他，就夺去他所依靠的盔甲兵器，又分了他的赃。
>
> 《圣经·路加福音》第 11 章第 21—22 节

战利品属于战争的胜利者，没有一位征服者能够像公元前 356—前 323 年在世的马其顿亚历山大大帝那样，在如此短暂的人生中左右数量如此之多人的命运，聚敛规模如此庞大的财富。[1] 亚历山大野心勃勃、天赋异禀，远超同时代的芸芸众生（请见图 1.1），他打败了从阿尔巴尼亚（Albania）到印度（India）200 万平方英里[1]辽阔土地上众多披坚执锐的强人。他的威名远播欧亚非三块大陆，停止征伐的原因只不过是因为那个时代的他对世界上的第四块大陆一无所知。亚历山大剑锋所到之处，无不烽烟四起；烽烟四起过后，那些土地无不臣服于他的脚下；依靠这些被征服领土，他手中的财富变得愈加庞大。最终，亚历山大将早年间特洛伊（Troy）王子、埃及法老、亚述（Assyria）国王以及印度河流域大小城邦王公（raja）拥有的资产集于一身。这其中最有利可图

---

[1] 英制单位，1 平方英里≈2.59 平方千米。

的一场战争发生在阿契美尼德波斯帝国[1]，亚历山大闯入他们的宫殿，夺走他们的财宝，对后世产生了史诗般的影响。始终有观点认为，这位征服者手中巨额财富的分崩离析永久性地改变了他身后的世界，终结了古典文明时代[2]，开启了公元前330—前30年名为"希腊化时代"（Hellenistic Age）的新纪元。² 那些受马其顿、叙利亚（Syria）、埃及等希腊化王国掌控的资源随后又易手成为古罗马人的战利品，后者以亚历山大大帝的遗产为基础建立了自己的帝国。我们由此可以得出这样一个结论：亚历山大实际统治近东地区虽然只有数十年的光阴，他遗留的财富却掌控欧亚大陆长达几个世纪。

想象"超乎想象"

准确估量亚历山大宝藏的规模从来都是一项棘手的工作。当代历史学家通常倾向于对其使用"巨大""庞大""神话般的"之类的形容词，某位学者则声称这位统治者掠夺的战利品多得"让人无

---

[1] Achaemenid Persian Empire，又被称为波斯第一帝国，横跨欧亚非三块大陆，存在于公元前550—前330年间。
[2] Classical civilization，指古希腊和古罗马文明，亚历山大的崛起终结了古希腊本土文明的繁荣时代。

法想象"。[3]古代学者习惯用"无法估量""超乎想象"之类的词语表达自己对这笔巨额财富的敬畏。来自西西里岛的历史学家狄奥多罗斯讲述了亚历山大攻陷首座城市并将它化为焦土的场景:

> 6000多个底比斯人被杀死,还有超过3万人沦落为奴,他掳掠的财富规模超乎想象。[4]

关于亚历山大从波斯帝国抢走的金银财宝,历史学家昆图斯[1]做了这样的记载:

> 与亚历山大劫掠财富规模有关的各种传说神乎其神,数量大得令人难以置信。[5]

思前想后,昆图斯最终还是接受了这些难以置信的说法。[6]我们是否也该拾前人牙慧呢?

"超乎想象"和"庞大"这两个虚无缥缈的形容词背后还零零散散隐藏着一些数字,它们意味着亚历山大在短短4个月的征战中搜刮的战利品数量相当于公元1520—1660年140年间西班牙从美洲

---

[1] Quintus Curtius Rufus,生活在公元1世纪的古罗马历史学家。

攫取的财富总量的 1/4。[7] 事实上，人们已经普遍意识到只有旧世界对新世界的发现和劫掠能与亚历山大在波斯的掠夺相媲美。[8] 话说到这里，历史上有关亚历山大调集 5000 峰骆驼和 2 万匹骡子，从他攻占的波斯城市运走大量财宝的说法是否真实可信呢？[9] 这支驮队如果真实存在，从头到尾的总长应该超过 70 英里[1]，浩浩荡荡犹如一列长度相当于纽约到纽黑文（New Haven）或者伦敦到南安普顿（Southampton）的巨型"运钞火车"。"车轮"缓慢所及之处，路面上仿佛漫过了一条金河。

据时年 25 岁的西塔·冯·雷登[2]说，以古希腊雅典城邦鼎盛时期的年货币发行量为准，亚历山大手中的金银财宝足够满足该城邦整整 3 个世纪的造币需要。[10] 弗朗索瓦·代·卡拉泰[3]曾计算过，"如果给 10 万人每人每天发放 1 德拉克马[4]的话，这笔财富最起码可以支撑 20 年"。[11] 西西里的索菲亚·克雷米迪[5]则认为亚历山大的富有超越了此前的历任马其顿国王的财富总和。[12] 据估算，假如公元前 323 年全世界的在世者每人拥有价值相当于 1 德拉克马的白银，那么亚历山大手中的财富总和将是他们所有人的财富加起

---

[1] 英制单位，1 英里 ≈ 1.6093 千米。——编者注
[2] Sitta von Reden，德国历史学家，生于 1962 年，以研究古代经济史见长，作者指的是她 1987 年毕业时撰写的论文。
[3] François de Callataÿ，比利时人，法国巴黎高等研究应用学院教授。
[4] drachma，古希腊货币单位。
[5] Sophia Kremydi-Sicilianou，隶属于希腊国家研究基金会的历史学家。

来的 11 倍之多。[13] 总的来说，生活在公元前 4 世纪，也就是与亚历山大同时代的一位普通泥瓦匠，即使不吃不睡，以一秒一块的速度连续砌 6 万年的砖，也无法累积超越前者的财富；同时代一位收入不错的石匠——每刻 50 个字母就能赚到 1 德拉克马——要想挣到与亚历山大数量相同的财富，他必须把全套《不列颠百科全书》（*Encyclopedia Britannica*）从头到尾来回刻 352 遍。[14] 规模如此庞大的财富全部汇聚到一个人手中，这实在令人难以想象。

毋庸置疑，这个以亚历山大为核心的宝藏传说掺杂了米达斯[1]等其他财富英雄故事的成分。[15]《马加比家族》[2] 的作者认为，亚历山大"一直打到世界尽头，抢劫了数不清的国家"。[16] 公元 6 世纪的编年史家们相信，扼守博斯普鲁斯海峡（Bosporus Strait）的古城克里索波利斯（Chrysopolis，黄金之城）得名自亚历山大，后者据说曾在此地逗留，并向手下士兵散发了大量金银财宝。[17] 公元 13 世纪在非洲建立马里帝国的松迪亚塔·凯塔[3]则声称自己受到亚历山大传奇故事的感召，他将这位年轻统治者尊称为"伟大的金银

---

[1] Midas，古希腊国王，据说他有一根手指能点石成金。
[2] Maccabees，犹太人群体中的世袭祭司家族。
[3] Sundiata Keita，1190—1255 年，民间传说这个人天生下肢瘫痪，后来却在神的帮助下成为帝国开创者。

之王"。[18] 1个世纪以后，在印度，富有的苏丹穆巴拉克一世[1]在国内发行的大号银币上镌刻了自己的尊号——"Sikandar al-zaman"，它的含义是"以亚历山大之名"。[19] 中亚地区的民间传说仍然认为乌兹别克斯坦（Uzbekistan）和塔吉克斯坦（Tajikistan）境内"播撒黄金"的泽拉夫善河[2]得名于亚历山大在它的上游修建的一座纯金大坝。[20]

在当代通俗小说中，拉法叶·罗纳德·贺伯特[3]的《万人坑》（Tomb of the Ten Thousand Dead）描述了一场围绕着亚历山大埋藏在巴基斯坦沙漠中诱人宝藏的暗含杀机的探险旅程。[21] 无独有偶，史蒂夫·贝利[4]的小说《变节的威尼斯人》（The Venetian Betrayal）、1947年的电影《水手辛巴达》（Sinbad the Sailor）、乔治·卢卡斯[5]的标题为《孔雀眼的宝藏》（Treasure of the Peacock's Eye）的青年印第安纳·琼斯系列探险电视剧中的一集也都以形形色色的亚历山大宝藏传说为蓝本。[22] 流行游戏《萨曼莎·斯威夫特

---

[1] Mubarak I，公元15世纪印度赛义德王朝的建立者，他的家族自称是先知穆罕默德的后裔。
[2] Zerafshan River，这条河又被称为黄金河谷，沿河两岸遍布金矿。
[3] L. Ron Hubbard，指 Lafayette Ronald Hubbard，1911—1986年，美国作家，擅长撰写具有浓烈宗教文化色彩的小说。
[4] Steve Berry，美国律师兼作家。
[5] George Lucas，美国导演，代表作《星球大战》和《夺宝奇兵》系列。

与点金术》[1]的玩家还要帮助虚拟的年轻考古学家按图索骥,找寻亚历山大"最大一笔金银财宝"的埋藏地点。²³ 随着"亚历山大大帝:财富两千年"考古展览在澳大利亚悉尼的开幕,市面上还出现了一个与上述游戏内容类似、名为"打包与掠夺"[2]的寻宝游戏。在某些人最不着边际的想象中,那些鸡鸣狗盗之辈似乎真的已经将失落的亚历山大大帝宝藏收入囊中。其中一种说法宣称有人在伊利诺伊州的山洞里找到了价值相当于 6000 万美元的古代黄金,以及亚历山大本人的遗体[3](与他共葬的甚至是埃及艳后克莉奥帕特拉!),而负责守卫他们的是一位名叫查理(Charlie)的碎嘴子鬼魂。²⁴ 与这个说法针锋相对,还有一种说法认为亚历山大和克莉奥帕特拉的尸身藏匿在约旦的某个山洞里,身边环绕着无数金银财宝。有些版本的传说甚至把安东尼[4]也塞进了这个山洞,而秘密地(同时也非常方便地)守护他们免遭尘世打扰的,是一个所谓的"神秘社团"。²⁵

天马行空的想象和夸张背后隐藏着亚历山大宝藏的真相。这位年轻统治者究竟攫取了多少形式各异的财富,这些财富又是从什么

---

[1] 原文为 Samantha Swift and the Golden Touch,暂无官方中文译名。
[2] Pack'n Plunder 游戏内容是一群动物化身劫富济贫的侠客,暂无官方中文译名。
[3] 亚历山大的遗体后来在坟墓中神秘消失,由此引发了各种各样的传说。
[4] Marc Antony,古罗马军事家和政治家,最终与埃及艳后一起自杀身亡。

地方来的？腰缠万贯的他又将如何对待，尤其是如何有效地管理手中的财富？他会选择何种方式挥霍这些钱，这些金银财宝又将如何塑造、影响他的人格和决断？这笔财富如今埋藏在何处？……很大程度上，这些问题已经被萦绕在亚历山大周围的众说纷纭所淹没。为了回答这些问题，当代学者需要以更有效的方式在头脑中还原一个古代世界，类似这样的研究思路必须克服若干无法回避的障碍，比如已知史料性和文学性资料的缺失；不同文献资料因立场倾向不同而导致的片面性；还有现存实物材料相对有限导致材料彼此之间的相互关联无法确证，尤其是在古代钱币领域，这个问题特别突出；再比如，到底有多少东西能被划定在亚历山大宝藏或财富的范围以内，这无疑也是一个亟须明确的概念。

研究资料和方法

首先讨论上文提到的最后一个问题。正如很多历史学家和钱币学家认为的那样，财富能够以多种形式存在，而不应该仅仅局限于钱币和金条。任何稀有、诱人或有用的东西都可以被视为值得追求和守护的财富。古代王室成员和普通百姓囤积的财富不光是钱币，还涉及艺术品、珠宝、药材、宝石、家具、染色布匹、葡萄酒和舶来品等门类。[26] 此外，亚历山大还拥有一些因藏身于古代宝库或当代博物馆而始终未被人们注意到的财富，比如奴隶、家畜和不动产（参考本书第 3 章）。[27] 一份军队虏获战利品的清单集中展示了古人眼中的各类有价值物品，涵盖钱币、金条、人口、衣服、杯盘、艺术品、珠宝、动物、武器，乃至砖石瓦片之类的建筑材料。[28]

更何况，士兵们的忠诚也不是廉价的，神祇的庇佑当然更不可能免费。为了侍奉诸神祇，亚历山大献上了黄金、白银和成群牲畜等大量祭品。作为赏赐，这位年轻统治者还会向手下人等分发村庄、香料、地产之类与货币具有同等价值的奖品。现存史料显示，很多情况下，亚历山大能够散发或聚敛的上等货都是非货币形式的财富，比如他在战场上缴获后转手送给母亲的紫色布匹，或者印度大小城邦王公们进贡给他的大象。亚历山大执政时期的一份文献曾坦言，产自亚洲的珍珠远远要比任何黄金制品都更珍贵。[29] 有鉴于此，"财宝""财富"之类的概念应该被用来指代范围更宽泛，有助于其拥有者加强自身权力、威信、影响力和/或[1]独立性的任何物品。权势和宗教领域的身份地位当然也能达到类似的效果，然而它们并不在本书关注的物质财富范围以内。对于何为财富，古希腊人有个非常完美的定义，值得我们借鉴：所有货币都是财富，然而所有财富并非全是货币。

---

[1] and/or，原文如此，作者的意思可能是指有些人会为了获取财富而丧失独立性。

由于过分专注货币这单一的财富形式，绝大多数钱币学家针对亚历山大宝藏的研究思路往往只局限在他所拥有的王室造币厂。出现这种情况的部分原因在于造币厂研究一直是整理、分析那个时代货币经济的传统模式。[30] 即便是在新近问世的一本从金融和政策研究角度出发，同样将目光投射到亚历山大执政时期钱币发行与流通领域的学术专著中，作者的研究思路也依然只是就货币而论货币，丝毫没有提及这位统治者在巴比伦[1]版图范围以外的历次远征，以及在这个古老帝国领土范围以外的货币发行。[31] 如此一来，亚历山大半辈子的征讨、掳掠生涯就被寥寥数语一笔带过了，这个阶段他获得的大量非贵金属形式的财富也就顺理成章地未能引起研究者注意。

面对现有历史文献的缺憾，研究者不必灰心丧气，但必须加倍小心。我们所掌握的各类资料中，即便是那些最不着四六、浮皮潦草的虚构文学作品，背后也都隐藏着有用信息的蛛丝马迹。毫无疑问，亚历山大执政时期曾编纂过一批用于记载财政收入和支出的可靠档案资料。目前发现的某些石刻铭文、泥板文书、羊皮纸文件等历史资料，或多或少，也都能为我们提供数据信息。例如，碑铭学领域的研究显示，亚历山大手下的大臣们十分关心土地所有权、财

---

[1] Babylon，公元前331年，亚历山大征服巴比伦帝国，定都巴比伦城，然后以此为基地发动东征。

政税收、原木砍伐、物品征用和军费开支等细节[32]，他本人也会对新征服地区的各类金融和后勤资源做到心中有数、善加利用。阿富汗（Afghanistan）境内现存的阿拉米语[1]文献就记载了亚历山大治理巴克特里亚行省[2]的相关资料，比如当地的资源储量，以及鹅、骆驼、马匹、鸡、羊、面粉、醋、葡萄酒、小米、小麦、燕麦等有用物资的出产分布情况。[33]

这些信息中的一部分确实通过各种途径参与到了以亚历山大为核心的文学想象建构当中，只不过数量远没有我们认为的那么多。后世的若干位历史讲述者都曾注意到一份记载公元前333年亚历山大麾下大将帕曼纽[3]从大马士革（Damascus）掠走的各类物品详情的官方清单，这份清单不仅罗列了掳掠钱币和金条的数量，还事无巨细地说明了为运送这笔资产总共动用了多少骡子和骆驼，以及战争中被俘的厨师、织工、香料师傅和嫔妃等王室人员的相关情况。[34] 另一个例子是公元前324年亚历山大在古城苏萨[4]清偿军队巨额债务时留下的历史记录。现存资料显示，亚历山大在现金支付过程中的账目清晰，为了预防军队内部可能发生的欺诈行为，他还

---

[1] Aramaic，历史上广泛流行于中亚地区，特点是以希腊字母书写当地方言，本身就与亚历山大东征传播的希腊文化紧密相关。
[2] Bactria，公元前256—前145年，希腊殖民者以今阿富汗巴尔赫为中心在中亚地区建立的殖民地。
[3] Parmenion，生于公元前400年前后，曾是最受亚历山大信赖的将军。
[4] Susa，位于今伊朗胡齐斯坦省。

通过反复甄别的方式编订了开支名册。[35] 我们可能会哀叹自己永远无法亲眼看到这些原始文献，不过后世学者的相关著述最起码也能让我们在字里行间找到它们的影子。与亚历山大生活在同一时代的御用文人卡利斯提尼斯[1]，还有后来成为埃及国王的大将托勒密[2]，以及建筑师阿里斯托布鲁斯[3]、大管家查尔斯（Chares）、海军将领尼阿库斯[4]和欧奈西克瑞塔斯[5]等人撰写的文献首次以白纸黑字的形式将这些信息留存于世。[36] 这些文献资料反过来又制约了随后至少300—500年历史学家、传记作家、地理学家和百科全书作家等各类人士的研究思路，其中对当代亚历山大研究领域的影响力排前5位的历史学家分别为西西里的狄奥多罗斯、罗马的昆图斯、喀罗尼亚的普鲁塔克[6]、尼柯米底亚的阿里安[7]和高卢的特罗古斯[8]，最后一位历史学家的作品目前只在古罗马作家查士

---

[1] Callisthenes，古希腊哲学家和历史学家。
[2] Ptolemy，公元前305年在埃及自立为王，开创托勒密王朝，史称托勒密一世。
[3] Aristobulus，公元前375—前301年。
[4] Nearchus，公元前360—前300年。
[5] Onesicritus，公元前360—前290年，古希腊作家，历史上第一本亚历山大传记的作者，他在这本书中谎称自己曾担任亚历山大的海军司令。
[6] Plutarch of Chaeronea，古希腊作家、哲学家。
[7] Arrian of Nicomedia，古希腊历史学家，代表作《亚历山大远征记》已由商务印书馆引进出版。
[8] Pompeius Trogus of Gaul，古罗马共和时代历史学家。

丁[1]编纂的《〈腓利史〉概要》（以下简称《概要》）中留存了只言片语。³⁷ 除了以上这些基础性文献资料，地理学家斯特拉波[2]、百科全书式的"赴宴者"阿特纳奥斯[3]等人的著述也保存了一定数量的有价值信息。³⁸ 上述学者搜集的大量史料为后人厘清了亚历山大远征的基本脉络，还提供了这位年轻统治者在战略、战术层面的某些细节信息。有赖于他们的帮助，后人才得以搞清亚历山大一生都去过什么地方，做过什么事情，以及他如何跟对手作战。

即便古语早已有云——无钱莫打仗（great sums of money are the sinews of war），前辈学者还是习惯将自己的研究热情更多投入到军事领域，却对经济事务少有谈及。³⁹ 就拿阿里安来说，他的书涉及亚历山大远征的内容总共有 225 处，其中与军事相关的有 189 处，占总数的 84%，与经济相关的只有 23 处，占 10%。⁴⁰ 与此类似，昆图斯的书总共有 243 处谈到了亚历山大，跟钱沾边的仅有 42 处，占 17%；狄奥多罗斯的记述中共有 161 处涉及亚历山大，但其中有关经济的也不过 26 处，占 16%；普鲁塔克的亚历山大传记包含 75 处有价值内容，其中关于经济的只有 14 处，占 19%；查士丁以特

---

［1］ Justin，公元 3 世纪古罗马历史学家，特罗古斯撰写了一本涉及亚历山大的《腓利史》，原书已佚，查士丁以此为基础编纂了《〈腓利史〉概要》。
［2］ Strabo，公元前 63—前 32 年，古希腊历史、地理学家。
［3］ Athenaeus，公元 170—223 年，古罗马作家，代表作《智者之宴》，所以本书作者称他为"赴宴者"。

罗古斯著作为基础编纂的《概要》有29处论及亚历山大的执政行为，其中6处跟经济相关，占21%。相比战场上的金戈铁马，经济预算对古代历史学家而言似乎毫无意义，秉持此种立场的他们在著述过程中有意无意地对自己掌握的史料做出了取舍。[41]

某些文学作品中保存的史料占比较少，价值却不容小视，尽管它们存在的瑕疵众所周知。数代人以前，阿诺德·休·马丁·琼斯[1]曾向全世界公开忏悔道：

可耻的事实是，古代并没有统计数据。[42]

他这么说并不意味着史料中的数据都不可靠。[43]事实上，对古代文献中的数据进行甄别、筛选本身也属于学术研究的一部分。[44]毕竟，我们会在荷马（Homer）的作品中碰见分数的概念，在阿里斯托芬[2]的笔下遇到复利（compound interest），通过波利比乌斯[3]的书了解算盘计数[4]，跟着希罗多德[5]练习掰手指头算账。[45]古代世界的很多社群都会非常严肃地对待经济统计，即便他

---

[1] A. H. M. Jones, 指 Arnold Hugh Martin Jones, 1904—1970年, 英国历史学家。
[2] Aristophanes, 古希腊戏剧家。
[3] Polybius, 古希腊历史学家。
[4] 作者说的算盘实际指下文提到的账桌，不是中国算盘。
[5] Herodotus, 古希腊作家、历史学家。

们采用的办法远不如电脑时代那么复杂精密。手握美国财政部和国税局的技术潜能，我们似乎有理由对所谓的大流士花瓶（Darius Vase）纹饰图案中描绘的手拿小本本记账的做法不屑一顾。[46] 大流士花瓶的原产地在阿普利亚[1]，具体制作时间可能是亚历山大在世时或他去世后不久，花瓶纹饰图案的核心是一位身穿希腊服装，坐在账桌后面记账的会计，他正在对波斯国王送来的贡品做估价，后者在宝座上正襟危坐，雄踞整幅图案的偏上位置。本书第 2 章还会对这尊花瓶上的纹饰做出深入分析，本章的关注点是图案中捧着一摞大碗的朝贡者，以及另一位身背可能装有钱币的口袋的朝贡者，会计正在利用鹅卵石和账桌上的格子对这些钱币进行计数。按照当时的计算方式，会计手中的鹅卵石会被分门别类放到镌刻在桌面上排成一行的数字和希腊字母的格子里。10000s、1000s、100s、10s、5s 这行数字代表的是不同数量的德拉克马，它的下一行还刻有 obols[2]、hemiobols[3] 和 tetartemoria[4] 三个象征当时希腊钱币小数面值的单词。[47] 最后一种钱币面值代表的是重量大致相当于 0.18 克，也就是 0.006 盎司的小银币，24 万个这种面值的银币总重量也到不了 1 德拉克马。如此看来，画面中的会计使用的应该是

---

[1] Apulia，意大利北部海港城市。
[2] obols，古希腊发行的一种小面值货币。下文译为"奥波尔"。——编者注
[3] 含义为"二分之一"，即 0.5 奥波尔。
[4] 含义为"一又二分之一"，即 1.5 奥波尔。

一种非常精细的记账系统。账桌上记载的各类财物总数为1335.83德拉克马[48]，德拉克马是用来衡量大量银币的标准计算单位，会计随后会把账桌上不断变化的数字誊抄到手中的记账蜡板上。类似这样的记账场景能够流传至今实属难得，因为记账蜡板往往随写随擦，即便会计把它们转录到纸莎草、泥板等其他介质上，由于介质本身的易腐性，能够永久留存的案例也非常罕见。

古代世界的经济领域无疑存在多种多样的计量标准，能够保存到今天的账目数据往往乱七八糟、前后矛盾、零零散散，以至于无法像当代统计数据那样发挥预期的作用。要想以这些数据为基础分析获得任何更加复杂的信息，比如古代的GDP、通货膨胀率、失业率或国债发行量等，通常只能凭借"脑补"的方式来修复那些数据缺口。另外，我们掌握的信息一般也不太准确。古希腊学者对各类数字经常采用模式化的处理方式，比如战斗中的伤亡情况一般都会被四舍五入为一个整数，这个整数通常还是10的倍数。正如凯瑟琳·鲁宾卡姆[1]已经证明的那样，"模式化"或"程式化"的数字必然意味着不精确，但并非不真实。[49]古罗马时代的学者谈到数字时也倾向遵循某些文学性的惯例，他们爱用诸如10的幂（10/100/1000）、30的10倍递增（300/3000/3万）或40的10倍递增

---

[1] Catherine Rubincam，多伦多大学教授。

（400/4000/4万）等数字。[50] 前文提到的关于亚历山大远征的五大基础文献全部符合这样的数字计算惯例。[51] 就拿狄奥多罗斯来说，他习惯以"3万步兵"为基准来形容马其顿军队的规模。按照他的说法，公元前338年远征喀罗尼亚的腓力二世[1]麾下步兵人数"超过3万人"。[52] 后来，他又把这个说法用在了公元前335年攻打底比斯的亚历山大身上。[53] 谈到1年后亚历山大率军抵达欧亚大陆十字路口的历史细节时，狄奥多罗斯不厌其烦地列举了远征军下辖的每支步兵分队，虽然这些部队的人数加起来实际共有3.2万人，他却依然声称亚历山大麾下总共有3万步兵。[54] 事实非常清楚，"3万"在狄奥多罗斯笔下只是一个约定俗成的虚数，而非大军的准确人数。[55] 尽管我们不能因为这个程式化数字的存在，就认定作者对亚历山大军队规模的描述毫无意义，但是它的出现频率之高却实在发人深省。类似这样的例子在狄奥多罗斯的书中不胜枚举，比如底比斯沦陷后的3万名俘虏（17.14.1）[2]，为了赎回这3万人而支付给亚历山大的赎金（17.54.2）；大流士三世[3]逃往巴克特里亚时随行护驾的3万雇佣军（17.73.2）；居鲁士大帝[4]得到的3万车

---

[1] Philip，亚历山大的父亲。
[2] 狄奥多罗斯著有40卷 *Bibliotheca Historica*，文中的这些数码表示的是引用例子在这套书里的出处，下同。
[3] Darius，波斯帝国统治者。
[4] Cyrus，波斯帝国统治者。

物资（17.81.1）；抵达奇纳布河[1]的3万步兵（17.95.4）；远征苏萨的3万波斯子弟兵[2]（17.108.1）。无独有偶，历史学家阿里安也曾这样写道：公元前334年，亚历山大的军队中"步兵不超过3万（1.11.3）"；格拉尼卡斯河[3]沿岸的3万波斯骑兵和3万希腊雇佣军（2.8.5-6）；3万推罗人[4]被卖为奴（2.24.5）；3万头牛的供品（3.17.6）；3万难民大军（3.30.10）；3万多印度步兵（4.25.5）；另一支3万人的印度大军（5.15.4）；3万埃皮戈尼[5]（7.6.1）。事实上，"3万"这个虚数在古代文献中随处可见，某些当代文献甚至已经将这些虚无缥缈的数字弄假成真，此类现象实在值得我们保持必要的警惕。[56]

我们必须意识到，流传至今的有关亚历山大执政年代的故事在数字方面普遍存在两个问题：第一，它们的出现概率比较小；第二，即便出现，通常也只是四舍五入的约数。就拿数字的出现概率比较小这个问题来说，本书的参考资料总计有225处涉及亚历山大财务方面的收益或损失，其中能够量化为数字的只有55处，占

---

[1] Acesines River，今称奇纳布河（Chenab River），印度境内的重要河流。
[2] 亚历山大打败波斯帝国后，挑选3万名年龄相同的波斯男孩学习希腊语和希腊战术，将他培养为自己麾下的一支波斯人部队。
[3] Granicus River，现名比加河（Biga Stream），位于土耳其西北部。
[4] Tyrians，指推罗（Tyre）古城居民，位于今黎巴嫩。
[5] Epigoni，古希腊神话英雄人物，亚历山大麾下有一支由3万名东方各民族青年男性组成的部队，他们被统称为"埃皮戈尼"。

19%。[57] 至于四舍五入的约数问题，查士丁和特罗古斯著作中超过86%的数字都是约数，而阿里安著作的出现概率是90%，狄奥多罗斯为91%，昆图斯为98%。事实上，出自他们之手的文献往往很少使用奇数。阿里安、查士丁和特罗古斯著作的所有数字中奇数只占7%，在狄奥多罗斯著作中则仅有5%，在昆图斯著作中更只有2%。[58] 各类文献资料对数字的随意取舍提示我们对那些看似精确的数据保持警惕，多数情况下，这样的小心都很有必要。普鲁塔克亚历山大传记的相关财务记录中，有个鹤立鸡群的数字应当引起特别注意[1]：1000泰兰特[2]（39.10）；1000泰兰特（59.5）；2000泰兰特（42.5）；3000泰兰特（68.7）；9870泰兰特（70.3）；1万泰兰特（72.5）；1万德拉克马（23.10）；1万泰兰特（29.7）；4万泰兰特（36.1）。本章开头谈到的亚历山大在古城苏萨支付给手下退役士兵一笔养老金的史料，可以为"9870"这个令人安心的数字提供佐证，尤其是在希腊语文献对此采用了"差130到1万泰兰特"的表述方式的前提下。再加上昆图斯按拉丁语习惯给出了一个同样冗长而复杂的数字——亚历山大总共拿出1万泰兰特，最后只剩下130泰兰特，让人感觉似乎"9870"这个数字不同于前面提

---

[1] 指不是整数的9870。
[2] talent，《圣经》中出现的衡量银子重量的古代单位，一般认为1泰兰特相当于当时普通劳动者15年的收入。

到的文献数字使用惯例。[59] 有别于这几位学者,狄奥多罗斯使用了较为模糊的措辞——差一点不到1万泰兰特[60],阿里安、查士丁和特罗古斯则声称这个数字其实是2万泰兰特。[61] 后三位学者在计算过程中有可能加上了其他几笔款项,不过总的来说,可以认为那笔钱的真实金额应该非常接近9870泰兰特这个数字。

话说回来,刨根问底的研究精神提示我们,文学想象有时和谬误一样能够影响对数据的判断。数据的跨时空传播本身存在着很多不确定性,它们从一本书被抄录到另一本书,从一种语言被翻译成另一种语言。[62] 在没有任何征兆的前提下,一个数据就可能变得面目全非。按照普鲁塔克的记载,为了把劫掠的战利品从波斯波利斯(Persepolis)运走,亚历山大征调了1万对骡子,企鹅出版社(Penguin)翻译这段史料时却把它译成了"2000对骡子",两个数字间存在着足足1.6万头骡子的巨大鸿沟。[63] 另一些当代学者则忽略了"对"(pairs)这个量词,认定亚历山大只用了1万头骡子。[64] 普鲁塔克讲述这段历史时还曾提到亚历山大动用了5000峰骆驼,狄奥多罗斯在自己书中则将这个数字记载为3000峰(17.71.2)。到了某些当代历史学者那里,骆驼的数量却莫名其妙地变成了7000峰。[65] 这还只是史料重大误读的几个简单案例。有些时候,问题的根源或许是古希腊语固有的模糊性,这种语言对任何1万以上的数字都没有现成的未组合词[1]，即便"1万"（myrios）这个单词本身实际使用中指的也可能是"无数"之类的虚数，而非真实的数字。今天的我们也有类似的语言习惯，比如说"这件事我已经跟你讲过无数（million）遍了"，"million"（一百万）在这里只是个虚数，可以理解为"无数"，而非确切的数字。[66]

我们当然不必因此而对每个出自古代文献的数据心生疑虑，不过即便那些得到准确记载的数据，在研究者的选择和展示过程中也可能遭到有意无意的误读。换言之，研究者获得历史上业已消亡的经济实体的数据材料可能并非来自随机抽样，而是带有主观选择性偏差。比如，相比资产盈余，我们手中的历史文献提到消费支出情况的概率有可能是前者的3倍（比较附录2与附录3）。古代学者在选取数据的过程中本身就带有各自的偏见，这意味着今天的我们根本无法借助当代统计学的手段消除这些偏见，因为我们能够掌握的数据原本就是非随机的，存在着无法弥补的缺陷。今天的我们永远无法回到过去，但这并不意味着我们无法以"过去"为基础大步向前。无参数统计学（Nonstatistical inferences）研究方法的实质是将史料中各类存在偏见的数据认知与常识结合考量。例如，我们有理

---

[1] uncompounded，亚历山大时代阿拉伯数字还没问世，古希腊人使用的是"米利都数字"，类似后来的罗马数字，总共用27个字母代表27个数字，超过1万的数字都需要用这些字母临时组合。

由推断，亚历山大的某些同僚在他执政期间撒手人寰，其中一部分人的葬礼费用相当高昂，并且由亚历山大埋单。造成这些人死亡的原因可能是战斗或暗杀，有一部分占比不明的人死于事故、疾病等其他原因，也可能是自然死亡。前面提到的五大基础文献没有任何专门描述葬礼的章节，而是总共开列了 8 个因非暴力原因死亡的人的姓名，还提到亚历山大给予他们厚葬的荣耀。[67]当代学者永远无法依靠这些数据准确计算亚历山大执政时期社会的战争死亡率或非战争死亡率，更无法搞清他安葬一位同僚的开销到底是多少。[68]史料中明确提及葬礼费用的情况只有一次，之所以这么做，恐怕是因为它是亚历山大操办的全部葬礼中开销最大的一笔，我们因此无法以此为依据去推算这些葬礼的平均费用，[69]不过还是有理由推断，此类耗资不菲的葬礼在亚历山大统治后期的举办次数要比前期多，理由是前面提到的五大非随机、非客观史料中对于它们的记载频率都呈现出相同的分布趋势。[70]这种以时间先后顺序为主要参照的推断无法得到任何统计数据的支持，但是考虑到亚历山大手中逐渐丰厚的资源，他对宏大排场的日益痴迷，以及背井离乡的他需要与当地人维持友善关系的现实需要，类似这样的推断又合情合理。[71]更何况，这些非随机史料在案例选择方面的主要依据仅仅是研究者本人的好恶，而非系统性、有意识地抹杀亚历山大的早期执政经历。换句话来说，五大史料虽然存在某种共同偏见，却不一定会影响所有数据的真实准确性（参考本书第 5 章）。

评估某个特定数据的可信度时，必须综合考量当年将其选入文献的人背后暗藏的种种已知动机。比如说，为了让亚历山大因品德高尚而导致的清贫与纸醉金迷、意志消沉的大流士手中的金山银山形成鲜明对比，普鲁塔克作为传记作者势必要竭尽所能夸大两者之间的反差（参考本书第 2 章）。与他的做法正好相反，另一些传记作者则对这位年轻征服者的贪得无厌和唯利是图做出了道德层面的批判（参考本书第 7 章）。有鉴于此，借助这些历史文献流传至今的数据其实不一定比那些没来由的"无稽之谈"更靠得住，只不过前者经过了人们的有意识筛选，而后者的存在则纯属偶然。这也就意味着身为"二传手"的作者为了寻找数据支持自己的论点，有可能故意曲解、误读某些史料。同时，这位"二传手"还会通过自己的叙述有意识地将他筛选的数据勾兑到相应的历史事件当中，借助原始语境的修饰让它看起来更加合情合理。至于如何筛选，如何勾兑，则取决于作者的主观意图。

如果几位作者就同一段历史给出了各自的收入和支出数据，就有必要仔细比对这些数据间存在的所有差异，而不应随意取舍、合并那些各说各话的数据，就好像它们的差别根本不存在一样。在这个基础上，还应尝试理解这样的差异性为什么会出现，比如亚历山大从腓力二世手中继承遗产的具体数额（参考本书第 2 章），或者他从苏萨掠走的财宝数量为什么会在不同学者的口中说法不一（参考本书第 4 章）。本书讨论的不仅是史料数据间的差异性问题，还包括它们指代的各类物品。史料数据的前后一致性必须与它们所指代物品的前后一致性相互匹配。如果某些史料记载了"4 万泰兰特"这个数据，另一些史料谈到同一段历史时，提到的却是 4 万枚铸造成形的其他种类银币或未经铸造的白银，那么我们所面对问题的严重性也就丝毫不亚于数据间的相互矛盾（不同史料记载的物品种类相同，但具体数量存在差异）。

破除亚历山大身边重重迷雾的一种方式被称为"来源批评法"（Quellenforschung），研究者首先要查考现存史料中每条信息的具体来源，再去思辨作为"二传手"的作者如何重构这些信息，进而对现存史料的可靠程度做出判断。打个比方，众所周知，某些所谓目击者对于亚历山大执政时期历史的描述纯属胡编乱造、耸人听闻，擅长描写亚历山大宫廷生活场景的查尔斯、埃菲普斯[1]和波留克列特斯[2]等人就是这样。[72] 此类无稽之谈的大行其道，一方面是因为亚历山大本人热衷展现他的慷慨大方，另一方面是因为受众群体的推波助澜，这也从一个侧面说明了为什么史料中关于亚历山大开销情况的记载要远远多于他收入情况的记载。话说回来，这些可靠

---

[1] Ephippus，又名 Ephippus of Olynthus，亚历山大时代的希腊历史学家和诗人。
[2] Polycleitus，古希腊雕塑家。

性不高的史料即便明显带有某些夸张色彩，也不应该完全被研究者忽视，因为类似苏萨婚礼[1]之类的公共事件，经常会出现数千名各怀心思的目击者，再加上人们往往更乐于记住来自统治者的雨露君恩，他们讲述此事时也就很难做到客观真实。[73]我们应该牢记，任何史料都有其自身的偏颇之处，这些"偏颇之处"为后人描绘的也并非某位历史人物整个统治时期，有时甚至可能仅仅是他当政的最后几年，在这个前提下，任何史料的使用都必须以研究者自身的分析判断为基础。

研究者能够对史料数据进行交叉核对的机会比较少见，一旦获得就可能发挥至关重要的作用。例如，如果某条史料记载了某个地方有一笔数量明确的财宝，另一条史料则记载了将它们运往其他地方总共动用了多少牲口，两个数据互为对照，至少就可以确定史料中的记载是否可靠（参考本书第4章）。[74]开展这样的对比分析，必须实现文献数据与考古学、钱币学领域实物证据的"三堂对证"，立足这个基础的统计分析也就有了可行性。由于自身的耐久性和巨大的存世量，留存至今的古代钱币足以让我们对亚历山大的财富规模略知一二。当然了，类似这样的设想依然存在某些颇具争议的研

---

[1] 公元前324年，为了换取波斯人的合作态度，亚历山大及手下将领与众多波斯女性贵族在苏萨举行集体婚礼，这样的做法引起了马其顿人的普遍不满，所以本书作者说有数千人反对。

究方法，比如，我们是否有把握根据出土的单个模具推断当时的钱币铸造量。令人欣慰的是，诸如此类的问题正在得到改进和修正（参考本书第 7 章），由此而来的全新成果必将有助于我们进一步确认或修正传统历史文献中记载的各类经济数据。

探索被忽视的历史

历史上的传记作者更加侧重记载亚历山大的征战生涯，因此今天展现在我们面前的就是对一次又一次行军、战斗、围困、出击等军事行动的详细描述[75]，也就是说，历史的筛选过滤决定了今天的我们如何看待历史。问题在于，我们不能止步于此。今天的我们需要更加深入地了解亚历山大手中掌握的财富，以及这笔财富对那个被他征服的世界产生的影响。史料从未直截了当地向我们展现过这段历史，我们却能依靠某些细节管中窥豹。我们无法苛责古人编纂史料时没有充分考虑今人的口味，却不能永远拘泥于古人划定的框架。除了其他形式的财富，亚历山大在他短暂而动荡的统治时期内，虏获并铸造了大量贵金属货币，然而有悖于尤金·博尔扎[1]"了解这些金银的投放市场对地中海东部世界的影响是各界学者的

---

[1] Eugene Borza，1935—2021 年，宾夕法尼亚大学教授。

长期任务"的观点,近年来以古代经济为对象的各项研究始终对这个问题保持着令人震惊的沉默。[76] 鉴于现存史料无法为此项研究的开展提供充分的统计学基础,今天的我们只能满足于尽量利用现有材料因地制宜。

本书的后续章节将让读者意识到,现存史料蕴含的信息量其实远远超出很多学者的常规认知。就拿亚历山大凭借战争聚敛的已知财富规模来说,马丁·普赖斯[1]的著作实际仅仅谈到了历史文献中的很少一部分案例。[77] 更有甚者,安德鲁·米道斯[2]在近期发表的以古希腊货币为题的研究报告中开列了一份名为"劫掠者亚历山大,以文献为据"的数据表。[78] 这份表格明显照搬了马丁·普赖斯的研究成果,包括他原有的错误和疏漏,同时还进一步低估了现存相关史料的数量规模。[79] 目前对于此类经济数据最全面的梳理成果出自丹尼尔·弗兰茨[3]之手,他公布了一份亚历山大资产和支出的来源清单,却对这份清单的数据完整性问题避而不谈。事实上,这份清单只梳理了不到13%的现存史料。[80] 相比之下,本书附录2和附录3依照时间先后顺序对史料中亚历山大资产和支出数据的收录或许更加详尽。读者把这本书从头到尾读一遍就能搞清我们究竟

---

[1] Martin Price,1939—1995年,英国钱币学家。
[2] Andrew Meadows,大英博物馆古希腊钱币分馆的馆长。
[3] Daniel Franz,曼海姆大学教授。

可以从文献中获得什么样的信息，在此基础上，又能得出怎样的结论。

这些数据背后承载的历史场景不一定让人感觉豪情万丈、奋发昂扬，反倒可能不断戳破部分读者对那些借战争之机以暴力手段转移财富的掳掠行为的盲目乐观。不同的人也许，或者说必然对征服、劫掠等行径持有不同的看法。正如苏格拉底（Socrates）教导柏拉图（Plato）时所说的那样，战争，尤其是针对非希腊人的战争属于一种合法获取财富的手段。这样的观念经过亚里士多德（Aristotle）的言传身教，明显又对他的学生亚历山大产生了影响。[81] 古人行走其间的那个世界流行着很多粉饰、纵容征服行为的说法，比如为了复仇、为了发财、为了荣誉，甚至最原始野蛮的以杀人为乐等。[82] 各种理由当中，钱无疑是个重要动机，而且没有丝毫悬念的是，亚历山大那代人绝不会轻易放过任何通过征服行为发财致富的机会。正如摩西·芬利爵士[1]指出的那样：

残酷的事实始终如此，古代战争的胜利必然与利润相伴，各位古代统治者对这种可能性心知肚明。[83]

---

[1] Sir Moses Finley, 1912—1986 年, 英国历史学家。

值得特别注意的是，古希腊语同时用"opheleia"这一个单词指代"利润"和"劫掠"。摩西·芬利爵士之所以像很多人那样倾向用"利润"（profit）来翻译替代"战利品"（booty）和"劫掠"（loot）这两个概念，只不过是因为后两个单词在古希腊文化中并非像我们今天的世界那样蕴含贬义，再说"利润"这个概念还能更全面地涵盖通过战争获得的那些非货币财富，比如奴隶和土地。[84]因此，尽管对今天我们所熟知的投资、劳动力市场、资本、企业等经济学概念没有丝毫了解，古希腊人还是成功构建出一套"话语"，用以形容各式各样的劫掠行为，以及由此而来的丰厚利润。[85]智慧女神雅典娜（Athena）的另一个身份其实是劫掠者的守护神（Athena Leitis）。[86]她成了征战四方的亚历山大的庇护者，还像本书图1.2所显示的那样被后者铸造在他下令发行的金币上。

即便西塞罗[1]这样坚决捍卫所有人保护个人私有财产，免遭迫害，自由生活的正当权利的古代政治家，同样可以为自己国家侵略扩张，剥夺他人自由和财富充当战利品的霸权主义行径站脚助威。[87]有些时候，西塞罗甚至能够一方面毫不犹豫地谴责亚历山大烧杀掳掠，另一方面又为做出同样行为的古罗马人歌功颂德（参考本书第7章），这充分体现出人们面对帝国扩张历史时的矛盾心态。

---

[1] Cicero，古罗马政治家。

亚历山大到底是个贪婪的暴君，还是一位励精图治的国家建设者？他发动征战的动机到底是正义还是邪恶？80年前，也就是国联[1]成立、第二次世界大战还未爆发的那个年代，一篇标题为《亚历山大大帝与人类的联合》的文章悄然问世（"Alexander the Great and the Unity of Mankind"），明显对马其顿帝国的征服行为采取支持立场。[88]这篇文章的作者威廉·塔恩爵士[2]热情洋溢地称赞亚历山大是世界历史上梦想所有民族如兄弟般和平相处的第一人。同样还是针对这位古代君主，如今却有一篇文章使用了诸如"恶魔亚历山大"之类的标题，还将他贬斥为一个凶残、暴怒、偏执、酗酒、宗教狂热的异类，而且声称至少有一次，亚历山大表现出了今天被称为"恋尸癖"的诡异癖好。[89]

随着研究活动的不断拓展，我们将发现一个有意思的现象——一代又一代的历史学家立足各自的社会文化语境构建出他们自己心中的亚历山大形象。与其纠结于这些形象的真实性，不如去深入剖析不同历史学家进行形象构建的那个"立足点"，这样或许更具启发意味。最早的时候，亚历山大的同时代人称赞他勇敢、年轻、慷慨，更重要的是，能够孜孜不倦地向成功迈进。托这位年轻统治者

---

[1] League of Nations，第一次世界大战后成立的以英法两国为主导的国际组织，类似后来的联合国。
[2] Sir William Tarn，即第2章开头提到的 W. W. Tarn，William Woodthorpe Tarn，1869—1957年，英国历史学家和作家。

的福，很多古希腊人见识、夺取了比前辈同胞更广阔的一片天地，而且还从中分了一杯羹。他们将亚历山大奉为明君圣主的典范，将他推上"神坛"。接替他的托勒密等人既是这座"神坛"的最初建造者，也是分享者。时光流逝，包括古罗马将军的庞贝（Pompey）和恺撒（Julius Caesar）在内，希望借亚历山大威名抬高自己的人越来越多。面对越发拥挤的神坛，西塞罗、塞内卡[1]等反对派和异见者惊慌失措[90]，他们通过深挖亚历山大的动机，甚至污蔑他有精神障碍的方式尝试部分拆毁这座神坛，幸好普鲁塔克很快又把拆掉的一角补了回去。那之后，圣奥古斯丁[2]再次扮演了拆台者的形象。若干世纪以来，直到今天，亚历山大脚下的"神坛"拆了又修、修了又拆，这位古代君主的样子却从未改变，真正变化的只是他的"立足点"而已。

---

[1] Seneca，古罗马斯多葛派哲学家、剧作家、自然科学家、政治家。
[2] St. Augustine，345—430年，古罗马神学家。

第 2 章 贫穷的亚历山大？

> 面对规模如此巨大的贫困和混乱,这个未经世事的小伙子勇敢地将目光投向巴比伦(Babylon)和苏萨。
>
> 普鲁塔克《论道德》(*Moralia* 327d)

> 他破了产。
>
> 威廉·塔恩《剑桥古代史》(*Cambridge Ancient History*)

2000 多年以来,全世界都在为那个清贫的马其顿少年脱胎换骨成为世界首富的传奇经历唏嘘不已。各类史料对当年马其顿和波斯两个国家贫富差异的描写,在夸张的前提下具有一定程度的真实性,这让它们的夸夸其谈看起来非常可信,更何况书中引用的经济数据还让它们构建的那套话语形成了相当完整的内在逻辑。[1] 这些数据的出处可能是亚历山大自己的某些言论,也可能是普鲁塔克对这位白手起家的一代君王的歌功颂德,再加上同时代其他君主在这方面与亚历山大的相形见绌,以及他大公无私分享微薄遗产行为的确有其事,总之,这位君主安贫乐道、慷慨大方的优秀品质在历史文献的叙述中得到了进一步突出和强化。上述因素都有必要纳入本书的研究视野。研究分析过后,我们将会发现,年少青葱的亚历山大在其执掌大权的初始阶段确实面对着周期性的资金链流动问题,这个问题后来偶尔还会对他产生困扰,然而诸如亚历山大深陷贫困或彻底破产之类的说法却纯属子虚乌有。对于腓力二世国王（King Philip Ⅱ）到底留给儿子多少遗产这个问题，各类史料的记载显示出空前绝后的不公允立场。要知道，财富并非仅仅局限于手中掌握的现金，亚历山大从父亲那里获得的资源足以让他的野心溢出古希腊人传统的势力范围。

低微的出身

公元前336年，亚历山大在一家剧院中亲眼看到了父亲遭人暗杀，拥挤在剧院看台上的各国使节则如遭雷击般地见证了一幕活生生的希腊悲剧在自己面前的舞台上演。[2] 此时身处权力顶峰的腓力二世稀里糊涂地丧命在一位心怀不满的卫兵手中，后者的真实动机恐怕永远无人知晓。[3] 电光石火之间，国王和刺客同时撒手人寰，出于报仇雪恨的目的，腓力二世的其他卫兵手持长矛杀死了刺客。这位国王的执政时期较为漫长，足有24年，相比之下，他那些英年早逝的前辈们的平均在位时间只有3年。大权在握的腓力二世率领蒸蒸日上的马其顿从众多希腊城邦中脱颖而出，将它打造成一个军事强国，随后还赢得了希腊城邦为抗衡宿敌波斯帝国而成立的"泛希腊（Pan-Hellenic）十字军"[1] 的指挥权。亲眼看到腓力二世丧

---

[1] 原文为crusade，当时基督教还未问世，作者这里用了类比的修辞方式，将希腊联军比附为中世纪的十字军。

命的那群看客来到马其顿的目的恰恰是庆贺这场"十字军"运动的发起,他们还不知道自己的欢呼雀跃很快就将戛然而止。

在那个一地鸡毛的上午,痛失国王的马其顿决定将自己的前途押在一位各项才能还未得到实践证明的20岁王子身上。此时的亚历山大算不上什么英雄豪杰,他没费吹灰之力就继承了父亲手下的精兵良将,以及一套完全可以萧规曹随的现成方案。12年后,身在美索不达米亚的欧皮斯[1],也就是他所征服的那个世界的中间点,亚历山大以他继承的遗产为题发表了一次演讲,核心主旨就是强调父辈荫蔽对自己的帮助。[4] 演讲过程中,亚历山大毫无保留地称赞父亲将马其顿从一个落后的弱国改造为足以统领全体希腊人的强国,在此之前,这个国家的国民只是一群胆小怕事的牧民,连自己的羊群都保护不了。[5] 兵强马壮的马其顿逐渐成为地中海东部沿岸国家的艳羡对象,亚历山大则由此获得了主宰世界的权力。这其中最富戏剧性的一幕当属他把从父亲手中传承下来的沉重债务变成了一笔空前绝后的巨大财富。昆图斯对亚历山大演讲的记载是这样的:

> 我从父亲那里继承了最多不到60泰兰特(36万德拉克马)的王室资产,外加500泰兰特(300万德拉克马)的债

---

[1] Opis,位于今巴格达附近,底格里斯河东岸,公元前331年亚历山大在这里彻底打败波斯军队,随后开始向印度进军。

务，这让我名噪一时。[6]

阿里安对此的记载大同小异，而且还注意到新国王欠下的一些新债：

> 父亲只给我留下一些金银打造的瓶瓶罐罐，金库中仅剩不到60泰兰特用以偿还他将近500泰兰特的债务。为了发动远征，我不得不重新筹借了800泰兰特。[7]

瓶瓶罐罐的事情姑且不论，上述史料提到的数字起码还算前后一致、较为精确。根据与亚历山大欧皮斯演讲有关的各类史料，腓力二世在金库中留下了36万德拉克马，以及相当于这笔资金数额整整8倍的债务，换言之，初登大宝的亚历山大摊上了480万德拉克马的财政赤字。这个基础上也就有了他刚刚登基就面临破产的说法。

按照古希腊人的标准，腓力二世确实挥霍无度。对于这位国王在生命最后时刻举办的那场盛典，狄奥多罗斯3次使用"megaloprepes"（奢华、华丽）这个字眼形容腓力二世此生最后一次"炫富奇观"中的祭品、宴席，以及王室成员的穿着打扮。[8]生活在那个时代的历史学家塞奥彭普斯[1]为后人描绘了一幕腓力二世穷奢极欲的恼人场景：

> 腓力二世挥金如土，只恨自己的手不够快。无论他自己，还是身边的其他人，都对理财一窍不通……他是个彻头彻尾的大兵，丝毫不考虑收益和支出。9

查士丁则更进一步声称：

> 腓力二世攫取财富的手段要比保有它们的本事高明得多，这让他终日搜刮劫掠却又永远身无分文。10

据说因为手头的金子实在太少，贫穷的腓力二世只好把一只纯金的小酒碗藏在枕头下面以备不时之需。11 尽管如此，这位国王却豢养着一支人多势众的军队，而且此时腓力二世在马其顿境内东部地区由他亲手创立的古城腓立比（Philippi）的金银开采量也水涨船高，到了每年超过1000泰兰特的天文数字。12 马其顿王国的其他财政收入很难准确计算，不过这个国家垄断了当时原木等各类物资

---

[1] Theopompus，古希腊斯巴达城邦的历史学家。

的出口贸易。据说腓力二世去世后150年,马其顿老百姓每年交给王室的税款都要超过200泰兰特。[13]此外,根据查士丁的记载,相比更加耽于享乐的儿子,这位国王似乎还比较节俭克己。[14]事实上,某位崇拜腓力二世的当代金融巨头曾对他大加赞赏,这些华丽辞藻看起来仿佛有些张冠李戴,因为它们一般都被用在亚历山大身上:

> 如果腓力二世活在今天,并且充当发展中国家经济和政治领域的顾问,必将广受欢迎。[15]

既然如此,我们凭什么相信史料中对于公元前336年马其顿王国财政状况的记载?[16]

对于腓力二世,德高望重的学者盖伊·格里菲斯[1]给出了相当严厉的评价,认为这位国王在战争、酗酒、猎艳、男风、政治博弈等方面的开销太高以至于债台高筑:

> 按照古希腊的标准,他可谓腰缠万贯,然而撒手人寰的腓力二世却留下了一个空空如也的国库。[17]

---

[1] G. T. Griffith,指 Guy Thompson Griffith,1908—1985年,英国历史学家。

古钱币学家弗朗索瓦·代·卡拉泰对这样的观点表示赞同，坚信腓力二世去世时"马其顿的家底已被耗尽"，与此同时，历史学家恩斯特·巴迪安[1]则据此得出结论，认定即位后的亚历山大除了入侵波斯帝国之外别无出路，因为当时的他"已经破产"。[18] 即便是那些对欧皮斯演讲的真实可靠性心存疑虑的学者也达成了一项共识：

> 我们对这份文献的史料价值不能给寄予高期望，不过腓力二世耗尽家私已然是无可争辩的共识。[19]

这样的背景下，尽管现存历史文献在反映亚历山大的真实言论方面存在非常大的不确定性，以欧皮斯演讲为基础衍生而成的各种说法还是获得了广泛接受。相比其他文献，欧皮斯演讲被认为更加可靠，因为目前发现的两份文稿关于亚历山大起家阶段资产和债务状况的数字记录完全相同，这根本不可能用巧合来解释。[20]

那天站在欧皮斯讲台上的亚历山大或许真的亲口提到过这些数字，然而我们却不能因此认为史料中各种所谓他"起自贫贱"的说法事实多于虚构。[21] 为了捞取某种政治资本，当年的他似乎有意放

---

[1] Ernst Badian，1925—2011 年，出生在奥地利，哈佛大学教授。

低了自己的身段。一两个数字或许足以构建出一个自圆其说的故事,但却并非故事的全部,要知道,说服别人的关键在于说话人如何选择和组织材料。我们可以对亚历山大给出的这些数据信以为真,同时还应该关注那些被他讳莫如深的数据。比如说,这位年轻国王并没有在他所继承的宫殿房产规模,以及配套资产的真实数字上直言相告,仅就那些随同腓力二世入土为安的陪葬品而言,恐怕也要比"些许金的、银的瓶瓶罐罐"多得多。[22]此外,亚历山大也没告诉自己的追随者,初登大宝的他其实还拥有一匹身价不菲的宝马。事实上,据史料记载,亚历山大的坐骑布塞法洛斯(Bucephalus)价值13泰兰特(7.8万德拉克马),这笔钱放在当时任何一个雅典人手里都足以让他过上富足的生活,年轻的国王却将这笔财富从自己年少时拥有的各种资源中一笔勾销了。[23]事实上,古希腊—罗马时代的马其实根本不值这么多钱,布塞法洛斯的身价已经不只是当时马匹价格的2倍或3倍,而是65倍。[24]马其顿王室如果真的深陷贫困,绝对不可能当这个冤大头。[25]通过对当年马其顿王国财政状况的遮遮掩掩,身在欧皮斯的亚历山大有意识地构建了一个过去的自己。面对哗变中的士兵,他希望让这些人意识到一个白手起家的穷小子究竟可以走多远,父辈留下的遗产尽管异常菲薄,却也无法妨碍他在军事和经济领域取得更加辉煌的成就。亚历山大刚刚在苏萨做出的善举则对此次演讲的主题提供了有力支持,攻陷古城的他洪恩浩荡地替手下兵将偿还了沉重的债务。

这个颇为俗套的"白手起家"故事引发了一个有意思的后果。除了追思"贫困潦倒"的先王腓力二世，亚历山大还需要将自己与当时的对手，波斯帝国的大流士三世（Darius Ⅲ）相提并论。[26] 简言之，他非常愿意让这两位挥金如土的国王跟自己形成一种反衬关系。如此一来，亚历山大创业阶段的清贫也就和大流士三世的腰缠万贯形成了巨大反差。当时的阿契美尼德王朝（Achaemenid）幅员辽阔，涵盖从爱琴海（Aegean）到印度河（Indus）的广大区域，而且年复一年在这片土地上横征暴敛。对希腊人来说，波斯帝国的富有程度只能全凭想象，而想象也就很容易走向夸张，波斯君王们的华丽宫室和充盈府库由此幻化为懒散、闲适的安乐窝。[27] 亚历山大的宫廷总管——米蒂利尼的查尔斯[1]曾有过这样的描述：

> 波斯国王们如此痴迷奢侈品，以至于在卧榻床头留了块地方存放5000泰兰特（142.2吨）黄金，这些金子被称为"大王的枕头"。同时还在卧榻的床角存了3000泰兰特（85.3吨）白银，它们被称为"大王的脚凳"。[28]

---

[1] Chares of Mitylene，即前文提到的大总管查尔斯，米蒂利尼是古希腊港口城市，他的出生地。

古希腊哲学家普鲁塔克的叙述让这样的贫富对比更上一层楼。据他所说，少年亚历山大将要继承的只是一个毫不起眼的王位，他只能通过白手起家来证明自己的胆识。[29]恰逢青春期的亚历山大曾有机会在父亲的朝堂上直面波斯帝国的使节，后者据说曾如此评价这位早熟的王子：

> 这个男孩是一位伟大的君主，我们的国王仅仅是有钱而已。[30]

民间传说，当穷困潦倒的亚历山大将征服者的目光投向那片"只是有钱"的国王统治的土地时，他将"微不足道"的遗产全部散发给了追随者，然后正如通常所说的那样，只把希望留给了自己。[31]这样一套历史话语凸显了两位国王道德水准方面的高下之别，同时也证明了品德高尚的亚历山大最终夺走大流士三世手中不义之财的合理性。

历史文献对马其顿和波斯两支军队的形象刻画同样彰显着两位国王间的差异。昆图斯曾撰写过一个有名的故事，某天，根据亚历山大的命令，希腊人查瑞迪穆斯[1]被驱逐出雅典，大流士三世在

---

[1] Charidemus，腓力二世麾下的一员大将。

波斯帝国的一次作战会议上要求他对双方军队进行对比评估。[32] 查瑞迪穆斯坦承波斯军队的财大气粗令人难以置信,然而不幸的是,他们难以抗衡马其顿方阵[1]稳固肃杀的队列和朴实无华的作风。亦如他们的统帅,马其顿军队清贫寡欲,不为金钱所动,安睡在坚硬的地面上,口粮少得可怜却甘之如饴。至于对付这支军队的办法,查瑞迪穆斯给出的答案非常简单,同时也让波斯君主觉得特别无法接受,那就是带着金银财宝去希腊,招募像亚历山大手下士兵一样的勇士。据说,早已被财富[2]蒙蔽了双眼的大流士三世下令立刻处决查瑞迪穆斯。问世于公元前4世纪晚期的"大流士花瓶"(Darius Vase)上的纹饰图案似乎再现了这历史的一幕,画面中的一位希腊会计正在查验来自一位被标明为"大流士"(Darius)的波斯国王的贡品。[33]有些学者依据希罗多德的记述,认为花瓶上的国王应该是公元前5世纪波斯战争[3]前夕的大流士一世(Darius Ⅰ),不过他的真实身份应该是昆图斯笔下的大流士三世(Darius Ⅲ)。[34]如果能够对画面内容做这样的理解的话,那么花瓶上的波斯国王与同时期执掌大权的波斯君主间的"时间差"也就缩短了很多,"波

---

[1] Macedonian phalanx,亚历山大根据古希腊方阵发明的一种作战方式。
[2] 原文为Fortune,首字母大写,这个说法出自昆图斯撰写的亚历山大传记中的一句话Darius had a mild and tractable disposition, but as a rule Fortune perverts even Nature,所以接下来作者才会说"昆图斯笔下"。
[3] Persian War,波斯和希腊间爆发的战争,著名的马拉松之战就发生在这个时期。

斯花瓶"几乎可以被视为一件及时反映同时代历史事件的艺术品。查瑞迪穆斯的最终命运提升了整幅画面的悲情成分,位于国王形象下方的几个正在求情的人则起到了推波助澜的作用,他们可能是查瑞迪穆斯的3个儿子,也可能是因进谏受阻而如丧考妣的波斯大臣。那张摆满希腊钱币的账桌亦似乎有意迎合了昆图斯给我们讲述的故事,大流士三世最终只得采纳查瑞迪穆斯的建议,花钱去希腊网罗雇佣军。顺便说一句,故事中勇敢直言的查瑞迪穆斯其实还因敲诈勒索和盗窃财宝而臭名昭著。[35] 无论历史上的大流士三世到底做过什么,总的来说,这只花瓶上的纹饰体现了古希腊艺术和文学中一个老生常谈的话题,那就是波斯帝国的雄厚财力和独特的军事会议制度,以及这两者在清心寡欲的希腊人面前的不堪一击。

真实的大流士三世毫无悬念地拒绝了查瑞迪穆斯的建议,亲率大军在伊苏斯[1]与亚历山大决一死战。昆图斯用手中的笔描绘了大流士三世的军队浩浩荡荡从巴比伦古城开拔时的难忘画面。[36] 明媚的阳光下,各类金、银、宝石制品在成千上万的战车、武士和士兵身上熠熠生辉,所有这些奢侈品赋予了波斯军队某种"女性化的精致",同时也削弱了他们的战斗力。[37] 截然相反的是,随时准备投入战斗的马其顿军队行列中闪闪发光的不是金子,而是青铜和钢

---

[1] Issus,位于今土耳其,亚历山大在当地彻底打败大流士三世。

铁。[38] 类似这样的说法在包括查蒂隆的瓦尔特[1]在内的中世纪学者群体中流行了很长时间，他们将波斯大军形容为根本无法和充满男子气概的马其顿军队并驾齐驱的"叽叽歪歪的小男孩"[2]：

> 看那帮珠光宝气的软骨头，
> 看那些宝石在这帮娘娘腔的队伍里烁烁放光，
> 他们是唾手可得的战利品，而非危险的敌人，
> 黄金只有用钢铁来赢得的。[39]

伊苏斯大捷后，这些金银财宝成为亚历山大的囊中之物。据说，当他最终凝视着这笔大流士三世送上门来的财富时，这位马其顿王国的统治者曾唏嘘不已地说："我想，这就是当国王的意义。"[40] 按照某些学者的解读，这是为了向遭受蒙蔽的大流士三世表示同情，因为后者"觉得执掌王权的意义就是捞取财富"。[41] 普鲁塔克对这段历史的描述流露出类似的看法：

> 大流士三世军营里发现的财富令人震惊，特别是在波斯人

---

[1] Walter of Chatillon，1135—1180年，法国神学家。
[2] lisping catamites，catamites 指古希腊、罗马时代专供贵族享乐的小男孩。

已经把多数行李留在大马士革（Damascus），选择轻装前进的前提下。波斯国王的御帐里塞满了王室侍从和华丽饰品，还有堆积如山的钱……亚历山大盯着那些金盆、金罐，以及金的澡盆和器皿，闻到了香料和香水混合而成的奇妙香味。[42]

希罗多德讲过一个大同小异的故事，公元前479年的普拉提亚战役[1]结束后，斯巴达人夺取了波斯大将马多尼斯（Mardonius）的华丽的帐篷，当即议论纷纷：

> 瞧这些愚蠢的波斯人，他们对如此奢华的生活习以为常，却还跑到希腊抢劫一贫如洗的我们。[43]

对于诸如此类的胜利时刻，希腊人有一套程式化的陈词滥调用来文过饰非。于是，当亚历山大夺走曾经属于大流士三世的财产时，普鲁塔克又把那句老生常谈的话说了一遍——这是对更好的人的报偿：

> 一位同伴提醒亚历山大说："让我们在大流士三世的浴室

---

[1] Battle of Plataea，波斯帝国第二次入侵希腊过程中爆发的最后一场战役。

中洗去征战带来的汗水,这些不再是大流士三世的东西,而是亚历山大的,因为所有权属于征服者。"[44]

易手后的大流士三世宝藏中,最入亚历山大法眼的当属一只小盒子,据说,这位胜利者立刻把他珍藏的带注释的《伊利亚特》(*Iliad*)抄本放在了里面[45],然后又把盒子放到了自己的枕头下面,此情此景不仅让我们联想起腓力二世和他那只放在枕头底下以备不时之需的宝贝金碗,还会进一步想到这位国王出身清贫的儿子打败了一位富有的波斯国王,后者的"枕头"据说是 142 吨黄金。贫富方面如此极端化的夸张手法在古希腊文化中拥有悠久的传统。

亚历山大对荷马史诗(Homeric epic)中描绘的那个英雄世界心向往之,那个世界通行的是一种以礼物交换和掠夺分赃为基础的原始经济模式,它是《伊利亚特》故事叙事的核心主题,也可以被亚历山大照搬过来用以维护其自身的统治地位。货币制度引入马其顿王国后,并未将人与人之间的社会关系全部转化为纯粹的经济关系。血统出身、荣誉感、英雄主义等形而上元素依然可以对亚历山大这样的人产生影响,亦如它们当年对他虚构的那位祖先——阿喀琉斯(Achilles)所做的一样。[46] 格劳克斯(Glaucus)和狄俄墨得斯(Diomedes)两位大英雄在特洛伊(Troy)城下对阵临敌时,做了一件与纯理性的经济交换毫不沾边的事。出于对古老世交情谊的尊重，他们交换了盔甲，尽管这样的交换让其中一方吃了大亏。狄俄墨得斯的青铜盔甲仅仅相当于9头公牛的价值，格劳克斯的金盔金甲则相当于100头公牛。荷马因此促狭地眨眨眼睛说，宙斯（Zeus）准是偷走了格劳克斯的智慧。[47]

塑造一位英雄

普鲁塔克明显是以当时的各种逸闻趣事为素材杜撰了白手起家的成功人士的动人故事。他说：

> 面对如此艰巨的困苦和动荡，这个涉世未深的年轻小伙勇敢地将目光投向了巴比伦和苏萨。[48]

为了支持自己的观点，普鲁塔克罗列了一些数据意在增强叙述的精确性。在他撰写的亚历山大传记中，普鲁塔克这样说道：

> 根据阿里斯托布鲁斯的历史记载，亚历山大起兵出征时，手中的经费不超过70泰兰特（42万德拉克马），杜里斯[1]说这

---

[1] Duris，公元前340—前270年，古希腊历史学家。

笔钱仅够维持大军30天的开销,奥内西克里图斯[1]则说亚历山大欠了200泰兰特(120万德拉克马)的债。[49]

《论道德》一书中,普鲁塔克曾两次专门提到亚历山大早年的经济状况:

> 腓力二世的宝库里一个钱也没留下,而且据奥内西克里图斯的记载,他还欠了200泰兰特的债……正如阿里斯托布鲁斯所说,亚历山大得到的全部遗产总共只有70泰兰特,杜里斯认为这笔钱仅够新国王维持30天的正常开销。[50]

按照菲拉尔克斯[2]的说法,亚历山大仅靠能够维持30天的粮草补给一路打到了亚洲,阿里斯托布鲁斯则提到当时他手里还有70泰兰特。[51]

普鲁塔克非常愿意说明他文稿中引用数据的出处,这让我们能够借助排除法,来确定前文提到的阿里安和昆图斯记载的欧皮斯演讲提到的某些对应数字背后可能的重要来源。按照通常但并非绝对

---

[1] Onesicritus,公元前360年前后—前290年,古希腊哲学家。
[2] Phylarchus,生活在公元3世纪前后的古希腊历史学家。

的规律，阿里安提到的史料如果在阿里斯托布鲁斯的著述中找不到对应的内容，那就可以在其他学者的书里寻找，比如克罗狄斯·托勒密[1]。[52]鉴于普鲁塔克记载的债务和资产信息可以精确追溯到阿里斯托布鲁斯和欧奈西克瑞塔斯，亚历山大欧皮斯演讲引用的部分数据的源头或许应该是克罗狄斯·托勒密。[53]算上杜里斯和菲拉尔克斯给出的"亚历山大的粮草补给只能支持一月有余"的相关记载，本书开列的这份集克罗狄斯·托勒密（存疑）、阿里斯托布鲁斯和奥内西克里图斯之大成的财务信息数据表似乎已经非常圆满可靠。遗憾的是，亚历山大的资产和负债这两大类数据经过分类整理后的口径并不一致。

图表 2.1 亚历山大的资产和负债

资产	负债
60 泰兰特（克罗狄斯·托勒密?）	500+800 泰兰特（克罗狄斯·托勒密?）
70 泰兰特（阿里斯托布鲁斯）	20 泰兰特（奥内西克里图斯）
30 天的粮草补给（杜里斯、菲拉尔克斯）	

诸多因素可能造成了这样的口径不一致。首先，某些数据应该是正确的，另一些数据则理所当然存在谬误和夸张；其次，不同数

---

[1] 原文为 Ptolemy，指 Claudius Ptolemy，古罗马天文学家，地心说的创立者，跟前文提到的亚历山大手下大将托勒密是两个人，为有所区别，本书翻译使用他的全名。

据指代的对象肯定不一样，比如有些数字指的是亚历山大刚即位时的情况，有些指的是后来新增加的赤字，以及随时变化的物资供应状况，有些指的则可能是纯粹的货币，而非广义上的财产。昆图斯和阿里安记载的欧皮斯演讲给出的资产统计数据直接对应的是公元前336年刚刚继承王位时的情况，显而易见，他本人后来又欠下了一些新的债务。同样的道理，普鲁塔克的记述似乎将亚历山大在位前几年的经济数据全部混为一谈，也就是说把亚历山大通过努力取得的某些结果当成了他开始奋斗时的前提条件。[54] 编纂亚历山大传记的过程中，普鲁塔克在讲述这位年轻国王率军攻入波斯帝国的文字里使用了这些数字，其中两次声称亚历山大的粮草补给仅能支撑一月有余的做法好像特别能给这个故事添彩。至于普鲁塔克列举的其他数据，则可能是亚历山大即位初期或者远征亚洲初期的各类财务统计的大杂烩。[55] 也就是说，如今我们看到的是一系列被剥离出原有特定"语境"的数据，这些数据被堆砌起来的最终目的就是构建一种年轻国王深陷财务困境的绝望印象，只有在这一点上，它们的口径才是一致的。[56] 这样的印象恰恰是那些为我们撰写史料的前人所希望造成的，为了达到这个效果，他们对经济数据进行了有意识地筛选。由此而来的结论虽然并非信口开河，却充满迷惑性。

面对上述情况，明智的应对办法是"三头对案"，借助持不同立场的历史文本或独立证据来反思某种特定的叙事传统，以及按照这种传统的惯性被有意筛选出来的数据。从某种意义上来说，实物材料是我们窥探那个处处弥漫着富贵气息的亚历山大世界的另一扇窗户。亚历山大当年继承的宫殿并非一所，而是两所，分别位于埃迦伊（Aegae）和培拉[1]。如图 2.1 所示，今天的人们行走在宫殿重见天日的废墟中间依然可以感受到它当初的宏伟壮丽。[57]过去 50 年当中，考古学领域取得的一个具有里程碑意义的成果就是发现了位于希腊北部地区那些在数量和质量方面超乎想象的墓葬群和地下宝藏。那些足以改写马其顿王国物质文化历史，令人叹为观止的考古发现不只局限在埃迦伊和培拉两地，还包括德尔韦尼（Derveni）、狄翁（Dion）、腓立比（Philippi）、埃安（Aiani）等多处古代遗址。[58]不同社会阶层的马其顿人带进坟墓的陪葬品与传统的观念背道而驰，这种传统观念经由德摩斯梯尼[2]的诽谤污蔑达到登峰造极的地步，即认为古代马其顿王国贫穷、落后、野蛮。[59]坟墓中出土的传世珍品让人们意识到马其顿人的文化品位是那么丰富多样，墓中长眠的逝者是那么富贵荣华。天才的艺术家利用现成的金银为墓主人打造出顶级的珠宝、阅兵盔甲、陪葬花环等各类奢侈品。尤其值得注意的是，古代马其顿人将那些登堂入室、议论国事时使用的昂贵金属器物也埋进了土里。换言之，就在德摩斯

---

[1] Pella，这两座古城先后充当过马其顿王国的都城，现称费尔吉纳（Vergina）。
[2] Demosthenes，前 384—前 322 年，古希腊政治家、雄辩家。

梯尼之流的雅典人对陶瓷器具情有独钟、不遗余力的那个时代，马其顿人已经用青铜、白银和黄金对"奢华"这个概念做出了全新定义。[60]马其顿王室成员的坟墓中安放着他们的宝座，墓室墙壁装饰得绚丽多彩，逝者从头到脚穿金戴银，还有那些象牙的雕刻制品，金线缠绕勾连而成的织物，如此种种的珠光宝气都与史料中所谓"贫穷马其顿"的记载毫不相称。[61]毫无疑问，很多古代马其顿人过着清贫的生活，然而他们的国王和其他王室成员却不在此列。[62]

目前，考古学家已在费尔吉纳，也就是腓力二世当年撒手人寰的那片宫殿的遗址所在地发掘了超过12座王室陵墓[63]，其中一座或许就是亚历山大登上王位后首次行使权力的产物——他必须给予入土为安的父亲不可或缺的荣耀。腓力二世的陵墓需要建以石质结构，需要彩绘装饰，还需要搜罗大量金银财宝塞满它的内部，这项工程产生的费用大概是这位年轻的统治者面对的第一笔重大开销。这两座被称为"大鼓包"（Great Tumulus）的马其顿王陵被认定有可能是腓力二世的最终归宿，其中的1号陵墓（Tomb Ⅰ）埋藏有一具带有华丽装饰图案的石棺，只可惜历史上曾遭遇过盗掘；2号陵墓（Tomb Ⅱ）的规模更大，拥有两间更加华丽、采用筒形拱顶结构的墓室，而且陪葬物品保持完好。[64]1977年11月，对两座王陵展开考古发掘期间，项目负责人马诺利斯·安德洛尼卡[1]对外公布了自己的猜想，认为腓力二世应该被安葬在 2 号陵墓。[65] 他用"精致""华丽""惊人""无与伦比"和"奇思妙想"等词语形容这座陵墓的出土物品，它们都是以腓力二世为代表的马其顿国王拥有的财富。[66] 后来，这些陪葬品逐渐成了各类介绍马其顿文物的书籍和巡回艺术展中的常客。[67] 与此同时，世界各地的学者也依照各自接受的专业训练完成了力所能及的工作，他们撰写相关主题的书籍，论证马诺利斯·安德洛尼卡猜想的可信度，有些人对他的观点表示支持，有些人则提出了其他看法。例如，部分学者相信腓力二世的真正长眠所在其实是 1 号陵墓，他的儿子，也就是亚历山大的同父异母兄弟腓力三世·阿里达乌斯[2]才是 2 号陵墓的真正主人。[68] 时光流逝，费尔吉纳及周边地区的考古发掘工作的风生水起促使很多陵墓的所有权都被划到其他马其顿王室成员的名下：亚历山大的儿子亚历山大四世（Alexander Ⅳ）长眠在"大鼓包"所在范围内的 3 号陵墓（Tomb Ⅲ）中；腓力二世的母亲则被安葬在离他不远的地方，那座陵墓通常被称为"欧律狄刻之墓"[3]，亚历

---

[1] Manolis Andronikos，1919—1992 年，希腊考古学家。
[2] Philip Ⅲ Arrhidaeus，这个人患有轻微智障，当时的马其顿贵族阶层的某些人希望通过拥立他为王的方式，间接篡夺国家权力。
[3] Eurydice tomb，欧律狄刻是希腊神话中阿波罗儿子的妻子。

山大那个身份存疑的儿子赫拉克勒斯[1]则栖身在欧克勒亚遗址区[2]，如此种种。[69]这进一步加剧了某些方面存在的争议。

如果能够确定所有这些陵墓的落成时间和埋藏内容，进而搞清哪座坟墓的年代与亚历山大初掌大权的时间段相互重合，那是再方便不过的。[70]不过就算这样的愿望真能变成现实，也对我们了解亚历山大的财务状况于事无补。那些将2号陵墓划到腓力二世名下的人必须意识到，新国王继承的大量财富足以让这位老国王风风光光地告别人世，但如果1号陵墓没有遭到洗劫，那么它的内部同样可能塞满金银财宝。由于现存条件所限，两座陵墓真正能够相互比较的只有它们的内部结构和装饰。1号陵墓内的壁画精美绝伦，2号陵墓的墙面装潢则更加精致。从建筑结构的角度来说，2号陵墓的规模更大，也更复杂，却没有配套修建位于地上的享殿[3]，1号陵墓则明显拥有过此类性质的设计。[71]我们不能说没有享殿的墓葬规制寒酸菲薄，也不能说这样的埋葬方式表明当时的马其顿王国正在遭遇财政危机，但这确实暗示了某种苗头。正如伊思·沃辛

---

[1] Alexander's alleged son Herakles，又被称为 Heracles of Macedon，公元前327年前后—前309年，有人认为他是亚历山大跟情妇所生的私生子，也有人认为这个人跟亚历山大没有血缘关系。
[2] precinct of Eukleia，欧克勒亚是希腊神话中的荣耀女神，今天的欧克勒亚遗址区是当年马其顿人为她修建的一座神庙。
[3] cult shrine/heroon，位于坟丘封土附近，专门用于祭拜死者的建筑。

顿[1]已经注意到的那样：

（重要的是）费尔吉纳的任何墓葬迄今都没有发现过陪葬钱币，2号陵墓没有出土钱币的原因可能（仅仅是可能）是由于父亲遗留的财务危机迫使当时的亚历山大需要尽其所能把全部的钱都攥在手里。[72]

显而易见，伊思·沃辛顿在对这个问题进行解释的过程中忽视了它的另一个方面——为什么费尔吉纳的其他陵墓也没有陪葬钱币。这样的前提下，根本无从解释钱币在2号陵墓的缺位，除非我们愿意相信（尽管这样的想法非常幼稚）当时的马其顿国王面临着某种极端情况，一个钱都拿不出来。鉴于沃辛顿对2号陵墓青睐有加，盛赞它作为亚历山大为腓力二世精心准备的长眠之所，拥有"许多珍贵而美丽的陪葬品"，实在难以想象，如果这位大孝子再多往坟墓里放一两枚钱币，就会觉得难以承受。[73] 仅仅2号陵墓出土的2个纯金拉耳那克斯[2]中的一个就重达7.79千克（17.1磅），足够用来铸造超过900枚马其顿金币。[74] 这个拉耳那克斯的内部还

---

[1] Ian Worthington，澳大利亚麦考瑞大学古代科技史教授。
[2] larnakes，古希腊文明流行的一种类似骨灰盒的器物，主要用来盛放死者遗骸，质地以金银或陶瓷为主，但通常都要做成木箱款式。

发现了纯金花环的残片，它的主体已经在葬礼火化的柴堆上被烧掉了，即便如此，残存的这些也足够再铸造 84 枚马其顿金币。[75] 此外，当年安葬死者的那些人还在墓中摆放了许多价值不菲的银器。可能是出于保管的需要，遗弃在 2 号陵墓中的 5 只银盘上明确标示了它们的重量，其中最大的一只重达 94 德拉克马零 3 奥波尔。[76] 这座坟墓证明它当年的建造者愿意而且也有足够的底气将自己的财富埋到地下。

战争和财富

贫穷、破产的亚历山大形象似乎夸大了他身后那个强大、富有的王室家族面对的临时性资金紧张问题，他们拥有的财富并不仅仅局限于钱这一种形式。但可以肯定的是，亚历山大在执政初期手头确实相对较紧，公元前 333 年的他，财务状况其实还不如公元前 336 年，到了公元前 330 年或前 323 年，这位国王越发捉襟见肘。[77] 然而这并不意味着他穷到了普鲁塔克描述的那个程度，比如"微不足道的遗产"和"异乎寻常的贫困"等。形象塑造方面的人云亦云（一个贫穷却精干的亚历山大凭借微薄的遗产白手起家），选择数据的多样化立场（亚历山大和他同时代的人都会站在各自的立场上筛选数据）能够为历史人物的构建提供一个看似牢固稳定，实际却以偏概全的数字基础。我们必须认识到,亚历山大从父亲手中继承的资源足够他和波斯帝国顺利开战,这场入侵行动当时已经初步展开,而且即将全面爆发。[78] 史料中记载的那些债务反映的可能只是短时期内的借贷情况,比如说临时筹措资金用于军事行动的发起,由此造成的窟窿在适当的时候就能通过直接掠夺、征用敌国土地或者在被征服土地上收税的方式得到填补。

进攻波斯前夕,亚历山大在所谓的"破产"情况下,依然能够像他的父亲那样举办盛大的庆祝和献祭仪式。[79] 亦如从前,这些活动中的觥筹交错、嬉闹游戏等娱乐会被人们冠以"奢华"之类的形容词。为了向神灵致敬,鼓舞军队士气,这是一项必要的投资。更何况,参与活动的同时还能让当事者看到,或者干脆为他们"创造"出种种预示成功的好兆头,这肯定没有坏处。[80] 最重要的是,亚历山大要想方设法讨好自己的军官团队。为此,他显露出要将手中的部分王室财产分享给以伙友骑兵[1]为代表的同伴们的意图。[81] 这些诱人的甜头包括农田、村庄,以及来自各个港口和其他实体的收入。虽然没有明说,不过此类官方财产还应涵盖木材经营特许权、葡萄园和税收补助。

有些古代崇拜者以上述破产故事为基础,对亚历山大为贫穷所

---

[1] hetairoi,以马其顿禁卫军骑兵为主体组成的精锐部队。

困时的慷慨无私进行了令人信服的演绎,声称他的某位同伴,比如佩尔狄卡斯[1]或其他人担心自己的国王有可能舍弃一切,把自己弄得一文不名。[82] 对于此类疑虑,亚历山大给出的尽人皆知的回复是,他的希望在亚洲。佩尔狄卡斯则进一步回应道:

> 那么我们的希望也应该在那个地方,我们不会仅仅满足于分享你的财富,而是要等待大流士三世把他的金银财宝送上门来。[83]

显而易见,这则故事背后的主旨是想告诉我们,亚洲的富庶将解决欧洲的贫困问题。历史学家查士丁的著作没有收录以佩尔狄卡斯为主角的这则轶事,却提出了相同的观点:

> 亚历山大把祖先遗留在马其顿和欧洲的财产分给了他的朋友们,声称亚洲将为他带来足够的补偿……同时还补充说波斯帝国就像一颗已经成熟的果实,理应由更具资格的统治者来摘取,他的士兵对此表示赞同。这些人放下对家人的思念,不顾征战远方可能带来的危险,心里只想着波斯帝国的黄金,将东

---

[1] Perdiccas,亚历山大手下大将,后者去世后曾扮演过摄政王的角色。

方的无尽财富视为自己的囊中之物。[84]

史料中对于亚历山大贫穷和慷慨的描述无疑带有很大的夸张成分，不过从中还是可以确定两点重要信息——亚历山大确实对身边的亲信释放了某种信号，后者因此期待通过远征亚洲获得丰厚的物质回报。

在有关马其顿王室重赏伙友骑兵的研究论述中，米尔蒂亚德斯·哈措普洛斯[1]指出，为了入侵波斯帝国，亚历山大从亲信同伴手中借了重债，后者因此获得的实质性债务担保是王室未来可能的财产收益。[85]债务对这些追随者而言其实也是一种约束，最起码在夺取波斯帝国的宝库以前，他们必须对国王忠心耿耿。亚历山大御驾亲征期间，临时监国的安提帕特[2]能够依靠日常财政收入维持国家正常运转的事实则说明前者做出的种种牺牲并没有动摇这个国家的根本。[86]

即便是在成为欧亚大陆的首富以后，亚历山大仍然会遭遇临时性的资金链断裂，这其实属于资金流动过程中的必然现象，并非真正意义上的贫困。例如，公元前326年，来到印度的他同样出现过现金短缺问题。普鲁塔克的著作中保存了这样一则故事，当时的亚

---

[1] Miltiades Hatzopoulos，希腊历史学家，巴黎大学教授。
[2] Antipater，亚历山大手下的重要大臣。

历山大虽然手握巨额财富，却远水解不了近渴，只得就地向追随者筹集资金，用来发起一次海上行动。[87]他为此向攸美尼斯[1]提出暂借300泰兰特（180万德拉克马）的要求，后者则声称自己凑齐100泰兰特（60万德拉克马）已属勉为其难。为了检验下属的忠君爱国程度，亚历山大放火点着了攸美尼斯的帐篷，打算看看他到底藏了什么东西。据史料记载，那场大火烧化了超过1000泰兰特的金银。亚历山大向伙友骑兵求帮告借的相关记载则意味着，手下将领通过战争劫掠的财富已经成为他以战养战的一种临时性资源。需要说明的是，这些战利品是亚历山大破釜沉舟般地销毁包括他本人财物在内的军队辎重后重新积累起来的，如此决绝的做法无疑会让他在资金方面捉襟见肘。仅就亚历山大的执政后期而言，他并非真正的贫穷，只是不善于管理手中的财富。

这些周期性忽穷忽富的士兵构成了古代军队的中流砥柱，从某种意义上来说，即便贵为马其顿国王也不能免俗。[88]学者们普遍认为，腓力二世打造的那套军事经济体制能够有规律地制造暴发户，然后又会在一场又一场无休止的战斗中耗尽他们的财富。[89]公元前336年，这位老国王或许就已经出现了流动资金不足的问题，不过按照当时的标准，他依然非常富有，而且还可以通过即

---

[1] Eumenes，亚历山大的私人秘书。

将到手的战利品变得更加富有。那些坚信"腓力从未抢劫或掠夺被征服土地和人民"的人秉持着某种非常古怪的历史观。[90] 显然，他们从未身临其境地去奥林索斯[1]的废墟上走走，也没有读过史料中有关这位马其顿国王攻城略地的记载。这些历史文献告诉我们：

> 攻陷这座古城后，腓力二世将当地居民变卖为奴，还抛售他们的资产，由此而来的巨额现金被用于推动战争继续进行。[91]

只要国王能够打赢战争，他的经济信用就会稳如泰山，国内其他地方出现的资源滥用和短缺现象也就不会轻易打搅他的好梦。

有其父必有其子。亚历山大18岁以后，腓力二世就把他召唤到身边，言传身教地帮助儿子掌握战争的基本规律。[92] 此时的老国王呕心沥血地为儿子树立了一个"宛如海盗"[2]的掠夺者榜样，教导他"像一位锱铢必较的精明商人那样，用下一场战争为上一场

---

[1] Olynthus，位于希腊北部爱琴海沿岸哈尔基季基半岛的古代城市。
[2] 原文即带引号，这句话出自查士丁的《特罗吉·庞贝腓立比人的历史缩影》(*Trogi Pompeii Historiarum Philippicarum epitoma*)。

战争埋单"[1]。值得注意的是,"海盗"[2] "商业""掠夺"和"战争"这几个概念在现实中往往会不期而遇。[93]虽然偶尔面临资金短缺的窘境,一老一少两位国王依然实现了马其顿军事力量的突飞猛进。公元前358年,腓力二世麾下统率着由1.06万名拥有马其顿公民身份的士兵组成的大军。到了亚历山大执政时期,这个数字先是在公元前334年达到了2.68万名,随后又在公元前322年增加到4.2万名。[94]如此辉煌的业绩,很大程度上归功于抢劫。古时候,借钱打仗的情况司空见惯,即便是在获得巨额财富以后,亚历山大也出现过暂时拖欠军饷,直到手头方便才兑现支付的情况。[95]武装并维持一支大军耗资不菲,军队统帅不可能任由这笔资产无所事事地闲待着,只有攻城略地才能弥补由此造成的开销。[96]对于很多统治者来说,打仗是发财的手段,仗打得越多,财就发得越大。[97]这样的事实也可以在一定程度上解释腓力二世和他的儿子为什么会对东方如此虎视眈眈。[98]

总而言之,"贫穷""破产""崩溃"之类的字眼并不能真实体现公元前336—前335年亚历山大的财务状况。诸如此类的观点忽

---

[1] 原文即带引号,这句话出自查士丁的《特罗吉·庞贝腓立比人的历史缩影》(*Trogi Pompeii Historiarum Philippicarum epitoma*)。
[2] "海盗"这个概念在西方文化中可以理解为今朝有酒今朝醉,不计后果,不做长远打算的人。

略了这位新国王当时拥有的全部资源，还过度夸大了他的资金链断裂问题，基于马其顿王国军事经济体制的一贯缺陷，这个问题在每场战役的发起阶段实属家常便饭。对于"贫穷亚历山大"形象的夸张塑造，肇始自他本人在欧皮斯发表演讲时的现实需要，随后又在普鲁塔克的著作中被逐渐强化为今天我们熟知的样貌。这样的形象构建突出了亚历山大白手起家的光辉形象，传扬了他慷慨无私的英雄美名，却对腓力二世和大流士三世有失公允。

第 3 章

征服，亲善和高成本

希腊爆发的历次战争中,所有战利品里最具价值的"物品"就是当地的成年人,他们被掳掠成性的胜利大军追捕并带到这里,作为奴隶出售。

威廉·普里切特[1]《古希腊军事行动》(Ancient Greek Military Practices)

此情此景,人类的生存法则显露无遗——每当城市陷落,胜利者将城中的一切据为己有,人和物品并无差别。

色诺芬(Xenophon)《居鲁士的教育》(Cyropaedia)

战争的阴暗面往往会遭到团队精神、爱国主义、牺牲、勇气等堂而皇之的理想信念的掩盖,这些美德的文过饰非让人们只能看到一件坏事中最完美的部分,历史学家却要同时对好、坏两面洞若观火。那些为亚历山大攻城略地在经济方面获得的累累硕果拍手称快的人,必须认识到征服行为必然伴随的负面影响。战争是一种野蛮暴力的财产再分配,滥杀无辜、没收充公、驱逐出境,攻克对手的城镇,将战争的幸存者变卖为奴,其本质都是通过强力手段分配财产,某些人获得利益的前提是另一些人为此付出异常高昂的

---

[1] W. K. Pritchett,指 William Kendrick Pritchett,1909—2017年,美国历史学家。

代价。为了充实自己的腰包，亚历山大不仅抢走了敌国国王手中闲置无用的金银财宝，也凭借残酷无情的战争工具让许多非富非贵的普通人丧失了财产、自由和生命。绝大多数记载亚历山大文治武功的历史文献耗费大量笔墨讲述了这些破坏行为，从攻打一座城市到攻打下一座城市，从一次围城到下一次围城，从一场战斗到下一场战斗，同时却很少关注那些平民百姓，关注那些同样遭受战火的农村地区。[1] 因此，在深入考量亚历山大和他麾下军队从主要大城市夺走的王室知名人物的财产以前，有必要先搞清楚那些普通百姓在这场"马其顿风暴"中遭受的损失。[2] 为了达到这个目的，我们应该牢记抢劫在古代战争中是一种司空见惯的行为，除了个别案例，通常很少遭到谴责，诸如此类的行为因此也很难被精确量化。相比王室财富，普通百姓的财产损失情况在这方面表现得更为突出，相关历史记录往往混乱且毫无规律可循。

巴尔干宝藏

安葬了父亲的亚历山大及时稳固了权力，确保马其顿国内局势稳定。腓力二世并未给儿子留下一个贫穷破败的烂摊子，不过这场由他亲手策划的军事经济风暴却只得暂时延期。当时，马其顿的一支大军正在向小亚细亚（Asia Minor）进军，主力部队则在亚历山大的统率下驻留欧洲，入侵波斯的行动因此被迫推迟。[3]话说回来，两支大军中的一兵一卒都不可能无所事事地闲待着，马其顿国王招募他们的方式是诱之以利，这也就注定了某些人无可避免地要为由此而来的成本付出代价。在小亚细亚，这意味着当地驻军至少有18个月必须"就地取材"，凭借武力征用自己所需的一切物资。与此同时，亚历山大则希望在巴尔干半岛尽可能多地掠夺战利品，从而抹平国内出现的财政赤字。

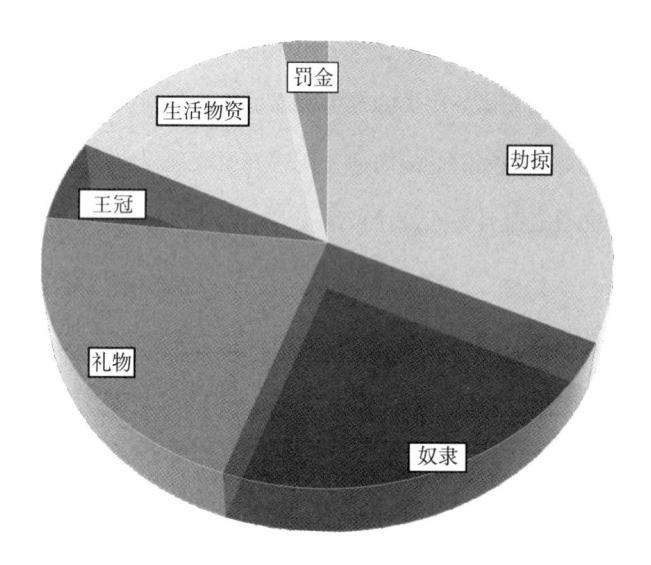

图表3.1 非捐税财政收入

类似这样的做法对新国王而言早就习以为常。亚历山大年仅16岁时，率军远征的父亲就非常痛快地将大权交由他代为执掌。[4]前者则充分利用这个机会入侵色雷斯[1]，进攻盘踞当地的密底人（Maedi），攻占了他们的主要城镇，还兴建了一座名为亚历山大波利斯（Alexandropolis）的全新城市。[5]这场战争让亚历山大尝到了统率千军万马的滋味，以及由此而来的甜头。毫无疑问，若干年后真正开始国王任期的他必然会故伎重演。巩固了自己作为腓力二世继承人所拥有的德利安同盟[2]盟主和反波斯的希腊联军统帅这两个头衔后，亚历山大随即挥军闪击色雷斯和伊利里亚[3]。[6]为了从欧洲顺利撤军，当时的亚历山大确实有充足的战略性理由炫耀一下武力，不过按照阿里安的说法，抢夺财富也是催生此次军事行动的重要原因。作为本书的主要参考资料，他的著作有两次提到远征中的亚历山大搜刮战利品，并将它们迅即运回马其顿。[7]第一次，来自色雷斯的数量不明的战利品由利萨尼亚（Lysanias）和菲罗塔斯[4]二位将军负责押运。这次武装押运任务并非敷衍了事，因为腓力二世曾在这个地方丧失过已经到手的战利品。当时的他赚得盆满钵满，

---

[1] Thrace，范围涵盖今保加利亚、希腊、马其顿、罗马尼亚和土耳其等国境内部分地区。
[2] Corinthian League，爱琴海沿岸希腊城邦组成的反波斯联盟。
[3] Illyria，位于巴尔干半岛西北部。
[4] Philotas，伙友骑兵的指挥官。

走在回家的路上，却遭到特里巴利人（Triballi）的攻击，还受了伤。[8] 亚历山大的金银财宝则在重兵护卫下顺利"运抵某个沿海城市"，这个地方指的可能是马罗尼亚[1]或阿卜杜拉[2]，然后又从那里辗转送进了马其顿的金库。[9] 第二次押运行动发生在亚历山大的军队将位于多瑙河（Danube River）沿岸的一座盖塔[3]城镇洗劫一空并夷为平地之后，二位马其顿重量级官员，营长[4]菲利普（Philip）和墨勒阿革洛斯（Meleager）负责执行此次战利品押运任务，他们的官衔充分说明了这批财宝的价值。[10]

那个时代色雷斯的某些代表性奢侈品可以作为衡量马其顿得胜之师劫夺财富数量、质量的参考标准。[11] 今天保加利亚境内的一系列专业考古发掘和机缘巧合已经让以公元前 4 世纪中叶为起点，包括亚帕纳久里什泰宝藏（Panagjurishte Treasure）、卢科维特宝藏（Lukovit Treasure）、罗戈兹宝藏（Rogozen Treasure）、沃罗沃宝藏（Vorovo Treasure），以及斯韦什塔里宝藏（Sveshtari Treasure）等若干令人叹为观止的色雷斯文明遗产重见天日，这些被盖塔人带进坟墓的金银财宝折射出身居埃迦伊的马其顿王室的奢华程度。坟墓中

---

[1] Maroneia，古希腊沿海城市。
[2] Abdera，古希腊沿海城市。
[3] Getic，盖塔人是色雷斯人的一个分支，公元前 6 世纪出现，主要分布在多瑙河沿岸。
[4] battalion commanders，按古希腊军制，最高统帅以下为将军，将军以下为准将，准将以下为上校，上校以下为营长，马其顿的营长大概相当于现在的师级军官。

出土的文物有做工精美的金银手镯、花环、挂件、戒指、水瓶和战袍。以罗戈兹宝藏为例，这座古墓总共发现了165件金银制品，亚帕纳久里什泰宝藏中纯金物品的总重量则达到了8.5千克（18.7磅）。[12]亚历山大的大军当然不可能刨坟掘墓，不过他们肯定抢走了不少与这些陪葬品类似的生活实用器具。

除了各类贵金属，阿里安撰写的史料还强调了亚历山大针对色雷斯和伊利里亚发起的两次军事行动掳掠的大量人口。色雷斯一战，该国总计有1.5万名军人命丧疆场，他们的妻儿老小像这些阵亡者留下的其他浮财一样成了马其顿人的战利品。[13]在伊利里亚，马其顿大军杀死的敌人更多，虏获的奴隶规模也相应地水涨船高。[14]获取奴隶是古代战争爆发的重要动因之一[15]，事实上，帝国主义和奴隶制度都是暴力统治和创造财富的"正常"手段。战俘本身谈不到任何权利，杀死他们，希腊人连眼睛都不会眨，此类屠杀有时是大庭广众之下的处决，有时则是出于宗教目的的祭祀仪式。[16]俘虏们可能会被标枪扎死，可能被石头砸死，可能被淹死、勒死、绞死，也可能被钉上十字架或砍掉脑袋。那些落入敌手苟延残喘的俘虏通常还要遭受折磨，甚至致残。[17]事实上，沦为战俘的命运如此令人生畏，以至于有些战败者宁愿选择自我了断，并杀死其他家人，也不愿被敌人抓住。多数情况下，那些被亚历山大攻克的城镇中的居民都会躲在家里集体自尽。[18]

亚历山大为攫取利益而将别人变为奴隶的军事行动并不仅仅局限于他的北方邻居，希腊人也是这场游戏的公平参与者。底比斯城邦反抗亚历山大霸权的种种做法将这位国王的注意力引向南方，由此催生了一系列悲剧性的后果。公元前335年夏末，这座充满传奇色彩的城市沦陷于马其顿大军的铁蹄，随后被扫荡一空，除了几座神庙和著名诗人品达[1]的故居，城中其他建筑在彼奥提亚联盟[2]地区盟友的合谋参与下被彻底夷为平地。[19]由于古代战争将抢劫和奴役视为合法行为，亚历山大的所作所为并没有比同时期的其他统治者受到更多的谴责。基于异常的冷漠无情，那个时代的战争一分为二地将世界简单区划为胜利者和牺牲者、获得者和失去者两大群体。事实上，我们有理由相信，亚历山大讨伐底比斯对整个欧洲的意义，与他攻打波斯帝国对整个亚洲的意义如出一辙，两场战争都是经过深思熟虑、坚决果断的战略决策，意在通过杀鸡儆猴的方式向那些反对者释放强烈的信号。[20]

亚历山大在底比斯劫走的众多财宝中有一只做工精美的烛台，他在古城库米[3]将其作为祭品献给了阿波罗（Apollo），还有一幅

---

[1] Pindar，公元前5世纪中叶至公元前4世纪中叶生活在底比斯的古希腊诗人。
[2] Boeotian League，公元前5世纪后半期开始以底比斯为中心形成的地区性城邦联盟。
[3] Kyme，古希腊人在今意大利坎帕尼亚沿海地区建立的殖民据点。

出自阿里斯提德[1]之手的著名绘画作品被他带回了位于培拉的家中。[21] 亦如从前的若干场战争，底比斯之战对人本身造成的损失要比那些金银财宝的价值高得多。针对这座城市的掠夺行动中，一件特别令人愤怒的丑闻发生在亚历山大麾下的色雷斯盟友身上，负责指挥这支盟军的马其顿军官强奸了底比斯的一位名叫蒂莫克利亚的贵族妇女，还妄图夺走她的全部财产。[22] 后者用计把施暴者骗到井边，告诉他说自己的所有金银都藏在井里。[23] 贪婪的军官低头弯腰向井中窥探，蒂莫克利亚和仆人们趁机投出如同雨点般的石块，砸死了他。

蒂莫克利亚因此遭到逮捕，并被带到亚历山大面前接受处罚，后者不仅坚持赦她无罪，还释放了她的全部家人。这段往事由此成了后世文学、艺术领域一个经久不衰的创作主题（参考本书图3.1）。遗憾的是，这一广为人知的善意举动并不足以弥补底比斯古城其他地方遭到的伤害。据说，发生在城中的滥杀无辜总计造成6000人丧命，另有3万人被贩卖为奴。[24] 除了狄奥多罗斯所说的从底比斯"掠夺而来的财富数量超乎想象"，贩卖战俘为奴这项买卖还给亚历山大带来了440泰兰特白银，也就是相当于264万德拉克马的额外收入。[25] 攻陷底比斯并非单纯意义上的政治和军事行动，

---

[1] Aristides，指 Aristides of Thebes，生活在公元前4世纪的古希腊画家。

它的背后还隐藏着异常精细的经济考量。对于底比斯城里很多不幸的土著居民来说，这是他们在短短3年当中第二次被马其顿人抓走牟利。[26]

小亚细亚

公元前334年春天，吩咐手下大将安提帕特率领1.35万名士兵留守希腊的亚历山大终于带着一支规模3.7万人左右的大军，以及拥有大概200艘战船的海军舰队跨过赫勒斯滂海峡（Hellespont），攻入小亚细亚。[27]身处具有里程碑意义的历史时刻，亚历山大不仅需要向诸神献上更加丰厚的祭品，以敌方领土为目标举行投矛仪式，还要象征性地朝觐特洛伊古城遗址。[28]总的来说，如此种种的故作姿态是为了将此次战争附会为一次历史更加悠久的古代战争[1]的延续，那场战争的胜利者顺理成章地拥有对亚洲的合法征服权。据说，年轻的亚历山大踏上波斯帝国领土后便告诫部下不要无故破坏那些很快就要落入他们手中的财产。[29]战场的另一边，波斯人理所当然地拒绝了门农[2]提出的将马其顿大军所过之地化为

---

[1] 指特洛伊战争，希腊联军围攻位于今土耳其境内，也就是小亚细亚地区的古城特洛伊，最终取得胜利。
[2] Memnon，又名Memnon of Rhodes，波斯帝国希腊雇佣军的指挥官，被认为是亚历山大的真正对手。

焦土的战略设想。[30] 事实上，禁止抢劫有时也是一种军事策略。亚历山大就曾严令手下不要染指门农名下的那些田产地业，意在挑拨波斯人与这位希腊雇佣军首领间的关系，让前者怀疑他在效力于波斯帝国伟大君主的同时，是不是还跟那些入侵者达成了某种私下交易。[31]

无论能否执行焦土政策，自从若干年前腓力二世派遣先头部队挑起战火以来，无休止的拉锯战和就地补给始终折磨着亚历山大踏足的这片土地。就拿门农来说，为了补充自己所辖雇佣军产生的各类消耗，他曾严酷压榨兰普萨库斯[1]的当地居民，甚至还不惜削减士兵们的薪饷和口粮。[32] 此外，就在公元前335年门农洗劫库齐库斯[2]周围村庄的同时，马其顿将军帕曼纽攻陷了哥瑞内恩[3]，还将城中居民变卖为奴。[33] 总的来说，敌对双方的军队蹂躏这片土地的时间已经相当漫长，足以让他们产生通过一次决战彻底解决问题的冲动，实现赢者通吃。

这场决战发生在格拉尼卡斯河（Granicus River）沿岸，虽然在短兵相接的肉搏战中险些丧命，亚历山大还是取得了最终胜利。[34] 尽管这场大捷只是以波斯帝国总督[4]和希腊雇佣兵为对手的局部

---

[1] Lampsacus，位于今土耳其拉普塞基附近。
[2] Cyzicus，位于今土耳其巴勒克埃西尔地区。
[3] 原文为Gryneium，通行写法为Gryneion，位于今土耳其伊兹密尔市。
[4] satrapy，这个称呼在波斯帝国特指省一级的地方官。

性胜利,并未给大流士三世造成致命打击,入侵者一方却依然为此备受鼓舞。更何况,胜利者还可以把缴获的财产据为己有,这些战利品多数来自那些血洒疆场的波斯人的行李辎重。[35] 抢劫战败者的营地是古代战争的常态,无论是在公元前334年的格拉尼卡斯(Granicus),公元前333年的伊苏斯,还是公元前331年的高加米拉[1],每次打败波斯人,亚历山大的部下都要充分行使这项特权;每次获胜,马其顿大军手中的财富都会呈指数级上涨。格拉尼卡斯河战役过后,亚历山大将缴获的包括酒具和紫色布匹在内的绝大多数奢侈品都送给了远在马其顿的母亲奥林匹亚斯[36],剩余部分则被更具象征性[2]地分散开来,用于国家的各项开支。[37] 俘虏无疑永远都是战利品的一部分。为了显示自己对政治利益的重视程度远高于经济利益,亚历山大下令对波斯军队中的希腊雇佣兵格杀勿论,其中的侥幸生还者则被以"背叛希腊联盟"的名义戴上枷锁,背负着叛国骂名送到马其顿服苦役。[38] 对于他们的同道中人来说,这些战俘的悲惨命运是一个严重的警告。另外,亚历山大还给雅典城邦送去了缴获的300幅波斯风景画,以此作为补偿,装饰那些在公元前480年遭到薛西斯[3]破坏的雅典神庙。随同这些风景画敬

---

[1] Gaugamela,位于今伊拉克巴格达以北地区。
[2] symbolically,作者的意思是打着国家的旗号化公为私。
[3] Xerxes,公元前495—前465年在位的波斯国王。

献的致辞是：

> 亚历山大，腓力二世和雅典的后代，而非斯巴达人的后代，献上这些来自亚洲生番的战利品。

为了向英勇牺牲的士兵们致敬，亚历山大支出了两项广为人知的大手笔。[39] 首先，他责成利西普斯（Lysippus）为那些开战时冲锋在前，命丧疆场的马其顿士兵打造青铜雕像。[40] 安德鲁·斯图尔特[1]在其著作的相关论述中推断这尊雕像可能的造价应该在65—69.5泰兰特，也就是39万—41.7万德拉克马。[41] 根据普鲁塔克的记载，传闻中亚历山大发动整场战争的费用也仅有70泰兰特（42万德拉克马），与打造这尊铜像的开销几乎不相上下。安德鲁·斯图尔特给出的数字如果是准确的，那就意味着亚历山大在战后很快就弥补了全部财富缺口。如前所述，这样的缺口或许是真实的，或许只是凭空捏造。不管怎么说，此时的亚历山大已经有底气承担这样的大手笔，以及随之而来的一系列后续事件，比如下令免除战死士兵遗留的父母、子女租种王室田产的地租，以及他们的人头税和财产税。目前还不清楚那些大把挥霍在伙友骑兵身上的慷慨馈赠对王

---

[1] Andrew Stewart，加州大学教授。

室资产和收入会造成怎样的影响，此类馈赠行为的持续存在却充分说明，执政后的亚历山大始终没有放弃对财富的追求，而且经常有横财入账。鉴于史料中各种所谓新国王离破产只差一步之遥的说法，即便那些阵亡者家属仅仅继承了去世亲人生前的已有福利，如此慷慨的仗义疏财或多或少恐怕还是会对马其顿王国的财政收入造成永久性的损失。毫无疑问，此类开支肯定会在充分利用格拉尼卡斯河战役胜利果实的基础上精打细算，不过我们没有理由认为亚历山大会冒着透支的风险过度消耗手中的资源。从马其顿的角度来看，为了维持一定规模的常备军，奉命监国的安提帕特必然要求定期获得足够的财政收入，亚历山大的征伐脚步因此只能越走越远。[42] 这样一来，马其顿军队的肌肉也就不会因营养不良而发生萎缩。

战争胜利后，亚历山大逐步控制了波斯帝国全境，并重新确定了这些地区的行政从属关系。他对这个问题的处理非常缺乏新意，无非就是把原先波斯帝国的总督换成自己的总督，优先考虑的是尽量维持各个地区的既有政策和运作机制。从很多方面来看，这位新国王的理政治国有意无意地模仿了欧洲的腓力二世和亚洲的大流士三世。由于前波斯地方行政长官阿西提斯[1]在战场上擅自脱逃，

---

[1] Arsites，波斯王室成员，赫勒斯滂弗里吉亚地区总督。

随后又用自杀的方式了断残生,亚历山大只得为他原先的辖区任命一位新总督。[43] 候选者名叫卡拉斯[1],是个土生土长的马其顿人,上任后却保留了"satrap"这个源自波斯语的头衔。[44] 值得注意的是,腓力二世执政时期,他曾以远征军指挥官的身份在当地服役过一段时间,对那个地区的情况有所了解。荣任总督的卡拉斯很可能是哈帕拉斯[2]的兄弟,后者是亚历山大帝国知名度最高的财政大臣。此类血缘关系的存在是否意味着卡拉斯能够从中捞取某种好处,眼下还没有定论,不过可以肯定的是他必然参与了亚历山大在亚洲领土上的财政体系建设。对今天的我们来说,亚历山大时代官僚体系的组织形式大部分仍属未解之谜,目前已知的是,地位次于财政大臣及其幕僚团队,并接受他们领导的官员包括各个地区总督,以及派驻到某些地区的催供使[3],前者多数是卡拉斯这样的希腊—马其顿人,后者则也全部是希腊—马其顿人,比如驻节利底亚(Lydia)的尼基亚斯[4],还有执掌巴比伦尼亚(Babylonia)的阿斯克勒庇俄斯[5]。[45] 此外,参与构建这套财政体系的还有依照波

---

[1] Calas,马其顿骑兵指挥官,腓力二世执政时期就曾率军驻扎亚洲。
[2] Harpalus,亚历山大定都巴比伦并远征印度后,这个人留在新首都掌管国库及其他财政事务。
[3] tribute collectors,一般被派驻到行政隶属关系不是特别明确的附庸国、藩属国,名义上是替最高统治者催征贡品,实际承担着外交、监督等职责。
[4] Nikias,公元前470年前后—前413年,来自雅典城邦的政治家。
[5] Asclepiodorus,亚历山大手下大将。

斯帝国旧制驻扎各主要城市的国库管理员,地方部落首领,巴特克里亚阿拉米语语文献[1]中提到的那些头人们,当然也包括各支部队的指挥官,以及那些随军文员,比如王伴骑兵[2]安提法奈斯[3]、埃及雇佣兵欧格诺斯特斯[4]和海达斯佩斯舰队[5]的伊凡哥拉斯[6]等人。46

得胜后的亚历山大命令赫勒斯滂弗里吉亚[7]居民继续按之前大流士三世订立的规矩向他纳贡47,至于他们自己人这边,生活在当地的希腊社群则奉命为全希腊的伟大战争自愿"捐款"(syntaxis)。除了说法不同,所谓"捐款"其实和这些希腊人此前交给波斯帝国的"孝敬"(phoros)并无本质区别,名义上最大的不同就是从加强宣传攻势的角度出发,呼吁他们加入象征"自由"的盟友一方共同推翻波斯帝国,解放那些散落在小亚细亚的希腊殖民据点。48 每座城市或城市中的不同社团依照他们的合作程度,得到了相应的好处或惩戒。49 以"希腊解放者"自居的亚历山大下令免除

---

[1] Aramaic documents,阿拉米语是波斯帝国官方用语,也是古代中东地区的通用语言。
[2] Companion Cavalry,隶属于伙友骑兵的一支更精锐的部队。
[3] Antiphanes,古希腊戏剧家。
[4] Eugnostus,古希腊哲学家色诺芬尼的儿子,他被任命为埃及雇佣兵部队的grammateus,大致相当于军师、参谋之类对文化水平要求较高的职务。
[5] Hydaspes flotilla,海达斯佩斯河位于今印度旁遮普邦。
[6] Evagoras,塞浦路斯贵族,又称"萨拉米斯的伊凡哥拉斯"。
[7] Hellespontine Phrygia,即卡拉斯的管辖区域。

了伊奥利亚[1]、伊奥尼亚[2]等地希腊人原先向波斯帝国交纳"孝敬"的义务，以弗所[3]、阿斯潘多斯[4]和奇里乞亚[5]则不在此列。[50]进军途中，这位国王扬言要将兰普萨库斯[6]夷为平地，同时却对泽勒亚[7]以礼相待。[51]拿下米利都[8]之后，亚历山大放走了城中的希腊居民，却将全部波斯人变卖为奴。[52]至于生活在普里埃[9]城内及周边城镇的老百姓，亚历山大下令将他们全部放走并保持自由人身份，同时却将当地那些非希腊籍居民的土地收归己有。[53]后来，进抵小亚细亚南部地区的他打着"支援战争"的名号从阿斯潘多斯得到了一笔50泰兰特（30万德拉克马）的献金许诺，还要求那里的老百姓比照此前侍奉波斯帝国的先例为马其顿提供当地出产的马匹。当后者试图背信弃义时，作为惩罚，亚历山大不仅将献金的数目翻了一番，还命令阿斯潘多斯按年向马其顿王国纳贡。[54]换言之，阿斯潘多斯人既要向希腊联盟自愿"捐款"，也要向马其顿王国缴纳"孝敬"。那之后不久，亚历山大又指责奇里乞

---

[1] Aeolis，古希腊在小亚细亚西北部沿海地区的殖民地。
[2] Ionia，古希腊在今土耳其安纳托利亚西海岸的殖民地。
[3] Ephesus，古希腊设在小亚细亚西岸的重要贸易城市。
[4] Aspendus，古希腊在今土耳其安塔利亚省的殖民地。
[5] 原文为Soli，这是奇里乞亚在希腊语中的写法。
[6] Lampsacus，位于今土耳其拉普塞基。
[7] Zeleia，位于今土耳其格嫩河沿岸。
[8] Miletus，位于今土耳其安纳托利亚西海岸。
[9] Priene，位于小亚细亚半岛爱琴海沿岸。

亚"爱波斯胜过爱希腊",因此必须额外贡献 200 泰兰特（120 万德拉克马）。[55] 与此同时，紧邻这座城市的马卢斯（Mallus）得到的待遇却要好得多，他们的"孝敬"被一笔勾销，给出的理由则似是而非，据说是因为他们和亚历山大拥有共同的阿吉夫[1]人祖先。[56] 针对某座城市免除税负的用意或许是为了通过奖惩对照的方式，进一步增强施加在其周围邻居身上的那些惩罚措施的实际效果。由于实在从以弗所身上榨不出那么多钱（事实上，他后来降低了罚金的额度），所以只能退而求其次，对旁边的马卢斯加以奖赏。金钱的用途多种多样，亚历山大努力将它们物尽其用。[57]

中东及以外地区

亚历山大率军侵入波斯的第一阶段，生活在小亚细亚的人们对战争苦难的感受可谓冷暖各异。有时是希腊人更倒霉一些，有时是波斯人付出的代价更高。我们必须牢记，战场上烧杀掳掠的并非只有亚历山大的军队，他们的对手同样利用当地经济满足自身各种各样的贪婪欲求。例如，当时的米蒂利尼[2]对亚历山大反戈一击，邀请波斯军队进城驻防，面对这些新来乍到的保护者，城中居民不

---

[1] Argive，古希腊东南部城邦。
[2] Mytilene，位于希腊爱琴海莱斯博斯岛东南岸。

分贫富都成了被榨取的对象。[58] 在其他地区，波斯军队撤退时带走了一切能带走的物资，实在带不走的东西则按门农之前提出的方案就地销毁。管辖奇里乞亚[1]的总督阿萨姆（Arsames）用火和剑让自己的辖区化为废墟，随后而至的亚历山大除了一片焦土之外可能什么也没得到。[59] 塔尔苏斯[2]的居民预见到自己的家园将遭到波斯溃兵的抢劫和蹂躏，反而向马其顿入侵者请求援救。通过急行军的方式，亚历山大的人马及时拯救了这座城市。[60] 高加米拉战役[3]开始前，大流士三世命令巴比伦尼亚总督纵兵抢劫，随后烧毁亚历山大进军途中的所有可用物资。[61] 后来，波斯国王不光打输了这场战争，还被自己人抓了起来，当这些波斯叛国者没头苍蝇似的向巴特克里亚逃窜时，又发生了"饕餮般的劫掠"。[62]

武装冲突往往伴随着无政府状态，这让形形色色的流氓分子获得了额外的抢劫机会。其中特别令人吃惊的，莫过于有个名叫安德罗米尼斯之子阿明塔斯（Amyntas son of Antiochus）的马其顿人充分利用这个时机捞了一大把。[63] 早在亚历山大登上王位前，阿明塔斯就叛逃到了波斯，随后又在伊苏斯战役后背弃了大流士三世，他声称"国家此时的状况无可争议地赋予了每个人把自己能抢的东西

---

[1] Cilicia，作者在这本书里同时使用了 Soli 和 Cilicia 两种写法。
[2] Tarsus，位于今土耳其南部地区。
[3] Battle of Gaugamela，公元前 331 年 10 月 1 日，发生在今伊拉克巴格达以北的高加米拉地区。

全抢到手里的权利"。[64] 作为交战双方两位国王共同的敌人,他先是带着一大群希腊雇佣兵逃到塞浦路斯,后来又率领其中的大概4000人去了埃及。由于当时波斯帝国任命的埃及总督萨乌塞斯(Sauaces)已在伊苏斯阵亡,阿明塔斯索性假传"圣旨"当了新总督。欺世盗名的他首先遭到了波斯帝国孟菲斯(Memphis)驻军指挥官玛查西斯(Mazaces)的反抗,后者的行动起初没能取得成功。过了些日子,阿明塔斯率领部下在埃及发起了一场纯粹以个人发财致富为目的的"海盗战争"。这些强盗化整为零地抢劫那些散落在乡间各处的最富有庄园,当地的波斯人和埃及人这才得到机会联手反抗,将他们全部消灭。[65] 公元前325年,亚历山大遣散了数以千计的雇佣兵,这些人"在亚洲各地四处游荡,不管走到哪里,都靠抢劫维持生计",类似阿明塔斯那样自封为王的情况反复出现。[66] 总而言之,马其顿和波斯两大阵营的战火在哪里爆发,各式各样的"非官方战争"就会在哪里冒头,烧杀掳掠由此应运而生。

历史学家总是习惯用望远镜死死盯着某个特定的历史事件,事实上,每个特定事件周围都萦绕着一个由林林总总的次生事件构成的"宇宙"。今天我们眼中以亚历山大为中心的某一场战役,在历史上实际发生时,却是在更广阔的时空中对当时的人们产生影响的一连串事件。运气好的话,我们偶尔也能听见遭到这一系列事件裹挟的普通人发出的声响。名叫索姆图特弗纳赫特的古埃及医生[1]为后人留下了一块石碑,碑文内容记述了他如何在公元前4世纪晚期那个风起云涌的时代努力把握自己的命运。67 阿契美尼德王朝征服埃及的战争结束后,这个人所属的祭司家族得以幸存下来,他本人在波斯帝国的宫廷中非常得宠,后来曾被大流士三世召到伊苏斯陪王伴驾68,当时的他可能是供职于波斯医疗卫生部队的非战斗人员。索姆图特弗纳赫特用明显夸张的笔法,描述了战斗过程中被希腊人杀死在他身边的数百万同袍兄弟,他自己之所以能免遭刀兵之灾,据说应该感谢公羊神[2]的庇护。一次睡梦中,公羊神告诉他要逃回埃及去,后者遵从神谕只身逃到海边,毫发无损地坐船回了老家。这位左右逢源的医生是一位非常罕见的,能够在短短12年当中见证埃及连续6次改朝换代的目击者和记录者,更不用说他还亲眼看到了阿明塔斯与玛查西斯间爆发的冲突。69 他拥有的若干次死里逃生的传奇经历之一,是在神的庇护下成功躲开了马其顿主力部队在叙利亚发动的致命一击。最让人啧啧称奇的是,他在经济方面几乎没有任何损失。

并非所有人都能如此幸运。伊苏斯之战挫败大流士三世以后,

---

[1] Semtutefnakht,古代世界普遍存在巫医不分的情况,所以也有一些中文资料说他的身份是大祭司。
[2] Herishef,古埃及神话中掌管尼罗河河堤的神,羊头人身,所以中文资料一般称为公羊神,此处从俗翻译。

亚历山大的人马将当地临时驻扎的军营和位于大马士革的重要仓库全部洗劫一空。前者向获得胜利的马其顿士兵提供了：

> 以大量金银为主的战利品，这些金银纯属奢华的装饰物，而非作战武器。由于掠夺者无法拿走所有的东西，路上丢满了战败者价值较低的行李，充满贪欲的人们对这些不值钱的玩意嗤之以鼻。那之后，胜利者又将矛头转向了女人，她们身上佩戴的珠宝越珍贵，遭受的洗劫也就越残酷。这些女战俘的身体当然也无法躲过胜利者的疯狂兽欲。[70]

亚历山大接管了大流士三世的家人，包括他的母亲和妻子，她们因此得以延续自己的特权生活方式，同时也成了前者手中的重要人质。这些战俘、王后和嫔妃跟随马其顿大军奔波辗转了许多年。[71] 据阿里安记载，马其顿人在伊苏斯缴获的行李价值"最多不超过3000泰兰特（1800万德拉克马）"，因为波斯军队把大部分辎重都留在了大马士革。[72] 作为英勇作战的奖赏，亚历山大把囤积这些物资的仓库留给了帕曼纽和色萨利骑兵[1]，"希望他们能够因此获

---

[1] Thessalian cavalry，腓力二世组建的全部由古希腊色萨利城邦居民组成的重装部队，入侵波斯时，他们的任务是充当马其顿大军的左翼，帕曼纽则是这支部队的指挥官。

利"。[73] 按照昆图斯的说法，帕曼纽他们发现了重达 500 泰兰特，也就是超过 14 吨的银制品，这还不包括 2600 泰兰特（1560 万德拉克马）已经铸造成形的银币。[74] 大流士三世的这笔财富总共装了 600 匹骡子和 300 峰骆驼，在一队弓箭手的护送下，运抵大马士革。[75] 此外，马其顿的得胜之师据说还缴获了 6000 多只驮畜，3 万多名随军辅助人员。下面的文字摘录自帕曼纽写给亚历山大的一封信，信中详细描述了他们在大马士革虏获的有价值战俘，给出的数字非常精确：

> 我抓住了大流士三世国王后宫掌握声乐才艺的 329 名嫔妃，46 名男性花环编织匠人，277 名厨师，29 名陶匠，13 名挤奶工，17 名调酒师，70 名葡萄酒酿酒师，还有 40 名配制香料的师傅。[76]

普鲁塔克声称，以上就是入侵波斯帝国的马其顿人在财富方面尝到的首个甜头，那之后，亚历山大的士兵开始"像猎犬一样搜寻波斯帝国的金银财宝"。[77]

漫长的推罗围城战[1]结束后，阿里安沿用记载大马士革和底

---

[1] Siege of Tyre，推罗古城位于地中海东部沿岸。

比斯围城战的老套路，给出了3万名俘虏的"准确"数字，事实上，俘虏的真实人数可能是将近1.3万人[78]，妇女和儿童占其中的多数，他们后来都被送到了奴隶市场。几个月以后，马其顿大军剑指古城加沙（Gaza），大约1万名波斯和阿拉伯抵抗者战死，他们留下的妇孺被亚历山大贩卖为奴。[79]来到加沙的他派船给马其顿老家的亲人和朋友送去了"大量战利品"，这份大礼当中包括14.2吨乳香和2.8吨没药，指名点姓要送给那位以吝啬著称的老师列奥尼达斯[1]。[80]

后来，亚历山大挥师向南，兵不血刃地夺取了埃及，随即宣称自己是：

> 万王之王，夺取山峦、田野和沙漠的雄狮，庇护埃及的强壮公牛，海洋和所有阳光普照之处的主宰，受拉神[2]垂青并被阿蒙神[3]选中的幸运儿，阿蒙神的儿子亚历山大。[81]

这一连串头衔曾被雕刻在位于巴哈利亚绿洲[4]的亚历山大神

---

[1] Leonidas，指 Leonidas of Epirus，亚历山大的家庭教师，倡导粗茶淡饭式的简朴生活。
[2] Re，亦做 Ra，埃及神话中的主神。
[3] Ammon，埃及神话中的太阳神。
[4] Bahariya Oasis，位于今埃及吉萨省。

庙门前的基座上，其中唯独缺少"睿智而进取的经济学家"这项桂冠。诚然，亚历山大并没有将自己打造为一位闲散财富的解放者，甚至也谈不上城市的建设者和贸易的推动者。他依照埃及法老的传统套路为自己罗列了众多代表征服、权力和荣光的名号，其中当然也包括"被神选中的人"和"万民之父"。[82] 来到埃及的亚历山大以狮子和公牛自居，却对猫头鹰和羔羊闭口不谈。[1] 在古埃及的其他几座纪念碑上，我们找到了亚历山大的另外几个埃及王室头衔[2]，内容无非就是盛赞亚历山大英勇无畏、武力强悍，而且是一位"征讨异邦的大英雄"。[83] 如此一来，亚历山大希腊语头衔的含义"人民守护者"也就被非常巧妙地移植到了古埃及的文化语境当中。[84] 无论身为一个普通人，还是一位盖世英主，亚历山大都必须真正了解、适应自己面对的这个全新世界，即便他可以兵不血刃地将其据为己有。

当亚历山大离开埃及，来到高加米拉重新面对大流士三世时，残酷的战斗又开始了。战争的胜利开启了马其顿人染指巴比伦和苏

---

[1] 狮子和公牛是古埃及文化中神圣象征，猫头鹰和羔羊则来自希腊文化，比如猫头鹰就是女神雅典娜的化身，它在古希腊文化以及今天的西方文化中代表了智慧，作者的意思是异族统治者侵入某个文化场域以后需要入乡随俗地利用当地传统文化来确认自身统治的合法性。

[2] 原文为 Horus name，指埃及王室头衔，法老以埃及守护者自居，执掌大权后会给自己确定一个正式的名号，亚历山大以埃及守护神自居，所以他的王室头衔又被称为 Horus name。

萨两地王室金库显赫财富的道路,本书下一章对此将做详细介绍。这个过程中,普通百姓也感受到来自马其顿大军的压力。出于政治方面的考量,亚历山大有时会为某些地区提供保护,然而在另外一些时候,他又会反其道而行。巴比伦古城附近的西巴尔(Sippar)遗址出土的一块泥板文书上的铭文显示,公元前331年10月18日,这位马其顿国王曾对外保证他的人马不会擅自闯入波斯居民的私人住宅。[85] 这道命令似乎只是为了策应高加米拉战役结束后开始的那场令他忧心忡忡的谈判。攻占波斯波利斯以后,他的善意并没能延续下去。按照狄奥多罗斯的说法,亚历山大的军队在当地发泄了他们的全部怒火:

> 亚历山大宣称波斯波利斯是整个亚洲最繁华的城市,同时给予手下士兵在城中任意抢劫的权利,波斯国王的宫殿除外。这是阳光所及之处最富庶的城市,经年累月,城内的私人住宅中塞满了各种令人啧啧称奇的宝贝。马其顿人冲进家门,杀死所有男人,洗劫所有住宅,因为就连普通百姓手中也会有品质不错的家具。他们抢走了大量白银和数量可观的黄金,以及许多贵重的衣物,这些衣服有的用来自海洋的材料染成紫色[1],

---

[1] 古代的紫色丝绸、布料一般是从马蹄螺中提取色素,这种海螺比较稀有,所以才有衣紫为贵的说法。

有些则描金绣凤，如此种种全部落入征服者手中……马其顿人终日沉浸在疯狂的抢劫当中，贪欲永无满足。他们彻底为贪欲所吞噬，互相争斗，那些抢到更多财物的人甚至会被同伴杀死。可以确定，有很多最值钱的战利品被他们的宝剑砍得四分五裂，以便在场的每个人都可以分到一份。有些人异常愤怒，他们挥剑砍断了那些抓着财物你争我夺的人的手臂。这些人强行掳走妇女和她们的衣物，让战俘沦为奴隶。如果说波斯波利斯拥有的财富超越了其他城市，那么它所遭遇的不幸也让别的城市无法望其项背。[86]

无独有偶，昆图斯的书里也提到了马其顿士兵们因为抢夺战利品而发生的争斗，还提到很多波斯人除了躲在家里将自己和家人付之一炬以外别无出路。[87]此类事件的悲怆性在作为我们参考资料的历史文献中肯定得到了有意无意的渲染，不过这些繁复文字的背后却透露了一个历史悠久的核心现实问题——掠夺者的确会为瓜分战利品而发生争斗，受害者也确实可能让自己和他们的财产化为灰烬。[88]某些学者倾向完全无视马其顿人对波斯波利斯的破坏，然而历史的记忆却无法被轻易抹去[89]，所谓"公元前331—前330年的那个冬天，亚历山大没有明确下令允许士兵在波斯波利斯大肆抢劫并瓜分战利品"的说法也并不准确。[90]如前所述，就拿公元前333

年来说，亚历山大曾纵容帕曼纽和他指挥的色萨利骑兵通过抢劫大马士革的方式自肥。更何况，普鲁塔克的著作中还有这样的记载：

> 亚历山大军中的其余部队也抢得盆满钵满，马其顿人由此首次尝到了黄金、白银、女人和蛮族奢侈品的滋味。[91]

事实上，即便是在那些已经臣服的被占领土上，这位国王也越来越难以约束士兵们的抢劫欲望。由于这个原因，挥师来到阿利亚的他不得不派遣先头部队保护那些大军可能经过的地区。[92] 亚历山大采取的此类预防措施值得世人称赞，但是此类措施的出台也恰恰说明了当时存在的野蛮贪婪的军事文化，这种文化根本不受命令束缚。

白银和黄金并非征服者获得的唯一奖赏。对于那些胆敢公开宣称同时甩开大流士三世和亚历山大、争取独立自治的攸克西亚（Uxians）山地部落，年轻的国王并没有索取奢侈品，而是拿走了这些卑微村民拥有的最宝贵的东西。[93] 将众多攸克西亚人杀死在睡梦中以后，马其顿士兵"搜集了大量战利品"。[94] 这个案例中，战利品的主要构成是牛和马，因为这些山地居民"都是没有钱和耕地的牧民"。那之后，亚历山大依然要求幸存村民每年向他进贡100匹马、500头驮畜和3万头牛。[95]

计算古代战争开销的过程中，牲畜之类的财产往往遭到忽视。如果马能够自己书写历史，那么亚历山大执政时期实在堪称一段非常黑暗的日子。追随亚历山大远征波斯的 4200 匹马其顿战马中，只有极少数幸运儿能够忍受漫长的磨难存活下来，以至于军队不得不就地补充马匹。[96] 亚历山大损失了 3 匹坐骑，包括那匹视若珍宝、闻名遐迩的布塞法洛斯，阿里安则非常罕见地留下历史记录说，高加米拉战役中，总计有超过 1000 匹马其顿战马死于战伤和劳累。[97] 一年后，2000 名左右的色萨利骑兵在埃克巴坦纳[1]被解除勤务，离开军营前，他们卖掉了自己的马匹。[98] 这么做并非出于生计需要，因为每名退伍士兵都拿到了全部工资和回家的路费，还额外获得了 1 泰兰特（6000 德拉克马）的奖金。事实上，训练有素的马匹比人更加难得，所以人可以退伍，马却不能退役，那些继续为亚历山大效力的士兵依然需要它们。对战败的一方来说，情况往往更糟糕一些。保存在庞贝（Pompeii）古城的一幅亚历山大主题马赛克镶嵌画的画面中央描绘了一匹受伤的波斯战马，如图 3.2 所示，此刻的它正在喷出带着血沫的最后一口气，战马的一只蹄子已经折断，还有一支断矛插在它的侧肋上。[99] 这匹马只是当时骑兵密集作战过程中丧命的数万匹战马中的一员，有鉴于此，亚历山大经

---

[1] Ecbatana，今伊朗哈马丹。

常补充马匹的做法也就不足为奇了。

掠夺马匹和牛群通常意味着农村人口正常生活的瘫痪，有时还会引发灾难性的后果。[100] 此类情况在巴克特里亚和粟特（Sogdiana）屡见不鲜，绝望而愤怒的当地居民因此奋起反抗，保卫自己的生活支柱。于是，因为在近期的山地和沙漠行军过程中损失了许多战马，亚历山大"下令从周边地区就近补充骑兵物资"，不久之后，那个地方爆发了长期且代价高昂的叛乱。[101] 战斗最终演变成了针对牛群的毁灭性袭击，双方拼命争抢当地的所有资源，最后都只能忍饥挨饿。[102]

随着消耗战升级为歼灭战，越来越多的暴行接踵而至。[103] 公元前329年，亚历山大下令将包括居鲁波利斯[1]和吉萨在内的大城市及周边乡村洗劫一空并夷为平地。[104] 马其顿入侵者……

> 遵照亚历山大的指示，杀死了那些地方的所有男人，抢走女人、孩子和其他战利品。[105]

那之后，亚历山大派兵挺进波利坦图斯（Polytimetus），也就是今天的泽拉夫善（Zerafshan），他们肩负的任务是荡平村庄，焚毁

---

[1] Cyropolis，位于今塔吉克斯坦。

庄稼，杀死当地居民。据当代学者估计，因此丧命的男人、女人和孩子总数超过10万人。[106] 为了填补那里的人口空缺，亚历山大随后又将很多希腊士兵强制安排到这片军事殖民地上生活居住，这些倒霉的希腊人得到了那些刀下做鬼和背井离乡的当地人抛下的所有财富。例如，在一个名叫粟特山[1]的地方，亚历山大接受了当地居民的投降，随后却酷刑折磨该地区上流社会的家族成员，并将其中的一部分人处以极刑。侥幸生还者沦落为奴，连同他们遭到掠夺的财富一起被分配给初来乍到的希腊殖民者。[107]

对于那些投靠敌对阵营并遭到揭发的希腊变节者，亚历山大给予他们的待遇相比巴克特里亚和粟特也强不到哪里去。位于粟特的布兰奇达伊（Branchidae）是一处亚历山大兴兵东进150年以前就牢牢扎根中亚地区的小亚细亚移民社区。[108] 此时的他们依然坚守希腊文化传统，怀着极大的喜悦向亚历山大交出了自己的家园，后者却以"叛徒"的罪名将他们诛杀殆尽。那之后，死难者留下的城镇被洗劫一空，所有建筑物化为白地。事情发展到最后，这些希腊入侵者甚至砍伐当地的树木，焚毁残余在土中的树桩，意在彻底抹去布兰奇达伊曾经存在过的蛛丝马迹。此类野蛮行径令人颇感不适，然而我们却没有理由替亚历山大遮遮掩掩。[109]

---

[1] Rock of Ariamaze，又名Sogdian Rock，位于巴克特里亚北部，当时是波斯帝国的一部分。

马其顿大军开赴印度时,总共留下2.3万多人在后方屯垦殖民,拱卫巴克特里亚和粟特那些饱经蹂躏的被占领土,掠夺因此仍在继续。[110] 事实上,正如普鲁塔克记载的那样,战利品此时已经成为妨碍士兵行动的累赘,于是亚历山大不得不命令他们焚毁辎重。[111] 接到命令的士兵将手中的部分财物分给其他人,这些幸运儿很可能是留守后方的殖民者,剩下的东西则被就地销毁。[112] 另外,普鲁塔克还强调说,只有很少的士兵对这道命令表示不满,因为"此时的国王非常令人敬畏"。[113] 马其顿人之所以如此暴殄天物,除了以正常逻辑解释,还有一种可能性就是担心已经抢得脑满肠肥的士兵们丧失继续烧杀淫掠的动力。[114] 此时此刻的他们对来自印度的战利品充满期待,相信那是"一片不仅遍地黄金,而且到处都是宝石和珍珠的乐土",足以压倒波斯帝国拥有的一切财富。[115] 据说海达斯佩斯河会战[1]结束后,亚历山大曾奉劝部下将从波斯帝国攫取的金银财宝视为廉价、平常的东西,鼓励他们多想想用来自印度的宝石、珍珠、黄金和象牙填满自己住宅时的情景。[116] 于是……

为了再一次获得士兵们的好感,国王许诺他们劫掠那些与自己为敌的国家,那里蕴藏着各种各样的珍宝[117]。

---

[1] Battle of the Hydaspes,公元前326年亚历山大远征印度时爆发的一场战役。

各位马其顿战场指挥官当中,托勒密对来自最高统帅的教导心领神会,13年后,他在奇里乞亚依样画葫芦,允许手下士兵肆意劫掠,是"为了点燃他们的战斗热情"。[118] 出于笼络士兵的需要,亚历山大采取的政策还包括按月为这些人在战斗中虏获的妻子和儿童提供口粮,颁发2.5万枚价格不菲、镶金嵌银的全新纹饰徽章,乃至为他们的战马配上纯金马钉。[119] 以王室名义为这些从军者提供的物资或许真能起到雪中送炭的作用,因为后者此时已经无法凭借此前虏获的战利品养活那些依附于他们的女人和孩子。公元前325年,为了穿越格德罗西亚沙漠[1]返回巴比伦,这支抢得腰缠万贯的军队不得不第二次"纵火焚毁他们远征东方极远之地获得的战利品"。[120] 亚历山大则再次挺身而出,弥补这一令人沮丧的损失。

世界历史上很少出现能够如此贪得无厌,在短时间内鲸吞、蹂躏数千英里被占领土的战争怪兽。相比亚历山大在印度取得的战果,1864年谢尔曼[2]策划的那场5周之内行军300英里,"挺进海边"的军事行动明显相形见绌。举例来说,仅用1周左右的时间,亚历山大就想方设法消灭了印度旁遮普(Punjab)南部一大片土地上的几乎全部居民。[121] 这意味着当时的马其顿军队有意将非战斗人员作为攻击目标,包括屠杀那些在大路上行走或正要渡河的手无寸

---

[1] Gedrosian Desert,位于今巴基斯坦西南的俾路支省。
[2] Sherman,美国南北战争时期的北军名将。

铁的难民。针对那些打着"不设防"名号而幸免于难的印度城镇和地方部落，亚历山大提出了更加苛刻的贡赋要求。[122] 至于那些顽抗到底的地区，当地居民要么被卖为奴，要么刀下做鬼。[123] 结果……

> 同一时间，大片土地在大火、破坏和大规模屠杀的共同作用下被夷为平地。没过多久，士兵们的手中又囤积了大量战利品，遭到他们杀害的冤魂已经无法用数以万计来形容。[124]

我们可以在现存历史文献中找到一些概略性的参照，用以把握此次入侵对印度河流域到底意味着什么。首先，仅仅是攸美尼斯将军一个人就在印度聚敛了超过1000泰兰特的金银。[125] 其次，亚历山大的部下欧奈西克瑞塔斯曾以他亲身游历、考察穆西卡那斯王国（kingdom of Musicanus）的经历为基础，撰写了一篇饱含溢美之词的文章。[126] 这篇带有某种理想色彩的文献资料后来被摘录进斯特拉波的著作（14.34），这位历史学家告诉世人，穆西卡那斯王国的臣民享有出奇长寿、健康的人生，而且在道德层面没有任何堕落污点。只可惜，由于胆敢反抗马其顿人的权威，这个理想中的乌托邦王国连同它的统治者没能维持长久。[127] 亚历山大夷平了这个国家的大小城镇,将幸存者贩卖为奴,穆西卡那斯国王和这个国家的婆罗门[1]阶层悉数被钉死在十字架上。[128]

南亚土著并没有很快遗忘亚历山大军队的所作所为,他留下的封疆大吏遭到某些心怀不满的当地人暗杀,还有一些马其顿官员则死在那些同床异梦的希腊殖民者手中。[129]就连亚历山大在印度南部建立的重要海军基地也成了部分胆大妄为的当地反抗者的进攻目标,他们决心彻底赶走马其顿人的舰队。[130]随着驻防军队的陆续撤离,入侵者在这片土地上的控制范围迅速缩小。按照博斯沃斯[2]的说法:

> 尽管取得了表面上的胜利,尽管发生了若干场可怕的大屠杀,远征印度的战役最终还是失败了。[131]

如果亚历山大发动这次远征的目的是要将印度并入他的帝国,那么上述结论确实有几分道理,不过换个角度来看,这位统治者其实已经实现了一个预定的战略目标——他在率军扬长而去以前,彻底洗劫了这片异域乐土。

---

[1] Brahmans,古印度社会实行种姓制度,婆罗门是最高阶层。
[2] A. B. Bosworth,澳大利亚西澳大学古典学和古代史教授,代表作《亚历山大帝国》已在国内引进出版。

亚历山大劫掠东方的强烈欲望随后在维奥蒂亚[1]地区塞斯比阿城邦（Thespiae）公民举行的一场以宙斯为名的献祭仪式中得到了隔空响应，他们盛赞那些勇敢的士兵"追随亚历山大在野蛮的亚洲捣毁了波斯人的城市"。[132]

人们很容易在钦慕亚历山大丰功伟绩的同时，艳羡他在经济领域获得的巨大收益，进而还会对类似塞斯比阿城邦士兵这样矢志不渝地陪伴亚历山大经历各种磨难的忠勇之士产生同情。然而，这场战争造成的冲击落在那些无助的普通百姓身上，却是一场无法用语言形容的巨大灾难，尽管众多历史文献通常对种种暴行持默许态度。举例来说，当摩西（Moses）响应上帝召唤，击败、屠杀、奴役和劫掠那些曾为遭到埃及放逐的他提供庇护的米甸人[2]时，这位先知显然觉得战争导致的血腥后果还不够野蛮。为了让上帝更加满意，摩西随即命令杀掉"米甸儿童中的全部男孩"和所有成年妇女，只留下年轻的处女充当奴隶。[133]残酷的现实在于，古代世界没有一片土地、一个族群能够免除战火裹挟而来的痛苦和掠夺。[134]由于这个原因，本书参考的那些历史文献也就不会对烧杀淫掠在诸如亚历山大之流的古代统治者人生中的重要意义讳莫如深。[135]

---

[1] Boeotia，正式名称Voiotia，位于希腊中部。
[2] Midianites，《圣经》中记载的古代阿拉伯游牧部落，经常与以色列人为敌。

从色雷斯、底比斯到波斯波利斯和旁遮普，我们实在无法准确估量亚历山大的远征到底给人类和生态环境带来了怎样的后果。根据已知的文献资料，亚历山大本人总计有 24 次人口奴役行为，其中提到准确数字的案例只有底比斯的 440 泰兰特。毫无疑问，这场战争导致的平民损失，包括那些被杀死、被奴役的男人、女人和孩子，肯定超过双方作战的直接损耗。实在无法想象战争过程中的财产损失和破坏，整座的定居点和城镇被夷为平地，大量的牲畜和良田化为乌有。在很多地方，整整一代男丁销声匿迹，劫后余生的幸存者在经济和社会生活方面无法得到任何帮助。总的来说，亚历山大的战略方针从未动摇，正如之前在巴尔干半岛所做的那样，他疾风暴雨般地洗劫了印度大地，奴役了那里的人民。无论希腊人，还是亚洲人，都从他那里得到了同等待遇——可能被仁慈赦免，也可能遭受严厉的惩罚。如果说有什么事情发生了变化的话，那就是随着战争的进程，他手下的士兵越来越喜欢打家劫舍，他们的贪欲成了亚历山大及其继任者控制这些人的有效手段。亚历山大长自帝王之家，天生富有，而他的士兵和将领通过实践发现战争是让自己梦想成真的难得契机。这些原先的穷人趁机聚敛了数以吨计的金银，有些人干脆凭借手中的权力自立为王。这就是亚历山大大帝所属的那个世界当中，战争和财富最致命的吸引力。

第 4 章 重述刀光剑影的祈祷

> 我们应该祈祷我们的敌人拥有除勇气以外的全部美好事物，这样一来，他们的财富将不再属于他们，而是属于我们。
>
> 安提斯泰尼[1]

> 亚历山大要么签订城下之盟，要么如暴风骤雨般地征服了许多城市，这些城市中堆满王室的财富，然而这座城市的财富却令之前的一切黯然失色。
>
> 昆图斯（5.6.2）

安提斯泰尼是苏格拉底的追随者，他毫无心理障碍地为世人复述了出自古代劫掠者之口的祈祷文。[1]昆图斯则在自己的著作中提到了受这段祈祷文庇护的最大受益者——亚历山大，他的对手大流士三世虽然并不缺乏勇气，却只能充当最大的输家。[2]在马其顿大军一路凯歌地穿越波斯帝国领土的过程中，众多平民百姓因此丢掉性命、丧失生计，但为亚历山大的荣耀付出最沉重代价的还是他的老对头。号称"万王之王"（The Great King of Kings）的大流士三世承受着军队和财富方面的一次次损失，战斗到了最后，当命运之神一视同仁地收紧套在他脖子上的绳索时，这位孤家寡人在赫卡

---

[1] Antisthenes，古希腊哲学家，苏格拉底的学生。

托姆披卢斯[1]附近的大道上迎来了自己的宿命。³ 随之而来的日子对那些劫后余生的波斯王室成员来说是一段可怖的岁月,大流士三世、阿尔塔薛西斯三世[2]和阿尔塔薛西斯四世[3]这3位阿契美尼德王朝没落阶段的国王相继遭到刺杀,那之后,以大流士三世继承者自居,曾任"贝苏斯"[4]的阿尔塔薛西斯五世(Artaxerxes Ⅴ)被残忍肢解。亚历山大那边的情况当然也好不到哪里去。话说回来,虽然包括亚历山大的叔叔亚历山大二世(Alexander Ⅱ)、父亲腓力二世、生母奥林匹亚斯、同父同母姐姐克里奥佩特拉[5]、同父异母兄弟腓力三世(Philip Ⅲ)、同父异母姐妹昔兰尼(Cynnane)、塞萨洛尼基(Thessaloniki)和欧罗巴(Europa),继母克里奥佩特拉[6],妻妾罗克珊(Roxane)、斯塔泰拉(Stateira)和帕瑞萨娣丝(Parysatis),还有儿子赫拉克勒斯(Heracles)和亚历山大四世[7]在内的多数马其顿王室成员无疑全部死于谋杀,历史上各

---

[1] Hecatompylus,位于今伊朗境内。
[2] Artaxerxes Ⅳ Arses,阿契美尼德王朝第9任君主。
[3] Artaxerxes Ⅲ Ochus,阿契美尼德王朝第10任君主,不知道什么原因,原文提到这3位国王的名字是按时间倒序排列,译文按一般习惯改为正序。
[4] Bessus是波斯帝国任命的巴特克里亚总督,这个人先是拘禁并杀害了大流士三世,随后又以他的名义自立为王。
[5] Cleopatra,指Cleopatra of Epirus,年长亚历山大1—2岁。
[6] stepmother Cleopatra,公元前338年,奥林匹亚斯被迫流亡回了娘家,腓力二世因此又娶了一位妻子。
[7] Alexander Ⅳ,亚历山大去世后由祖母奥林匹亚斯辅佐即位。

种有关亚历山大本人遭遇行刺身亡的说法却纯属无稽之谈，可信度非常低。[4]要知道，生活在公元前4世纪的富豪名流其实和芸芸众生一样命运无常。

彼可取而代之

总的来说，希腊人觊觎波斯帝国的财富已有多年，不过是在等待一个合适的时机将其据为己有。[5]诸如此类对财富的渴望不仅显现于希腊的史学作品、戏剧和时事评论当中，就连陶匠和画匠也习惯将波斯人描绘为富有但却阴柔懦弱的软骨头。[6]希腊人眼中的阿契美尼德波斯王朝民风骄奢淫逸，是一块天赐给掠夺者的宝地。早些时候，昆图斯曾在自己的著作里以小亚细亚的萨迪斯[1]古城为起点罗列了众多城市，将它们形容为个个堆满王室财富的宝库。正是在这座古城当中，取得格拉尼卡斯河之战胜利的亚历山大急急忙忙将波斯帝国的宝藏收入囊中。[7]虽然目前没有任何信息来源能够让我们知晓波斯国王到底在萨迪斯藏匿了多少金银财宝，对亚历山大而言，城中的巨额财富必然是下决心攻打它的首要因素。[8]出乎意料的是，波斯帝国任命的城防司令米特林（Mithrines）未做丝毫抵抗就

---

[1] Sardis，位于今土耳其境内。

将帝国财富拱手献出，这是征战中的亚历山大碰到的一大幸事。[9] 他随即任命一位名叫帕萨尼亚斯（Pausanias）的马其顿人接替米特林的职务，同时还安排一位身份背景不详，只知道名字是尼基亚斯（Nikias）的希腊人辅佐帕萨尼亚斯在当地催征贡品。事实非常清楚，亚历山大这么做的目的是希望将溃逃的波斯人遗留的财产悉数归为己有，同时以国王和征服者的身份向当地居民行使征税的权力。[10] 马其顿军队侵入波斯帝国的最初几年，类似这样的税收和管理模式始终存在。

亚历山大劫夺波斯王室宝库的下一站是古国弗里吉亚（Phrygia）的都城，也就是传说中拥有"金手指"的米达斯国王的老家戈尔迪乌姆（Gordium）。[11] 恰恰是凭借这座古城蕴藏的财富，亚历山大才有条件通过海路途经希腊沿海地区，最终将1100泰兰特（660万德拉克马）的金银财宝运抵马其顿。[12] 众所周知，一生南征北战的腓力二世即便是在自己的巅峰时刻也"仅仅把价值相当于700泰兰特的战利品"送回了家乡。[13] 再后来，拿下奇里乞亚的亚历山大理所当然地将收藏在西恩达[1]的波斯宝藏据为己有。[14] 攻陷大马士革以后，除了大流士三世及其手下军队遗弃在伊苏斯的财产，马其顿人还在当地搜罗了总重2600泰兰特，相当于1560万德拉克

---

[1] Cyinda，位于今土耳其安纳托利亚。

马的银币，外加总重超过14吨的各类银质工艺品。[15] 由于波斯脚夫们当时早已望风而逃，帕曼纽和他的手下们只好亲自动手：

> 战场各处零星散落着波斯国王的金银财宝，包括他打算支付给军队的薪饷，贵族男女日常使用的许多奢侈品，金质的花瓶和缰绳，彰显王室威仪的帐篷，还有满载珍宝的战车，如此种种造成了一种印象——即使是那些恣意释放贪婪的掠夺者们也会心生悲戚。这种感觉无法言表也难以置信，那些日积月累获得的财富中的一部分就这么被他们的朝廷弃如敝屣，沦落在泥土当中任人践踏。掠夺者的双手根本没那个能力把它们全部带走。[16]

从这时开始，亚历山大对大流士三世手中财富的劫夺到了不留余地的程度。根据阿里安的记载，这位马其顿国王曾给波斯国王写过一封书信，他在信中告诫后者：

> 从今往后，你给我写信的时候必须尊称我为"亚洲之王"，绝对不能平起平坐。作为此前由你保管的那些财富的新主人，如果你打算动用其中的任何一件东西，都必须请求我的准许。[17]

在孟菲斯，也就是波斯帝国埃及总督的驻节地，亚历山大从时任总督玛查西斯那里得到了一套王室仪仗外加 800 泰兰特（480 万德拉克马）的"孝敬"。[18] 我们无法确定本书前一章提到的玛查西斯和阿明塔斯之间爆发的那场战争此时已经打到了什么程度，不过类似这样的冲突很可能会对埃及当地的财政收入造成损耗。尽管如此，通过短短两年征战，这位国王还是从波斯帝国的这片省级辖区榨取了巨额财富。巴比伦遗址出土过一份被称为"王朝预言"[1]的历史文献，文献中含有一段颇具鼓动性的文字，这段文字指责马其顿人入侵波斯帝国的目的就是"掠夺和抢劫"大流士三世，作为反击措施，波斯国王不光决心夺回自己的财富，还打算把对手的财产也抢回来充实他的宫殿。[19] 按照"王朝预言"的说法，这场战争结束后，用不了多长时间，整个帝国就能恢复幸福和繁荣。当然了，类似这样的"白日梦"从来就没兑现过。

超乎想象的战利品

公元前 331 年 10 月 1 日，高加米拉之战的胜利是亚历山大远征

---

[1] Dynastic Prophecy，原件为一份泥板文书，现保存于大英博物馆，内容主要是在亚历山大挥师入侵的背景下，记录波斯帝国和大流士三世当时的某些情况，同时做出相应的预测。

波斯行动的顶点。此次战役开始前,那个时代的古城巴比伦流传的一份蛊惑人心的泥板文书(即前文提到的"王朝预言")将大流士三世尊称为"世界之王",战役结束后,这项桂冠却被戴到了亚历山大头上。[20] 完败对手后,帕曼纽和他的部下俘获了波斯人的辎重车队,还搞到了几头大象和骆驼。[21] 取得伊苏斯大捷的亚历山大则及时调整部署,匆忙赶往大概 70 英里以外的埃尔比勒[1],那是波斯帝国重要仓库的所在地。[22] 虽然有消息说当时的大流士三世已经带着总重 7000 泰兰特或 8000 泰兰特,也就是总价相当于 4200 万—4800 万德拉克马的金银财宝逃向了米底[2],亚历山大还是成功截留了对手的大量转运物资。[23] 可以肯定的是,赶到埃尔比勒的亚历山大抢走了被打败对手的御用战车、盾牌、衣服、食物和一座王室宝库,宝库中收藏的白银重达 3000—4000 泰兰特,价值相当于 1800 万—2400 万德拉克马。[24]

按照阿里安的说法,大流士三世平安脱逃时,认定亚历山大必然深陷在如今突然出现在他面前的海量战利品当中无法自拔,这些东西恰恰是"妨碍作战的真正障碍"。[25] 此外,昆图斯还记载了一次体现同类思想的所谓大流士三世演讲,演讲中,亚历山大和他的军队被形容为追逐金银财宝的狂人,最终必然会迷失在波斯帝国的金

---

[1] Arbela,位于今伊拉克北部。
[2] Media,位于今伊朗高原,阿契美尼德王朝的发源地。

山银海里。[26] 狄奥多罗斯则在其著作偏后部分有关苏萨投降的章节中提到，大流士三世希望利用那些令人眼花缭乱的金银财宝扰乱马其顿阵营的军心。[27] 颇具讽刺意味的是，敌我双方物质方面的贫富关系此时发生了戏剧性的反转，据说正是从这时开始，大流士三世逐渐习惯以"拥有德行的穷人"自居，亚历山大则被那些财富和奢侈品迷失了自我。

马其顿大军挥师南下美索不达米亚平原（Mesopotamia）时，没有一支军队能够挡住他们杀向波斯帝国宏伟都城的道路，巴比伦、苏萨、波斯波利斯和埃克巴坦纳这些城市里的宫殿和财宝也处于不设防的状态，惊恐万分的波斯地方官员只能老老实实地跟亚历山大谈判并交出城门钥匙[1]。[28] 高加米拉之战结束后大概3个星期，坐镇巴比伦的总督马札尤斯（Mazaeus）开城投降，当代学者认为此次事件的决定性意义已经超越了这场战争本身。[29] 波斯帝国宝库的看守人巴戈芬内斯（Bagophanes）也不甘示弱，为了欢迎亚历山大进城，他在道路上洒满鲜花，还向自己的新主人献上大批贺礼以示迎接，虽然这些东西实质上已经是亚历山大的囊中之物。[30] 后来，巴戈芬内斯还殷勤地带着新主人视察宝库。[31]

为迎接这位趾高气扬的年轻征服者而举行的巴比伦入城式，遵

---

[1] 西方古代投降献城仪式要象征性地交出城门钥匙。

循了可以追溯到居鲁士大帝甚至更早年代的东方传统仪轨,古罗马人以降的若干世纪里,这场盛典在潜移默化中制约了西方人对"繁华富丽"的想象模式。画家夏尔·勒·布伦[1]在公元1665年前后,为取悦路易十四(Louis XIV),曾为这场盛典作画。[32]画面的远景中,壮汉们挥舞着征服而来的战利品与空中花园[2]擦身而过,一头珠光宝气的大象拉着亚历山大的战车步履沉重地穿行在人群中。1675年,热拉尔·奥德朗[3]以夏尔·勒·布伦的作品为母本创作了一幅面积为15×23英尺的巨型浮雕,还给画面配上了一段歌颂贤德英雄的铭文,字里行间小心翼翼地规避了任何能够与"阿堵物"发生联系的尴尬字眼。[33]1703年,塞巴斯蒂安·勒克莱克[4]为了技压众多法国同行,在自己再创作的画面中加入了更多由于身负分量更重的金银财宝而步履蹒跚的人物形象。[34]类似这种痴迷华丽排场并为劫掠行为张目的情况今天依然屡见不鲜,例如奥利佛·斯通在2004年的电影《亚历山大》(Alexander)中耗费巨资演绎再造的亚历山大的巴比伦入城式。[35]

很遗憾,目前没有材料能够说明巴比伦古城当时的王室财富储藏量的准确数字,昆图斯也只是概略性地说"巴比伦是所有城市中

---

[1] Charles Le Brun,1619—1690年,法国宫廷画家。
[2] Hanging Gardens,位于巴比伦的一处古迹。
[3] Gérard Audran,1640—1703年,法国雕塑家。
[4] Sébastien Le Clerc sought,1637—1714年,法国画家。

最富裕的一座"。[36]一些历史作者过分关注马其顿大军随后在波斯帝国其他都城[1]劫掠财富的数量，对他们来说，对巴比伦的轻描淡写是一个奇怪且令人抓狂的失误。今天的我们知道亚历山大视察了位于巴比伦城内的金库，为了进行彻底搜刮，还在这座城内停留了很长时间，却对搜刮的结果一无所知。已经掌握的情况仅仅是除了高加米拉战役缴获的战利品，亚历山大还将来自巴比伦城的部分财富分发给士兵作为奖赏。[37]狄奥多罗斯和昆图斯两位学者对这段仗义疏财历史的描写，依据的似乎是相同的信息来源。[38]狄奥多罗斯提到这笔奖赏时，使用的货币单位为近东地区流行的迈纳[2]，昆图斯则把它换位成古罗马流通的第纳尔（Roman denarii），两位学者声称亚历山大的奖励标准是每名马其顿骑兵6迈纳（600第纳尔），每名其他盟友骑兵5迈纳（500第纳尔），每名马其顿步兵2迈纳（200第纳尔）。按照古希腊德拉克马和古罗马第纳尔的一般换算标准，这笔奖赏的总数大得吓人。话说回来，鉴于马其顿军队中的建制单位花样百出，仍有一些问题有待深入了解。比如说，亚历山大麾下的希腊联盟和巴尔干当地盟友派出的步兵是否得到了与马其顿方阵步兵相同的奖赏？或者与骑兵的情况相似，他们在这方面的待遇要略逊一筹？对于那些意在掌握马其顿军队整体薪饷制度

---

［1］ 波斯帝国总共有4座都城。
［2］ Near Eastern minae，古希腊和埃及使用的货币单位。

的当代学者来说，搞清这个问题具有重要意义。[39] 另外，还有很多历史文献提到亚历山大麾下的雇佣军或其他部队能够按月领取工资，这种情况的存在，进一步加剧了上述问题的复杂性。在此基础上，我们可以进一步追问，性质不同的雇佣军部队，比如步兵和骑兵，每月领到的工资是否有所区别？每名士兵领到的薪饷包不包括每天的伙食费？更有甚者，当代学者对昆图斯著作的翻译大多鹦鹉学舌地沿用了狄奥多罗斯的说法，认为亚历山大的雇佣兵每月可以拿到相当于马其顿士兵"两个月薪饷"的工资[1]，而前者的原文实际说的却是"三个月的薪饷"。[40] 这样一来，当代学者以一个历史文本为基础对另一个文本做出的数据修正，最终也就构建了我们对马其顿雇佣兵工资水平的认知方式。

　　可以想见，我们对高加米拉战役发生时马其顿大军的认知并不完全适用于数周后在巴比伦立功受奖的那支军队。[41] 面对这样的困境，我们在估量巴比伦之战马其顿大军的收入水平时，最明智的办法就是将雇佣兵骑兵与其他盟友骑兵合并同类项，将希腊和巴尔干地区盟友的步兵与马其顿步兵合并同类项，然后在目前已知的两个雇佣兵工资标准中选一个最低值，也就是两个月的薪饷而非三个月，进而推断这些人每天的收入大概是 4 奥波尔。[42] 以如此粗略的

---

[1]　狄奥多罗斯原文的大意是入侵波斯前，亚历山大向分部在马其顿临近地区的各个部落征兵，许诺每名雇佣兵每月可以领到相当于马其顿士兵两个月薪饷的工资。

推算为基础，亚历山大花在雇佣军身上的钱应该在约 1050 万德拉克马，也就是 1757 泰兰特以上。按照古希腊的标准，这无疑是一个非常大的数字，不过据说仅仅是拿下埃尔比勒这个大流士三世逃亡中的临时落脚点以后，亚历山大抢到的财富就是它的 2 倍左右。有鉴于此，巴比伦的仗义疏财似乎还不足以严重动摇这位国王全新建立的经济基础，他需要做的无非是将一部分刚刚到手的金块铸造成货币。造币的任务落在了第一位向亚历山大屈膝投降的波斯地方大员马札尤斯头上，在希腊征税官艾斯克里皮阿多拉斯（Asclepiodorus）的监督下，他被任命为巴比伦尼亚总督。[43] 马札尤斯铸造的钱币基本遵照了"阿提卡式"[1] 的统一标准，同时也吸收借鉴了当地货币的原有风格，还在硬币上用阿拉米语，而非亚历山大改造推广的腓尼基字母[2]，铸上了他自己的名字。[44]

现金充足，再加上还可以享受巴比伦百姓的小心侍奉，亚历山大的人马在这座城市足足待了一个多月。[45] 那之后，这些入侵者在来自希腊的增援源源不断的保证下，不紧不慢，一路杀到大流士三世的下一座都城——苏萨的城门之外。[46] 当苏萨的代表箪食壶浆欢迎征服者入城时，预期的盛景再度上演。这一次，众多历史文献对

---

[1] Attic standard，亚历山大执政时期发行的统一货币，正面为赫拉克勒斯头像，背面为宙斯头像，attic 指包括马其顿在内的希腊东部地区。
[2] 腓尼基字母是目前已知最古老的人类文字，希腊字母由它衍生而来。

苏萨城中波斯帝国金库的情况做出了详细描述，尽管不同文献的说法略有差异：

狄奥多罗斯（17.66.1-2）：超过4万泰兰特未铸造成钱币的金银，还有9000泰兰特的黄金饰品

普鲁塔克《亚历山大传》（36）：4万泰兰特钱币以及其他数不清的贵重物品，包括5000泰兰特储藏年份190年的紫色染料[47]，以及精心收藏的来自尼罗河（Nile）和多瑙河的水[1]

查士丁（11.14.9）：4万泰兰特

阿里安（3.16.7）：5万泰兰特白银，外加波斯王室的全部其他财富，比如那些掠夺而来的闻名遐迩的艺术品

昆图斯（5.2.11-15）：5万泰兰特未铸造成货币的白银，外加波斯王室的家具

以上数字揭示了不同作者在历史文学书写方面的三个共性。首先，除贵金属外，某些作者以及他们的信息源还愿意记录其他一些有意思的东西，比如染料、饮用水、家具和艺术品。[48]其次，所有关注亚历山大的历史作者都至少提到了金银这两种贵金属中的一

---

［1］ 原文如此。

种，重量要么是4万泰兰特，要么是5万泰兰特。最后，三位作者都在努力说清楚这些贵金属当中有多少是或者不是以铸造货币形式存在的。按照攻打苏萨期间可能陪伴亚历山大左右的历史学家波吕克莱特[1]的说法，波斯人习惯以纯金、纯银的方式储藏那些进贡给王室的金银，以及充当贡品的水[2]，他们通常只是按实际需要铸造货币。[49] 除了普鲁塔克，其他几位历史学家的记载都体现了波斯人对非铸造形式金银的偏好。

相对而言，狄奥多罗斯的数据普遍受到青睐，因为它看起来更加精确。假如把他提到的贵金属统一视为白银，那么亚历山大从苏萨波斯王室金库获得的财富就是4万泰兰特白银，外加将近5万泰兰特的黄金制品。[50] 如果进一步放宽统计标准，我们就会发现，几位学者给出的数据基本大同小异，只不过为此付出的代价是为了追求数字方面的一致性而忽略了物品的种类差异。显而易见，狄奥多罗斯所说的4万泰兰特未铸造成钱币的金银与普鲁塔克说的4万泰兰特钱币，或者昆图斯说的5万泰兰特未铸造成钱币的白银并不完全是一回事，如果我们追求的仅仅是一个概略性的数字，那么类似这样的差异性也就不是一个太大的问题，然而它却有可能引发更多

---

[1] Polycleitus，指 Polyclitus of Larissa，亚历山大时代最著名的历史学家。
[2] 按当时的文化，被征服者向征服者象征性地献上当地的水和泥土是表示臣服的意思。

的疑问，比如说几位学者究竟是通过什么渠道获得了上述信息？他们在获取信息的过程中又发生了怎样的误读？尽管存在这样、那样的问题，我们至少可以得出结论：亚历山大从苏萨的金库攫取了价值大致相当于4.9万泰兰特（2.94亿德拉克马）白银的贵金属和其他奢侈品，贵金属中的一部分而并非全部，已经铸造成了钱币。[51]另外，这个数字也与希罗多德在《历史》（History）一书中记载的阿里斯塔格拉斯[1]和斯巴达国王克莱奥梅尼（Cleomenes）发生的那场对话遥相呼应：

拿下苏萨，你就可以和宙斯在财富方面平起平坐。[52]

不过对于此时的亚历山大而言，拿下苏萨的他还有很长的路要走。

波斯波利斯的陷落

有别于巴比伦和苏萨，攻占波斯波利斯的马其顿人没有仿效前例举行盛大的入城仪式。相反，正如本书第3章已经提到的那样，

---

[1] Aristagoras，希腊人，出生在今土耳其的米利都，曾试图煽动斯巴达城邦加入他的反波斯联军。

亚历山大纵容手下士兵摧毁了除王室区域以外的整座城市，不过硕果仅存的这一小部分最终也难逃一劫。有感于亚历山大的巴比伦入城式，夏尔·勒·布伦绘制了一幅庄严肃穆的油画，以波斯波利斯的毁灭为题；乔治斯·安东尼·罗什格罗斯[1]则激情澎湃地用颜料填充画布，创作了包括《波斯波利斯之夜》(*L'Incindie de Persépolis*)在内的若干幅画作。[53] 两幅作品艺术风格方面的差异，以及导致这种差异的历史上两座城市迥然有别的命运非常引人瞩目。到底是什么催生了如此令人不寒而栗的转变？这是让所有研究亚历山大的专家学者最头疼的一个问题。[54] 很多人认为，焚毁波斯波利斯其实是"一盘大棋"，是亚历山大执政时期从地缘政治到个人性格等诸多因素共同作用的结果。无论我们对那个古代世界的关注目光究竟聚焦在何处，最终都绕不开波斯波利斯的熊熊烈焰。这场大火映衬着亚历山大对自己阵营内部各个城邦钩心斗角的忧心忡忡，透射出这位国王日渐增长的酒精依赖和每况愈下的思维能力。它是对150年来希腊、波斯两大阵营陈年宿怨的一次实实在在的报复，也是对大流士三世发出的最后通牒，是对征服者本性的一次野蛮揭露，也是大流士三世与亚历山大王权统治间的一次蓄意决裂。[55] 正

---

[1] Georges-Antoine Rochegrosse，1859—1938 年，法国画家。

如莫蒂默·惠勒爵士[1]所说：

> 不仅在欧亚大陆的历史和考古学研究领域，而且在"大历史"的观念史和考古学考察之中，波斯波利斯的毁灭都是一个重要的分水岭。[56]

话说回来，在为波斯波利斯的命运耿耿于怀的同时，我们必须多加小心。这座城市遭遇的一切在计划和落实层面虽然存在种种超乎寻常的情况，却并不意味着亚历山大的攻城略地战略整体上发生了本质变化。为了向对手发出一条恐吓信息而将一座城市化为齑粉的亚历山大与征服底比斯和推罗的亚历山大是同一个亚历山大，而非脱胎换骨的"新人"。这位国王既然可以放过巴比伦和苏萨，为什么偏偏要在波斯波利斯大开杀戒？我们对此惊奇不已只不过是忘记了亚历山大的取胜之道。问题的症结不在于为什么波斯波利斯、底比斯、埃克巴坦纳和桑加拉这几座城市要被毁于一旦，而是在于雅典（Athens）、巴比伦、苏萨，或者波鲁斯王国[2]这几个地方为

---

[1] Sir Mortimer Wheeler，指 Sir Robert Eric Mortimer Wheele，1890—1976年，英国考古学家，第一次世界大战、第二次世界大战期间曾两次从军。
[2] kingdom of Porus，位于今巴基斯坦旁遮普邦。

什么能躲过一劫。就拿亚历山大对待马卢斯[1]和奇里乞亚的态度来说，这位国王往往善恶并存，他这么做其实是为了给惩罚安上一个"放大器"，进一步威吓对手。某种意义上，亚历山大扮演的是一个"亦善亦恶的世界警察"。如果我们将亚历山大在巴比伦的所作所为想象成他的真性情，同时将在波斯波利斯杀人放火的他视为本性的迷失，那就大错特错了，作恶和行善其实都是他征服别人的手段。

对待巴比伦和苏萨的相对温和态度明显出于政治上的考量。亚历山大知道，波斯波利斯藏匿的财富远远多于巴比伦和苏萨，而且那些财富无疑处在危险当中，如果他在进军的路上先把这两座城市化为焦土，很可能就会刺激波斯波利斯的居民困兽犹斗，赶在他到来以前将那些财富付之一炬。即便是在亚历山大善待巴比伦和苏萨的前提下，这样的可能性也同样存在。再者说，不久的将来，这位国王还需要借助巴比伦和苏萨一展自己的宏图大志，就像他还将依仗雅典和波鲁斯一样。57至于波斯波利斯，一旦将它的财富收入囊中，这座城市也就像底比斯和推罗一样毫无利用价值了。基于诸多因素的考虑，亚历山大决定让它充当杀鸡儆猴中的那只"鸡"。更

---

[1] Mallus，位于今土耳其。

何况前往波斯波利斯途中，马其顿大军确实遇到了由波西斯省总督[1]阿尔塔巴左斯[2]领导的比较顽强的抵抗；再加上一群上了年纪、可怜巴巴、缺胳膊少腿的希腊囚徒迎候在波斯波利斯城外，向亚历山大控诉自己的悲惨遭遇；抑或亚历山大本人确实认为波斯波利斯在波斯入侵希腊这件事情上理应负有责任。[58] 基于这样、那样的原因，他对波斯波利斯犯下的暴行可能纯粹出于政治考量，毕竟泛希腊联盟的口号就是向波斯帝国复仇，也可能是对阿尔塔巴左斯拒不投降的恼羞成怒，还可能是对那些老弱病残希腊囚徒的同情。[59]

攻占波斯波利斯几个月以后，城内王宫燃起的一把大火为亚历山大在当地的军事行动画上了一个句号。那座空空如也的金库象征性地割断了波斯帝国阿契美尼德国王与各类库存贡品的联系，这些贡品代表了一代又一代的臣民对这个已然日薄西山的王朝的忠诚和敬意。关于这段公案的具体细节，史料中的记载大致有 2 个版本。[60] 阿里安给出的说法遮遮掩掩，几乎是将亚历山大在波斯波利斯度过的时光一笔带过。[61] 按照他的记载，当时只有帕曼纽站出来反对焚毁波斯王宫，他警告自己的国王说波斯人不可能接受一个报复心过强的征服者，而且颇为自负地重申这些财产如今已经属于他们这些

---

[１] satrap of Persis，波西斯省位于今伊朗法尔斯省。
[２] Ariobarzanes，指 Ariobarzanes of Persis，公元前 368—前 330 年。

胜利者，因此不应任意毁坏，然而亚历山大下定决心要让波斯人为150年前焚毁雅典的恶行付出代价。行文过程中，阿里安流露出对帕曼纽的支持，含蓄地谴责了亚历山大的暴行。其他史料对这件事的记载虽然更加简略，却殊途同归地将亚历山大烧毁波斯波利斯的宫殿视为希腊人对波斯人攻击他们神庙和城市的报复行动。[62]

与此相对的另一个版本的史料并没有深究发起复仇行动的内在动机，而是浓墨重彩地刻画了一位名叫泰伊思（Thais）的雅典妓女。亚历山大和他那些喝得醉醺醺的宾客正是在这位女士的唆使下，同时也或多或少在自发狂热的驱使下，手持火把点燃了波斯王宫。[63]无论这样的自发狂热究竟在多大程度上导致了最终的毁灭时刻，诸如此类的故事依然清楚表明亚历山大在离开波斯波利斯以前已经有了烧毁王宫的打算。拿定主意"彻底夷平波斯波利斯"的马其顿国王先是花了好几个月的时间清空王宫里的财物。[64]为了做到这一点，他必须着手策划一场组织严密的后勤行动，以便向美索不达米亚输送上千件包裹，还有与之配套的驮畜。他需要清点、打包一座规模庞大的宝库，并通过武装押运的方式将这些东西送进苏萨和其他地区的仓库。狄奥多罗斯对这段历史的讲述直白明了，昆图斯则在许多方面将波斯波利斯城中与王宫燃起的两场大火混为一谈，尽管如此，他撰写的史料依然清楚地告诉我们，马其顿大军曾在波斯波利斯连续盘亘了几个月，直到亚历山大彻底清空当地金库，波斯王宫才被付之一炬。[65]显而易见，即便是在亚历山大的行动结束后，宫殿中依然零星散落着一些贵重物品，只不过随着火势迅速蔓延，这些财物很快就被趁火打劫的士兵哄抢殆尽。[66]此类物品包括波斯王室的服装、家具和雕像，尤其值得注意的是，昆图斯讲述这段历史时还提到了一种十分怪异的现象——那些马其顿士兵居然用镐头砸碎了一堆风格另类的花瓶。[67]类似这样看似随意且毫无意义的破坏行为蕴含着某些重要历史信息，本书后面还有专门谈到。

关于上述一系列亚历山大逗留波斯波利斯期间痛下杀手的历史事件，来自考古学领域的证据也可以为其提供支持。事实上，亚历山大终其一生的征战生涯中，还没有任何时刻能够像波斯波利斯的大火那样得到如此之多的出土文物佐证。1924年，伊朗政府委托著名考古学家恩斯特·赫兹菲尔德[1]制定一份针对波斯波利斯古城的保护计划书，以这处遗址为目标的现代考古发掘工作正式开始。[68]1931—1934年，这位考古学家受命领导了由芝加哥大学东方研究所（Oriental Institute at the University of Chicago）主持的发掘项目。1935—1939年，埃里克·施密特[2]接手了他的工作。[69]如图4.1所示，他们的努力付出以及其他学者的前赴后继最终发掘出位

---

[1] Ernst Herzfeld，1879—1948年，德国考古学家。
[2] Erich Schmidt，1897—1964年，德国考古学家，后移民美国。

于王室平台[1]上的几座并排耸立的结构精致的宫殿遗迹。这些宫殿建有气势恢宏的大门和台阶,室内划分了公共和私人房间,安插了巨型立柱,设有配套的花园,还专门设置了一座巨型观众厅和豪华的大型金库。[70]金库中的财物堆积如山,宫殿的其他房间同样如此,它们象征着历代国王日积月累的荣耀,历史纵贯整个阿契美尼德王朝,可以一直追溯到这座城市的建立者大流士一世生活的年代。当亚历山大沿着宏伟的台阶走上王室平台,大步穿过那座高高耸立的"万邦之门"(Gate of All Nations),阿契美尼德王朝的宫殿令人惊叹却又实实在在地呈现在他的面前。4个月以后,当他和他的军队离开那里时,所有这一切都化为尘土。考古学提供了一个难得的机会,让我们一窥这梦幻般的过往,它如一盏明灯照耀着绵延几个世纪的波斯历史,最终却因一位彪悍蛮横的人一生中最臭名昭著的一天而画上了句号。

对阿契美尼德王朝的历代君主而言,波斯波利斯的宫殿群作用相当于一座彰显文治武功的博物馆,在那里,波斯帝国丰富、辉煌的遗产被骄傲地展示出来。类似今天博物馆的仓库,那些没有在百柱宫[2]或相邻的其他宫殿得到展示的物品会被存放在王宫的金库里。

---

[1] royal terrace,当时一般是在石砌或夯土平台上修建大型建筑物。
[2] Hall of a Hundred Columns,波斯波利斯一座修建于薛西斯执政时期的宫殿。

作为王室平台上最早出现的建筑之一，那座金库的面积为134×78米，相当于2个美式足球场。[71]这座独立的无窗建筑厚厚的外墙由泥砖堆砌而成，内部大致划分为100个房间，附设有走廊和庭院，屋顶由300多根彩绘木质立柱支撑，立柱的底部安插在石头基座里。金库的地面上保留着当时的人们长年累月沿着区划明确的道路行走留下的蜿蜒痕迹。金库的上部，也就是第二层的仓库中保存着作为库存白银收支凭证的泥板文书，不过这些开支都是小规模和地方性的，并不涉及帝国军队、税收或大型建筑修造等重大项目。金库遗址附近保存的那些表现新年时节各地使者按照一年一度的传统前来进献贡品的阿帕达纳浮雕[1]，可以让我们对当年金库中收藏的奢侈品有一个初步的印象。[72]如图4.2所示，进贡的使者队伍从帝国的各个角落纷至沓来，他们携带着纺织品、珠宝、精雕细琢的碗、象牙、黄金、白银和装满香料的器皿。若干世纪以来，此类物品在波斯波利斯越聚越多，最终让当地的金库与其他地区的金库相比显得鹤立鸡群。[73]考古发掘过程中，这些珍宝的残片得以重见天日，残片中发现了少量的珠子、吊坠、别针、扣子、搭扣、手镯、戒指、雕像碎片、工具和武器，它们的材质涉及玛瑙、缟玛瑙[2]、

---

[1] apadana reliefs, apadana 是波斯波利斯一座修建于薛西斯时代的宫殿的名称，此类浮雕最早在这座宫殿的遗址中被发现，故名。
[2] onyx，玛瑙的一个品种。

青金石、绿松石、紫水晶、琥珀、珊瑚、雪花石膏、水晶、玻璃、石英，以及各类金属。整座金库遗址发掘完毕，总共只找到21枚钱币，它们发行的年代远远早于波斯波利斯王宫被毁的时间，而且没有一枚是阿契美尼德王朝发行的货币。[74]

特别值得注意的是，38和41号大厅遗址汇集了大量刻有铭文的石臼、杵、盘子、托盘，还有令考古学家们叹为观止的精美石质王室餐具。金库遭到毁灭的最后时刻，马其顿人蓄意毁掉了其中收藏的900件物品，这是一种"看似毫无意义的破坏行为"。[75]此类发现为前文引述的昆图斯的相关记载提供了支持。我们可以肯定，正如昆图斯所说，公元前330年1月亚历山大刚刚来到波斯波利斯并开始大肆劫掠时，此类破坏行为还未发生。那些在波斯帝国最伟大的金库里东翻西找的马其顿士兵犯不上跟这些石头物件较劲，即便它们上边带有黄金和白银的装饰物。随后4个月当中，亚历山大的手下在金库里走来走去，忙着将各类金银财宝打包运走时，因此更不会任凭这些石头破烂堵在路上碍自己的事。无论实际情况究竟如何，按照昆图斯的说法，马其顿人必然是先将金库清空，然后才将它付之一炬。这个前提下，亚历山大才可能允许他的士兵们吃一些残汤剩饭，正如考古发掘获得的证据所显示的那样，后者或许是在醉酒和狂热状态中，将敌人的御用器皿和祭祀礼器砸了个稀巴烂。[76]

为"蓄意报复破坏说"提供支持的证据是，考古研究发现最后的那场大火并非以王室平台上的某座建筑为中心向周围蔓延,而是同时针对包括被称为"哈迪斯宫"(Hadish)的寝宫、阿帕达纳宫,以及被称为"百柱宫"的金銮宝殿,还有王室金库在内的薛西斯时代建筑物的多点开花,这位阿契美尼德王朝波斯国王正是当年摧毁雅典的罪魁祸首。[77] 有别于被烧得无法重建的薛西斯时代建筑物,大流士一世的寝宫"塔卡拉宫"[1] 几乎看不到什么火灾痕迹。如果真如波斯波利斯考古项目前负责人、考古学家阿里雷扎·沙赫巴齐[2]所说,那些从金库内部搬出来,安置在室外的石板是为"观看火灾的观众"预先规划好的看台,那么这场破坏活动的周密计划性就更加引人注目了。[78] 波斯波利斯的凄惨一幕如同"希腊东征十字军的葬礼柴堆",是历史永远无法抹杀的一页。[79]

我们目前掌握的信息是,亚历山大终其一生也没在任何地方修建过能够与波斯波利斯王宫媲美的建筑物。据说,那场大火熄灭后不久,这位马其顿国王就对自己的所作所为感到有些后悔,这和他当年毁灭底比斯后的情况如出一辙。[80] 无独有偶,历史上的薛西斯也是首先将雅典卫城的珍宝洗劫一空,然后将其付之一炬,最终却又觉得悔不当初。两位国王为人处世的相似性,实在令人印象深刻。[81]

---

[1] Tachara,又名波斯大流士一世的宫殿(palace of Darius I of Persia)。
[2] Alireza Shahbazi,指 Alireza Shapur Shahbazi,1942—2006 年,伊朗考古学家。

历史性的驮运

波斯波利斯的最后时刻,无论那些马其顿士兵用手中的火把和斧子抢走、破坏了什么,亚历山大都已经带着他迄今为止的最大一笔进账全身而退。此时此刻,他应该感谢金库看守人泰瑞达底[1]完好无缺地交出了这些财富。[82] 有赖于大流士三世手下财政官员们的暗通款曲,身为入侵者的马其顿国王总能获得意外之喜,波斯波利斯之战,他再次不虚此行。[83] 与此相关的各类历史文献都对波斯波利斯王室金库的财富总额进行过大致估算,只可惜,类似这样的估算不光把古人搞得糊里糊涂,也让今天的我们摸不着头脑。按照昆图斯的说法,金库中的财富多得让人难以置信,不过他得出结论认为如果将诸多方面的细节考虑在内,这个数字应该是12万泰兰特,也就是7.2亿德拉克马。[84] 狄奥多罗斯给出的总数相同,只不过在估价方面更精确一些:

全部金银的价值相当于12万泰兰特白银。[85]

---

[1] Tiridates,这个人曾与亚历山大暗通消息,透露了波斯人的守城计划。

如果认真抠字眼儿的话，就会发现许多财物并没有被纳入估价的范围，比如家具、艺术品、珠宝、宝石、香料等各类物品。普鲁塔克却更加简略地告诉我们，亚历山大从波斯波利斯获得的钱币和从苏萨得到的一样多，按照他自己的计算，这个数字应该是4万泰兰特，即2.4亿德拉克马。[86]斯特拉波给出的数字是把苏萨和波斯波利斯两地的房获加到一起，总计4万泰兰特，不过有时候他又说这个数字可能是5万泰兰特。[87]对于这段历史，查士丁和特罗古斯只是含混其词地说自己对亚历山大能够从波斯波利斯抢走如此巨额的财富感到震惊，阿里安则干脆不置一词。[88]

上面这些数据一如既往地难入现代统计学的法眼，因为它们只是以某种特定商品为基础，对波斯波利斯隐藏的财富进行一个大致估量，尤其是以钱币和原始金银形式存在的贵金属，同时完全对其他贵重物品视而不见，比如杯子、碗、家具上的金银镶嵌饰物和配件等。任何情况下，对这些东西的价值进行量化都非常困难，我们也只能凭借考古发掘获得的残片做到一知半解：

所有此类出土的贵金属残片中，黄金的比例远高于白银。[89]

不仅如此，各类史料记载波斯波利斯财富总数的频率也要远远高于苏萨，而且它们给出的数字往往相当公式化地纠结于4万泰兰特，或者 4 万的 3 倍[1]——12 万泰兰特上。诸如此类的做法并不足以完全动摇这些数据的可靠性，却容易让人心存疑虑，也许，那些历史学家只是想告诉我们，这些数字是"巨大的"或者"极其巨大的"，而不一定就是 4 万或 12 万泰兰特[2]。[90]正如治学严谨的乔治·格罗特[3]很早前就已经注意到的那样：

> 没有任何官方数据支持，这些大而化之的数字都不值得完全信任。不过，考虑到这笔财富的漫长积累周期，也有理由认为它的数额非常巨大。[91]

我们可以通过两种手段对这些天文数字进行一定程度的检验。首先，要看看这些五花八门的"泰兰特"与将它们运出波斯波利斯的驮畜数量的匹配关系；其次，还要考量亚历山大在此后的军事行动中缴获的其他波斯帝国金库的财富总额。为了将攫取的财富运出波斯波利斯，马其顿国王征调了数千头驮畜。狄奥多罗斯著作（17.71.2）对此的记载是"大量"骡子和其他驮畜，外加 3000 峰骆驼，昆图斯只是泛泛而谈地提到了驮畜和骆驼，并没有给出准确

---

[1] 本书第 1 章已经谈到，古希腊、罗马历史学家记载数据时偏爱使用 3 万或 3 的整数倍。
[2] 即类似古汉语中"三""九""百万"之类的虚数。
[3] George Grote，1794—1871 年，英国历史学家、经济学家。

数字。普鲁塔克《亚历山大传》(37.4) 给出的说法是 2 万头骡子和 5000 峰骆驼。如果参照检验大马士革之战虏获财富总数的前例，以给定明确数额的驮畜运力考量其是否能够满足史料中记载的财物总重和部分重量的运输需要，我们就会发现，亚历山大在波斯波利斯动用的驮畜运力跟前面提到的金银财宝的重量根本不匹配。1978年，唐纳德·恩格斯[1]出版了一本以亚历山大后勤组织能力为研究对象的颇具开创性的专著，对上述问题做出了初步探讨[92]，得出结论：

> 帕曼纽奉命动用 2 万头骡子和 5000 峰骆驼，将存在波斯波利斯、苏萨和帕萨尔加德[2]的总计 7290 吨黄金、白银运往埃克巴坦纳，这在运力方面很成问题。

运力显然是个很突出的问题，遗憾的是，唐纳德·恩格斯对此只是浅尝辄止，而且从某些方面来看，他的计算方式其实也存在瑕疵。目前已知没有任何信息来源明确记载说那批金银财宝相当于7290 吨黄金和白银，如果真的有什么文献提到了这个数字，那么帕

---

[1] Donald Engels，代表作《亚历山大和马其顿的后勤补给》(*Alexander and the Logistics of the Macedonian*)，阿肯色大学教授。
[2] Pasargadae，位于波斯波利斯东北方向 40 千米，波斯帝国的另一座国都。

曼纽手中掌握的驮畜很可能无法负载它们的重量。按唐纳德·恩格斯的估算，一头骡子的负载极限是 200 磅，也就是 90.7 千克，一峰骆驼的极限则为 300 磅，也就是 136.1 千克。[93]这样一来，普鲁塔克著作中提到的那支浩浩荡荡的驮队最多只能运送 2750 吨[1]辎重，这个数字远远少于唐纳德·恩格斯提到的金银总数。就算他辩解说这项任务不一定非得一次完成，那么驮队最少也需要 3 次横穿扎格罗斯高原（Zagros Plateau）往返于波斯波利斯和埃克巴坦纳，总里程为 1572 英里。4 个多月的时间里，这只驮队将拉开从头到尾 70 英里的间距龟速爬行，驮队本身的长度要远远多于它每天 13—15 英里的前进里程，队头在行程方面要比队尾快 5 天，走在最后的那些可怜驮畜一路上很可能连前边同伴吃剩下的草料都找不到。如此看来，保卫这支庞大的驮队，并且还要喂饱它们，确实"在运力方面很成问题"。要想在一定程度上化解这样的悖论，我们就只能认为驮队实际运走的金银要比唐纳德·恩格斯的推测少很多。

为了准确计算这些财宝的实际重量，我们可以先从波斯波利斯被抢走的 12 万泰兰特贵金属的估值入手。对于这个数字，众多学者不约而同给出的答案是"300 多万千克"或者"3400 吨"左

---

[1] 除非特别说明，本书中用于计量希腊货币重量的单位"吨"（ton）均为"短吨"（short ton），1 短吨≈907 千克。——编者注

右。[94] 仅仅是这些金银的重量，不包括其他门类的财宝，其实就已经超过了文献记载的那支驮队的最大 650 吨的运载能力。之所以出现这个问题，主要是因为很多历史学家想当然地认为价值相当于 12 万泰兰特的金银一定就是 12 万泰兰特的银子，却忽略了其中还有一定数量的黄金。黄金和白银并不等价，如果将这批贵金属全部视为白银，最终就将影响对其实际重量的估算。例如，按照"1∶10"的金银比例，假设 12 万泰兰特的金银中分别包含 6 万泰兰特的白银和 6000 泰兰特的黄金，两者加在一起的总价值应该相当于 310 万千克白银，实际重量只有 170 万千克，也就是 1874 吨。[95] 考虑到 2 万头骡子和 5000 峰骆驼的实际运力，这样的重量不仅举重若轻，甚至还有余地再运一些其他物品。因此，我们可以得出结论：帕曼纽麾下那支驮队的最高运载能力与波斯波利斯宝藏"相当于 12 万泰兰特白银"的价值估算之间并不存在矛盾。依照这样的逻辑，即使算上帕萨尔加德的 6000 泰兰特，也就是将近 171 吨贵金属，驮队的运力也足够承受。[96] 据史料记载，亚历山大当年曾亲自前往这个位于波斯波利斯东北方向 25 英里（40 千米）的阿契美尼德早期王宫所在地，从总督戈巴瑞思（Gobares）手中接管了收藏在那里的王室财产。[97]

核对上述数据的另一个办法是分析核对马其顿大军在战争下一阶段从埃克巴坦纳获得的财富总额。[98] 当长期滞留波斯波利斯的亚历山大终于来到埃克巴坦纳时，他发现当地金库收藏的最后一批波斯王室财产已被消耗殆尽。仓皇逃窜的大流士三世带走了7000泰兰特或8000泰兰特，总价值在4200万—4800万德拉克马的金银财宝，其中的一部分被沿途丢弃，另一部分则在波斯帝国灭亡前最后几天的混乱中遭到某些心怀叵测者的趁火打劫。[99]亚历山大从中抢到了2.1万—2.6万泰兰特，也就是价值相当于1.26亿—1.56亿德拉克马的财物[100]。作为奖赏，他将其中的1.2万—1.3万泰兰特分发给了手下士兵，这个数字相当于此前在巴比伦犒赏三军的全部开销的7倍。[101]参考狄奥多罗斯和昆图斯留下的相关记载，也可以发现此时亚历山大的慷慨程度又提高了不少，按照他们的说法，每名骑兵的奖金是1泰兰特，每名步兵可以拿到10迈纳，分别是在巴比伦所得数额的12倍和5倍。[102]两次奖赏前后相加抹平了马其顿士兵此前在饷银方面的全部亏空，那些选择留下继续效力的希腊盟友士兵每人也拿到了3泰兰特的金银作为奖赏。[103]仅仅是发给色萨利骑兵的奖金，总共就达到了2000泰兰特。[104]

埃克巴坦纳波斯王宫的装饰风格也可以说是镶金嵌银，为了弥补当地金库被人捷足先登造成的损失，亚历山大和他的士兵们还从宫殿各处拆卸了一批金银物件权作补偿。[105]这些建筑物在埃克巴坦纳默默矗立了一个世纪，先后遭遇过数次掠夺，然而残余的金银物件重新融化后还足够铸造总重将近4000泰兰特，价值相当于

2400万德拉克马的钱币。[106] 总而言之,这位年轻征服者从大流士三世的金库和宫殿中攫取的财富数额确实大得惊人,正如斯特拉波写道:

> 有人说从苏萨和波西斯省(主要是波斯波利斯和帕萨尔加德)获得的财富总共有4万泰兰特,也有人说是5万泰兰特,这还不包括从巴比伦的波斯军营缴获的战利品。不过也有一些史学家声称全世界的财富都集中在埃克巴坦纳,总共有18万泰兰特。此外,大流士三世还从米底带走了8000泰兰特,那些弑君者后来瓜分了这笔财富。[107]

斯特拉波给出的数据出自三份目前已经失传的文献,其中的前两个数字明显少于狄奥多罗斯和昆图斯"仅从苏萨就得到了4万—5万泰兰特"的说法,更何况根据他们的记载,亚历山大从波西斯省还额外获得了12万—12.6万泰兰特。出现这种情况最大的可能性是斯特拉波误解了"4万"或"5万"泰兰特的真正含义,也可能他说的数字指的是两处金库的财富总额,而非一处。此外,狄奥多罗斯也给出了总计18万泰兰特的说法,查士丁和特罗古斯的记载却是19万泰兰特。[108] 昆图斯没有提及这笔财富的总数,不过我们却可以参照他著作中的几个数据做出如下计算：

  巴比伦……未知

  苏萨……5 万泰兰特未铸造成钱币的金银

  波斯波利斯……12 万泰兰特

  帕萨尔加德……6000 泰兰特

  埃克巴坦纳……2.6 万泰兰特

  总计……20.2 万泰兰特

另一方面，来自狄奥多罗斯的几个数据前后相加却只有 19 万泰兰特：

  巴比伦……未知

  苏萨……4.9 万泰兰特已铸造和未铸造成钱币的金银

  波斯波利斯……12 万泰兰特

  帕萨尔加德……未知

  埃克巴坦纳……2.1 万泰兰特

  总计……19 万泰兰特

遗憾的是，阿里安记载的相关数字无法让我们作为参照去检验其他数据的准确性,因为他的兴趣点只集中在位于苏萨的那一座金库。无论如何,各类现存历史文献给出的财富总值通常在18万—20万泰兰特的范围内浮动。考虑到贵金属估值方面的诸多不确定因素,这似乎已经是我们能够得到的最好结果。浮动归浮动,上面引述的这些史料却都没有将巴比伦金库的财富归纳在内。假如巴比伦城中第一座被亚历山大征服的波斯王宫蕴藏的财富与苏萨或埃克巴坦纳大致相当,那么亚历山大获得的财富总数就都将超过4万泰兰特这个史料中记载的看似夸张的说法。因此,将马其顿国王从大流士三世手中抢走的全部财富估价为18万泰兰特(约合10.8亿德拉克马)的做法可能略显保守,却完全合理。只可惜我们无法准确计算那些被没收的土地、奴隶、珠宝、宝石、家具、染色布料、艺术品、香料等其他奢侈品的附加值,要不然亚历山大在入侵波斯的军事行动中的掳掠所得肯定还要多得多。

印度王公、财富和仇恨

入侵波斯的战争结束后,亚历山大和他的军队就再也发不了规模如此巨大的横财了,尽管公元前330年坐镇埃克巴坦纳的他还没有完成自己的一半任期。马其顿大军的面前依然有更多的大小国王等待他们征服或辖制,不过这些国王的人数没有阿契美尼德王朝那么多,也没有他们那么富有。[109] 针对波斯王宫的疯狂掳掠结束后,以中亚和南亚为对象的新一轮战争正式提上日程,随后发生的若干场战斗中,马其顿人从当地王室手中抢到的战利品越来越少,不过掠夺行为以及由此而来的利润却从未断绝。[110] 例如,公元前 326 年,亚历山大率军来到了坐落在印度河(Indus)沿岸的古城塔克西拉[1],后者参照巴比伦和苏萨的先例为他举行了盛大的入城式。印度方面派出的代表团以隆重的礼遇和丰厚的礼品欢迎这位国王,向他交出自己"伟大而繁荣的城市"。[111] 统治塔克西拉的印度王公塔克西莱斯[2]得到了亚历山大的善待,后者甚至没有要求他掏空国库犒劳马其顿大军。[112] 相比征战波斯时的标准,亚历山大从印度人手里获得的"孝敬"可谓十分菲薄,仅仅包括价值相当于 80—200 泰兰特,也就是 48 万—120 万德拉克马的贡品,3000 头牛,1万多只羊,外加 30—58 头大象。[113] 当然了,这些厚皮动物[3]仅仅是献给亚历山大及其继任者的玩物,并没有在马其顿军中获得普遍应用。塔克西莱斯耍的这手花招非常高明,为了获得与周边其他小国发生冲突时的战略优势,他有意讨好亚历山大。马其顿国王因此

---

[1] Taxila,位于今巴基斯坦伊斯兰堡附近。
[2] Omphis/Taxiles,阿门费斯(Omphis)是他在希腊语中的名字。
[3] pachyderms,指大象,古印度人会训练它们作战。

龙心大悦，他所付出的成本其实要远远高于这点菲薄的"孝敬"。依仗亚历山大的威势，塔克西莱斯不光把花掉的钱（马其顿人最感兴趣的东西）很快就赚了回来，还得到了大片土地和其他战利品。另外，亚历山大还把自己的部分战利品，包括金银餐具、30 匹配备王室鞍鞯的马、波斯长袍和 1000 泰兰特金银分赠给这位印度王公。[114] 两位国王间的投桃报李引发了马其顿人的不满。[115] 营长墨勒阿革洛斯是亚历山大众多部下当中最敢于直言进谏的一位，这个人本身非常富有，富有到可以专门从埃及进口沙子用来铺设自家摔跤竞技场的地面。[116] 话虽如此，酩酊大醉的他还是公开抱怨说只有从印度的那帮野蛮生番里，国王才找得出一个堪配 1000 泰兰特的英雄豪杰。[117] 墨勒阿革洛斯的意气用事很可能让他前途尽毁，他对亚历山大心生不满或许不仅仅是因为后者对印度王公礼遇有加，同时也是源于君臣之间近期发生的另一场不快。动身离开巴克特里亚来到印度以前，亚历山大曾命令士兵们焚毁个人手中所有来自波斯的战利品。[118] 毫无疑问，士兵们遭受的财产损失让这位一心想和印度王公分享战利品的国王显得非常难堪，因为这些东西恰恰是他从巴克特里亚的熊熊大火中保留下来的。

受教于塔克西莱斯的前车之鉴，另一位印度王公阿比萨雷斯（Abisares）频频向亚历山大馈赠礼品，以期后者充当自己和其他王公明争暗斗时的靠山。[119] 阿比萨雷斯派出的使团由他的兄弟亲自挂帅，他们给马其顿国王送去了数额不明的钱财，还有 30—40 头大象。其他印度王公则纷纷效仿，在礼品方面层层加码。浑身上下穿戴得珠光宝气的索菲特斯[1]颇具戏剧性地出现在马其顿入侵者面前，他佩戴着美丽的珍珠，身穿金丝刺绣的紫色王袍，脚上踩着一双缀满宝石的金色凉鞋，手擎顶端镶嵌绿柱石的金色权杖，这位王公将权杖和其他令人过目难忘的礼品交到亚历山大手中。[120] 索菲特斯的邻居斐格奥斯（Phegeus）觐见亚历山大时，带去了更多的礼品。见此情景，另外两名印度王公锡比安斯（Sibians）和桑巴斯塔（Sambastae）也"从善如流"。[121] 为了向亚历山大表达敬意，一支身穿金丝刺绣的紫色长袍、规模总计 100 人（据阿里安记载，人数应该超过 150 人）的使团从马里[2]远道而来[122]，前者为这些投靠自己的印度贵族和王公举办了一场盛大的宴会，为了把当地权贵们的风头给压下去，宴会厅里布置了黄金装饰的躺椅[3]，还有金丝刺绣的紫色挂毯。昆图斯不禁感叹宴会的排场"体现了古波斯帝国奢靡之风对人性的腐蚀"，并且还给这场盛宴添了个有意思的"续集"。[123] 按照他的记载，几天后，那些享用盛宴的宾客回到亚历山大

---

[1] Sopeithes，古代印度比阿斯河沿岸一个小国的国王，被尊奉为有道明君，亚历山大兵临城下时已经年老的他由两个儿子搀扶着开城投降，作者接下来描述的就是这段历史。
[2] Malli，位于今印度境内。
[3] couches，古希腊人出席宴会时是半躺半卧在躺椅上连吃带喝。

面前，给他带来了各式各样的礼物，包括甘愿为这位国王效力的300名骑兵、1030辆战车、很可能经过染色的布匹、1000面盾牌、100泰兰特"白色金属"（钢铁、黄铜、锡或者镍？），以及颇具异国情调的狮子[1]、老虎、蜥蜴皮、龟壳等动物及相关制品。各地王公争相送礼成了征战印度过程中的一幕奇景，随着名声日隆，亚历山大越来越渴望得到与之相配的礼品。[124] 用礼品取悦征服者往往是那些割据为王的古代东方统治者们濒临绝境时的最后希望。当马尔狄人[2] 非常不明智地盗走了亚历山大的坐骑布塞法洛斯时，这位马其顿国王曾发出威胁要将他们斩尽杀绝。[125] 于是，盗马者不光立刻完璧归赵，还一并献上自己手中"最值钱的礼物"。驻留印度期间，诚惶诚恐的穆西卡那斯王公（raja Musicanus）将自己的大象和王国中其他最珍贵的东西献给了亚历山大。[126] 大军返回波斯时，早已吓破了胆的波斯贵族欧瑞克赛斯（Orxines）把自己的遗产拿出来向亚历山大和他手下的人马馈赠"各类礼品"[127]，礼品的名目涵盖骏马、镀金的华丽战车、家具、宝石、紫色布匹、巨大的纯金花瓶，以及3000泰兰特铸造成钱币的白银。管辖波西斯省的前任总督去世后，欧瑞克赛斯趁机自立为王，馈赠礼品的目的是平息亚历

---

[1] lions，指印度特产的亚洲狮，它的形象后来出现在亚历山大发行的希腊风格硬币上。
[2] Mardians，生活在波斯帝国的一个古代族群。

山大心中的不满。[128] 只可惜，这样的如意算盘最终还是落了空，注定难逃一劫的他被指控盗掘波斯王室陵墓，滥杀当地的无辜百姓。按照宦官巴戈阿斯（eunuch Bagoas）的说法，欧瑞克赛斯贡献的那些礼品就是来自居鲁士大帝王陵的赃物。[129]

就连希腊人也开始有样学样地通过送礼的方式寻求亚历山大的宽恕或恩宠。他们派遣的那些声名显赫的使者给身在巴比伦的亚历山大带来了金质的王冠，还将他尊奉为神。[130] 诸如此类的做法本身不具备任何经济价值，却可以为亚历山大带来实实在在的物质利益，据说在他生命的最后日子里……

> 几乎世界上所有有人居住的地方都派来了肩负各类任务的使团，他们要么盛赞亚历山大的丰功伟绩，要么给他送来王冠，要么就是希望和他签订条约。许多使团都带来了令人啧啧称奇的礼品，他们中的部分人已经做好了面对别人非议的心理准备。[131]

总而言之，现存历史文献为我们构建了两个以亚历山大为主角的征服故事，每次征服行动都收获了种类和数量各不相同的物质利益。公元前336—前330年，亚历山大和他的人马从被攻陷的众多城市和被打败的敌军手中聚敛了大量财富，即便是那些生活在农村的人口也没能摆脱被掠夺的命运。对于亚历山大从底比斯、格拉尼卡斯、戈尔迪乌姆、伊苏斯、大马士革、推罗、吉萨、孟菲斯、高加米拉、埃尔比勒、巴比伦、苏萨、波斯波利斯、帕萨尔加德和埃克巴坦纳等地获得的大把横财，众多历史学家前赴后继试图通过各种方式对它们的具体数额加以准确衡量，却经常事倍功半。更何况，公元前329—前323年期间，来自城镇化水平较低地区的战利品大量涌现，其中包括相当大比例的易损耗物品，比如奴隶、牛、马、大象等。

印度地方统治者献给马其顿国王的礼品与后者手中的波斯财宝实现了互通有无，显而易见，古代历史学家很少关注这样的细节，因此也就不会对它们进行估价。然而这并不意味着战争红利在亚历山大远征后期可以忽略不计，仅凭攸美尼斯在帐篷中藏匿大量财物这一件事，当时的情况便可见一斑。没有理由认为，离开富庶的波斯帝国核心地带以后，这些入侵者会在追逐财富的道路上有所收敛。事实上，他们针对粟特和印度的掳掠行为表现出异乎寻常的野蛮。亚历山大一方面手握劫夺自大流士三世的金银财宝，另一方面又从盘踞欧亚大陆各处的大小国王、王公、城镇、部落及其他社群手中抢走了数量不明但数额肯定非常巨大的财产，因此可能成了所有古代帝国统治者中最富有的一位，接下来我们还要看看他将如何利用这座宝藏。

第 5 章
国王的轻重缓急

> 手握财富的凡人将变得法力无边……还能广交天下豪杰。
>
> 品达《皮托竞技胜利者颂》(*Pythian* 5.1)

> 当亚历山大大帝将亚洲的财富抢夺殆尽,然后正如品达所说,有钱能使鬼推磨。
>
> 阿特纳奥斯[1]《智者之宴》(*Deipnosophistae* 6.231e)

作为一名年轻人,亚历山大大帝掌握了全世界数额大得无法想象的一笔财富,这些钱所能赋予国王的权力远远大于他在战场上赢得的赫赫威名。钱可以为他赢得别人的好感,可以让他换取别人的忠心,可以帮他取悦神灵,可以满足他的一切愿望,有时,钱的力量甚至可以超越生死的界限。为了收买人心、犒赏三军,他能挥金如土;为了操办盛宴和娱乐活动,为了举行葬礼和纪念仪式,为了修建神庙、城市、港口和船只,为了操办祭祀仪式,救济孤儿,甚至仅仅为了购买一条恶犬,他也都不惜一掷千金。[1] 有些财富在亚历山大手中并没能派上正当用场,比如那些遭到下属侵吞,以及被他随意挥霍的钱财。不过也有一些财富成了他权力和人格的延伸。一般来说,有关亚历山大日常开销的情况往往都以逸闻趣事

---

[1] Athenaeus,生活在公元1—2世纪的古罗马作家。

的形式保存在各类历史文献当中，不过总体而言，这些零散数据仍然非常具有研究价值。在这个问题上，历史记录者的随意杜撰和夸张其实远远小于他们的个人立场对史料可靠性产生的影响。多数情况下，如果某些二手史料反复引述其他文献声称某人或某个团体得到了某种赏赐，那么此类事件实际发生的可能性就非常大。[2] 关键在于，除非后来的学者对前辈文献中的某些话题特别感兴趣，否则很多（如果不是绝大多数的话）发生在亚历山大身上的赏赐行为可能就不会见诸后世史料。因此从某种意义上来说，那些得到历史文献记载所谓能够体现亚历山大个人好恶的日常开销情况实际已经是遭到后世学者过滤筛选的产物。总而言之，各类文献有关王室财富去向的记载起码可以在一定程度上为我们描绘出一幅有趣的历史画面，反映亚历山大在为人处世方面对轻重缓急的基本判断。我们永远不可能知道这位统治者为了这件事或那件事到底花了多少钱，然而如图表 5.1 所示，此类开销发生的频率确实可以提供许多重要信息。

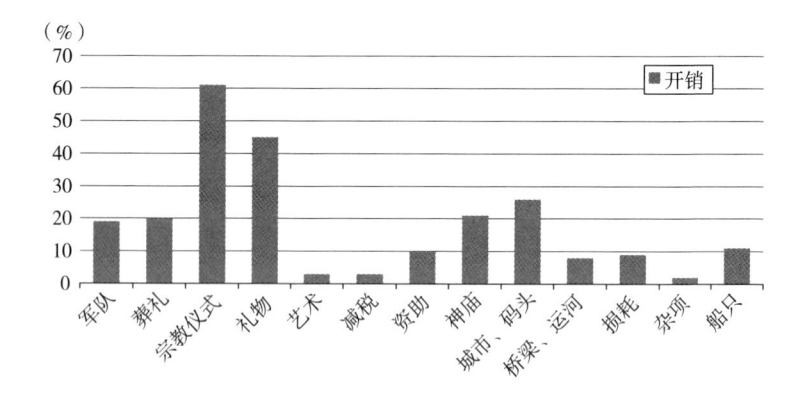

图表 5.1　支出发生率示意

个人馈赠和资助

各类有关亚历山大挥金如土、仗义疏财的记载让我们感觉他是一个"天性极其慷慨的人"。[3] 这位年轻国王的慷慨大方被普遍认为是他最出众的品质之一,身为古代统治者,慷慨即意味着大权在握、名扬四海。[4] 在关于亚历山大生平的总结性评价中,阿里安对这位国王赞誉有加:

> 就钱这方面来说,亚历山大在追求个人享乐的问题上非常节俭克制,对待同胞却慷慨大方得出奇。[5]

普鲁塔克也曾代亚历山大立言说：

大流士的那些金银财宝对我的朋友们来说远远不够。[6]

作为一位无私无欲的国王，真正的危险在于他给予身边一些人的赏赐可能同时会激起另一些人的嫉恨。正如本书第4章已经谈到的那样，马其顿人对亚历山大将手中战利品转赠诸如塔克西莱斯等异族统治者的做法深恶痛绝。赐予财物能够很自然地激发手下人等的效忠热情，因为来自国王的赏赐除了财富本身，还是社会地位的体现。由此而来的好处最终外化为国王与下属间种种显而易见的依附关系，这种关系网络滋生蔓延在国王与他的家人和密友之间，体现在他与包括外交官、盟友、艺术家、哲学家在内的各色人等打交道的过程中。而在对军队的掌控方面，这个关系网尤为重要。[7]无论在现实社会，还是宗教文化当中，荷马英雄史诗极力鼓吹的同袍情谊都是一种价格不菲的特殊商品。为了维护同袍间正常的秩序和士气，有必要精心准备各类礼品、祭品和娱乐项目，同时还需要打造一种"正确"的集体记忆[1]。因此，亚历山大脑海中各种有关妥善驾驭财富的概念，一方面是出自纯经济因素的考量，另一方面也

---

[1] memorials，即通过构建集体记忆的方式换取个体对集体的认同，相关内容可参考安德森《想象的共同体》。

是他个人的天性使然。按照这样的逻辑，马其顿国王不应为他对塔克西莱斯的慷慨大方而横遭非议，马其顿人的愤愤不平其实毫无道理，因为国王的所作所为"让那个野蛮生番欠了他的人情债"。[8]

这些以利益和人情为基础的纽带将亚历山大与他生活中的男男女女维系在了一起。亚历山大的母亲、姐姐、伙友骑兵、私人医生、皇亲国戚、家庭教师、酒肉朋友、军卒将领，乃至他的仇敌都被盘根错节地串联在这个他曾经仗义疏财，辛苦构建的大网里。很多时候，我们习惯将这种人际交往看作纯经济利益的交换，却忽略了某些更深层次的东西。例如，亚历山大有时会按远远超过自己所得利益的标准给予下属礼品或奖励。在马其顿国王决定效仿波斯服饰和礼仪制度的关键时刻，面对国人的强烈反对，能够采取的最简单应对措施就是用王室手中的钱收买笼络伙友骑兵。亚历山大却没有使用这种简单粗暴的办法，相反，他非常机智地赏赐给手下军官大量礼品，这些礼物本身就带着浓浓的波斯风范，比如紫色的斗篷、波斯款式的马具，还有波斯庄园里收藏的价格不菲的当地服装。[9]对希腊人和马其顿人来说，早在荷马史诗时代，紫色就是高贵的象征。[10]与此同时，作为国王关爱臣僚的体现，波斯人已经针对紫色斗篷及相关物品的使用佩戴形成了一套等级分明的制度。[11]亚历山大继往开来……

从波斯人手中劫夺的大量战利品使得他有条件继承发扬波斯王室的既有制度，进一步扩大紫色的象征意义，将其作为高贵地位的象征。[12]

正如狄奥多罗斯（17.78.1）已经注意到的那样，亚历山大执意推行一种东方化的政策：

很多人心生不满，亚历山大却可以通过赏赐的方式安抚他们。

舍与得是一枚硬币的两面。值得注意的是，公元前334年和公元前332年，亚历山大先后从格拉尼卡斯和吉萨给他的母亲送去了包括昂贵紫色布匹在内的波斯战利品。公元前331年，亚历山大在苏萨再次缴获了大量紫色布匹和染料，与此同时，他的母亲奥林匹亚斯居然也从马其顿给他送来了大量的……哦，紫色布匹。[13]这些紫色布匹和服饰在亚历山大疆域不断扩展的帝国中来来往往，象征意义明显大于现实意义，因为奥林匹亚斯无疑是在"把石头送进山里"[1]。后来，亚历山大把这些马其顿生产的紫色布匹送给了大流

---

[1] 原文为carrying coals to Newcastle，这是一句惯用语，Newcastle是英国著名的煤炭产地。

士三世的母亲西绪甘碧丝（Sisygambis）。这么做的本意是想让波斯太后意识到她在马其顿国王的人际关系网中拥有与赠送这些布匹的女士势均力敌的地位，然而却在无意中冒犯了西绪甘碧丝，因为这相当于亚历山大暗示她的后代也要像自己家族的女性一样学习制作此类布匹[14]，好在年轻国王很快便弥补了自己的无心之失。此类事件让我们意识到，希腊和波斯这两大宿敌间的礼尚往来到底有多么错综复杂。

表面看起来，奥林匹亚斯和她的社交圈主宰了儿子在马其顿的人情往来。目前已知的有关亚历山大远征的历史文献中，奥林匹亚斯的名字总共出现了3次，她的女儿克里奥佩特拉的名字出现过1次[15]，亚历山大的同父异母兄弟姐妹以及腓力二世的其他妻子则并未出现。马其顿国王身边另一位跟奥林匹亚斯存在关联的亲友是他严厉的导师列奥尼达斯[1]，这个人与王子的家庭教师亚里士多德一起负责充实他的头脑。[16]至于亚历山大的其他老师，比如利西马科斯[2]，却没有在历史上留下任何记载，虽然他和历史上有据可查的医生菲利普[3]等阿卡纳尼亚[4]老乡可能都是经过奥林匹亚斯

---

[1] Leonidas，这个人是奥林匹亚斯的同乡，曾担任亚历山大的启蒙老师。
[2] Lysimachus，亚历山大的贴身侍卫。
[3] physician Philip，又被称为 physician Philip of Arcarnania，亚历山大的医生和密友。
[4] Acarnanians，位于希腊北部地区。

的授意才得到了各自的职位。[17]

即便亚历山大父系的其他家庭成员遭到了世人有意无意的忽略，历史上还是留下了他向被俘的大流士三世王族成员赠送礼物，分发王室津贴，并给予特殊恩赐的记载。正如帕里瓦什·贾姆扎德[1]指出的那样：

> 亚历山大在他生平的每个阶段总是反复显露某种独特的个性……这让大流士三世心甘情愿地承认自己欠他的人情。身为侵略者，亚历山大为了追求王权而将阿契美尼德王朝的国土以及更遥远的东方国度拖入战火，不断在战斗中将大流士三世打得落花流水，洗劫并焚毁了大流士三世的国都，并夺走了他的金银财宝，还追得他在自己的国土上惶惶如丧家之犬，尽管如此，却仍有一些人可悲地赞颂亚历山大的大度、慷慨和珍惜荣誉，更要命的是声称这样一位有道明君堪配阿契美尼德王朝的宝座。[18]

诸如此类的歌功颂德经久不衰，生活在公元15世纪的画家伯纳多·罗塞利诺[2]绘制了一幅亚历山大凯旋图，画面中大流士三

---

[1] Parivash Jamzadeh，德黑兰大学教授。
[2] Bernardo Rosselli，意大利文艺复兴时代艺术家。

世家族的女性置身马其顿大军的行列中,继续享有她们应得的待遇。

恩威并施让亚历山大对波斯的统治披上了合法性的外衣。后来,他在这个基础上再接再厉,将阳光雨露的覆盖范围扩大到大流士三世家族以外的其他女性,甚至没有王族身份的其他亚洲女性,比如给马其顿士兵的随营妻子颁发津贴,或者延续居鲁士大帝的传统向所有波斯妇女发放金币。[19] 为了塑造自己统治东方的正统性,亚历山大特别热衷于宣扬与居鲁士大帝及其先辈们有关的历史[20],还开始有意识地嘉奖波斯国内的某些特定人群,比如阿里亚斯皮亚人[1]和格德罗西亚人[2],理由是他们历史上对居鲁士大帝的忠心无二。[21] 类似这样抬高对手的做法可能出自真心实意,不过也可能是一位身处战火中的国王用来弥合敌我双方裂痕的手段,因为它本身具有宣传效果。出于同样的目的,他还将自己手中的部分战利品送给了意大利的克罗顿古城[3],理由是向曾经生活在那里的一位居民表示敬意——一个半世纪以前,这个人曾帮助过抗击波斯大军

---

[1] Ariaspians,生活在今伊朗境内的古代族群,他们的故乡是阿契美尼德王朝的发源地。
[2] Gedrosians,生活在今伊朗莫克兰地区的古代族群。
[3] Croton,古希腊人在意大利南部建立的殖民据点。

的希腊人[1]。²² 财富让这位统治者有底气在立足现实、回望历史的基础上，向自己的对手伸出橄榄枝。

同样的道理，钱也能通过各种各样的方式让亚历山大美名远播，变得广为人知。对形形色色的"寄生虫"来说，富有国王的鼓鼓钱包具有非常大的吸引力，这些人往往又因其低俗的生活方式而引人关注。"寄生虫"（parasitos）这个词在希腊语中的意思是"在别人餐桌上吃饭的人"，它可以被用来指代各式各样的白吃白喝者和马屁精。²³ 诗人昔欧里特斯[2]曾对那些依赖马其顿宫廷的施舍而生的同行们横加指责，然而他自己也难逃竞争对手塞奥彭普斯[3]的口诛笔伐：

> 尽管此生只用开裂豁口的陶器喝过酒，从未拥有过银器，连青铜的也没有，昔欧里特斯这帮人眼下却正在用纯金、纯银的高脚杯畅饮，还用相同材质的餐具享用美食。²⁴

---

[1] 公元前480年，被认为拯救西方文明的萨拉米斯海战爆发时，孤军作战的雅典城邦曾向各地求援，最终只有居住在克罗顿的一位古代奥运冠军自费装备了1艘战船赶来参战。
[2] Theocritus of Chios，大致生活年代为公元前300—前260年，出生在西西里，古希腊田园牧歌诗派的开创者。
[3] Theopompus，古希腊历史学家。

除了频频向对手示好，亚历山大还对艺术家、运动员，以及各种天赋异禀的娱乐人才青睐有加，来自他们的阿谀奉承令亚历山大非常受用，所以他对这些人往往有求必应。于是，当嗜酒如命的普罗提阿斯（Proteas）要求亚历山大证明他对自己的友谊时，国王立刻拿出5泰兰特，也就是相当于3万德拉克马的财物，讨这个人的欢心。[25] 演出过程中，喜剧演员利肯（Lykon）临时加戏请求国王施舍钱财，亚历山大糊里糊涂地给了他10泰兰特，也就是6万德拉克马。[26] 据说与哲学家皮浪[1]初次见面时，亚历山大一出手就送了1万枚金币，价值相当于20万德拉克马，前者因此一夜暴富。[27] 总之，"寄生虫"们察言观色，找准这位征服者心情不错的有利时机，便可无本万利。

《亚历山大罗曼史》[2]中记载了一个表面上看起来不太可信的古怪故事。据说，这位国王曾在科林斯（Corinth）举办过一场地峡运动会[3]，并向一位获胜的运动员承诺，如果他能获得摔跤、角斗和拳击3个项目的冠军，就能得到自己想要的任何赏赐。[28] 名叫克里托马库斯（Clitomachus）的运动员包揽全部3个冠军后，亚

---

[1] Pyrrhon，古希腊哲学家，怀疑论的创始人。
[2] Alexander Romance，中世纪广为流传的一本小说性质的文学作品，作者被讹传为古希腊历史学家卡利斯提尼斯。
[3] Isthmian Games，又名伊斯特摩斯竞技会，科林斯地峡是希腊本土与伯罗奔尼撒半岛的接合部，运动会在当地举行，故名。

历山大承诺将按这位运动员的要求重建其老家底比斯城。事实上，这位著名运动员生活的年代比亚历山大执政的时期足足要晚1个世纪。[29] 这个从时间上看绝对不可能发生的故事其实是以另一个真实事件为基础的添油加醋，在这个故事中，亚历山大曾向一位试图重建自己家乡底比斯城的古代奥运冠军表示敬意。根据阿里安（2.15.2-4）的记载，公元前332年，亚历山大的军队抓住了一群打算前往波斯的希腊使者，其中就包括来自底比斯的运动员狄俄尼索多罗（Dionysodorus），他准备恳请大流士三世施以援手，光复遭到亚历山大毁坏的故乡。亚历山大后来宣布赦免了这位运动员，之所以这么做，堂而皇之的原因是出于对其崇高理想的尊敬，私底下的原因则是对他竞技能力的欣赏。两位同样来自底比斯的运动员在漫长的历史长河中被混为一谈，这应该不是什么难以理解的事情，更有甚者，在年代稍晚的另一个版本的故事中，运动员的身份被改成了中世纪的吟游诗人，而非古代奥运冠军。[30]

亚历山大执政时期至少23次掏腰包资助过各种名目的运动会。[31] 这些运动会无疑都经过了精心策划，而且本身包含某种宗教意味。作为运动会的一部分，赛事期间还会举办由各路艺术家同台竞技的游艺项目。类似这样的活动为陆军和海军将士提供了休闲娱乐的机会，同时也是为了庆贺征战过程中所取得的重大胜利，体现了国王的无上权威。此外，这些文娱活动明显的希腊文化特质也在提醒人们注意亚历山大起家时以"泛希腊"为核心构建的国家文化根基。到了他统治的后半期，当社会各阶层的焦虑浮躁甚嚣尘上之时，这个"文化之根"凝聚人心的作用便显得越发重要。显而易见，无论来到亚洲的亚历山大变成了什么模样，那种对源自祖先游戏和神灵的热爱都让他牢牢扎根于千里之外的希腊传统。

随着"亚历山大公司"内部豢养的运动员和艺人与日俱增，自然而然，溜须拍马行为发生的概率也越来越高。据史料记载，这位国王进餐或休息时，都有让运动员和艺人献艺取乐的习惯。[32]从事此类表演的人据说成千上万，最后真正青史留名的也就只有十几人[1]。[33]拳手[2]、球类运动员、杂耍艺人、魔术师、演员、竖琴手、长笛手、诗人、歌者和舞者还有其他来自古代地中海世界及以外地区的三教九流汇聚到亚历山大身边，不仅将他的大军打造为一座流动的城市，甚至还让这支人马看起来更像是四处巡游的马戏团。在他所属的那个时代，亚历山大身边的这些随从其实是全世界最伟大的演艺群体。这些人背景和籍贯的多样性显示出国王的威名远播，证明了他手中那些可供挥霍的财富的巨大影响力。亚历山大的宫廷总管查尔斯以苏萨集体婚耗费大量金钱的艺术会演为切入

---

[1] dozen，一打为12个。
[2] 原文为boxer，参考下文内容，实际指的是名为Pankration的古希腊式搏击，亚历山大对这项运动异常痴迷。

点，为我们留下了令人瞠目结舌的第一手资料：

> 婚礼持续了5天，大量希腊和生番艺人登台亮相，一些印度人也闻声而来。塔伦特姆[1]的斯克姆努斯（Scymnus），叙拉古[2]的腓力斯（Philistides），还有米蒂利尼[3]的赫拉克立特（Heraclitus）轮番献上精彩的魔术，那之后，来自塔伦特姆的狂想诗人亚历克西斯（Alexis）朗诵了一首诗。墨图纳[4]的克拉提努斯（Cratinus），雅典的亚里斯托尼马斯（Aristonymus）和泰奥斯[5]的阿特诺多鲁斯（Athenodorus）展示了无伴唱的竖琴弹奏；那些登台一展歌喉的艺术家包括塔伦特姆的赫拉克利特（Heraclitus）和底比斯的亚里斯托克瑞特斯（Aristocrates）；赫拉克利亚[6]的狄俄尼索斯（Dionysius）和库齐库斯[7]的海玻布鲁斯（Hyperbolus）在长笛伴奏下引吭高歌；参与表演的长笛演奏家有提莫塞乌斯（Timotheus）、波里尼库斯（Phrynichus）、卡菲斯亚斯（Caphisias），以及哈尔基斯人

---

[1] Tarentum，古希腊一个规模较小的城邦。
[2] Syracuse，位于西西里岛的古希腊城邦。
[3] Mytilene，位于爱琴海中的莱斯博斯岛。
[4] Methymna，位于爱琴海莱斯博斯岛。
[5] Teos，位于今土耳其西加西克附近。
[6] Heraclea，位于小亚细亚爱奥尼亚地区。
[7] Cyzicus，位于今土耳其巴勒克埃西尔。

伊维尔斯[1]。这些同行曾被称为"狄俄尼索斯[2]的马屁精",但是由于此次让国王龙颜大悦的表现,他们的外号改成了"亚历山大的马屁精"。除了这些艺术家,悲剧演员塞撒留斯(Thessalus)、阿特诺多鲁斯(Athenodorus)、亚里斯托克瑞都斯(Aristocritus),喜剧演员利肯、福米翁(Phormion)、阿里斯顿(Ariston)也先后登台亮相;参加演出的还有竖琴师菲拉斯摩尔鲁斯(Phrasimelus)。[34]

要把这些艺人从别的金主和粉丝身边拉过来是一桩非常烧钱的买卖。为了将广受赞誉的雅典悲剧演员阿特诺多鲁斯招入麾下,亚历山大甚至不惜替他支付因违反与城主[3]签订的大酒神节[4]演出合同而带来的罚款。[35]出于现实考虑,比如军事和外交需要,这些运动员、作家和演员有时也会被授予"非娱乐化"的职务。就拿奥林瑟斯[5]的阿里斯托尼克斯(Aristonicus)来说,他本是一位著名音乐家,却因自愿参战,死后得到了亚历山大的追封[36]。还有来自

---

[1] Evius the Chalcidian,哈尔斯基是古希腊一个与斯巴达并称的善战城邦。
[2] Dionysus是希腊神话中的酒神,象征了非理性的艺术精神,所以当时艺术家的表演往往被认为是要取悦酒神。
[3] 原文为king,指雅典城邦的统治者。
[4] Greater Dionysia festival,每年3月由雅典城邦定期举办,意在向酒神表示敬意。
[5] Olynthus,位于希腊的哈尔基斯半岛。

克里特岛（Crete）的奥运冠军，长跑运动员菲洛尼底斯（Philonides），他在亚历山大手下的工作其实是充当信使。[37]国王身边的另一位侍从，亚里士多德的亲戚卡利斯提尼斯[1]则认为自己有责任替亚历山大的人生经历增光添彩，后者因此给予他丰厚的奖赏，直到在其他门客群体中引发了致命性的不满情绪才算罢手。[38]后世某些无缘得到亚历山大资助扶持的艺术家的惋惜之情也可以从侧面反映这位国王作为庇护人的鼎鼎大名，其中一位当事人曾被告知：

> 要是生活在亚历山大当政的年代，你每写一行诗就能赚到一个塞浦路斯或腓尼基。[39]

维持这样的排场必然带来不菲的开销，士兵们因此开始对大吃大喝的艺人们颇有微词。愤愤不平的官兵曾对拳手迪奥希普[2]发牢骚，他们每天坚持训练，时刻准备奔赴沙场，那些一无是处的运动员却在为一场接一场的盛宴"锻炼"肚子。[40]某位马其顿士兵决定向迪奥希普发起挑战，最终却不光彩地成了对方的手下败将。作

---

[1] Callisthenes，亚里士多德的侄孙，曾担任亚历山大的随军史官。
[2] Dioxippus，出生在雅典，曾拿过古代奥运会的搏击冠军，当时是亚历山大的贴身侍卫。

为报复，士兵们散布流言说这位运动员趁赴宴的机会偷了一只纯金的杯子，受到羞辱的拳手愤而自杀，那些污蔑造谣者因此乐不可支。[41]在古城苏萨，前文提到的长笛演奏家伊维尔斯得到了一栋原本属于攸美尼斯的住宅[42]，于是盛怒中的攸美尼斯在亚历山大面前咆哮连连，声称自己宁可放下所有武器，改行成为一名乐手或悲剧演员。这位攸美尼斯就是征战印度时背着亚历山大私藏了1000多泰兰特金银那个攸美尼斯。[43]

国王想让手下人人满意绝非易事。亚里士多德曾教导他说，人类总是被自己的欲望驱使，欲望的增长永无止境：

假如你每天给手下2奥波尔，很快，他们就会要求更多。[44]

高加米拉亚战役爆发前亚历山大得到消息，他的士兵们打算私吞那些可能从波斯王室宝库抢到的战利品，据说国王随即宣布赦免此类罪行，正如他对攸美尼斯所做的那样。[45]奥林匹亚斯经常警告儿子，他的慷慨馈赠是对手下欲望的火上浇油，应当在给予他们财富的同时，让这些人对国王的权威心悦诚服。[46]

放纵和贪婪在亚历山大军中的各个阶层滋生蔓延，有幸得以青史留名的类似攸美尼斯那样的故事其实只是冰山一角。今天的我们必须对此类故事进行仔细甄别，因为它们能够得到记载，必然是因为本身极具突出性，不过这些特别突出的个案却足以体现出当时马其顿军队普遍滋长的奢靡之风。国王在这方面的"身体力行"潜移默化中影响着宫廷和军营的角角落落，甚至扩展到奴隶阶层。有这样一种说法认为，在奢华方面，亚历山大当时的帐篷与大流士三世相比可谓有过之而无不及，帐篷里安装了50根纯金的立柱，顶部用金线刺绣装饰，国王的宝座被安放在帐篷的中央。[47] 帐篷内部的地面上撒满了稀有的香料和馥郁的美酒。[48] 根据昆图斯的记载：

> 所有被冠以"堕落"之名的波斯奢侈品全部被马其顿人以"新生活"的名义照搬过来。[49]

出自普鲁塔克之手的文献虽然对亚历山大个人欲望控制方面的收放有度不吝溢美之词，却也同时指出，随着时间推移，国王的晚餐变得越来越丰盛，最终到了每顿饭的支出上限为1万德拉克马的程度。[50] 按照那个时代的收入水平，亚历山大每顿饭的开销相当于熟练的希腊建筑工人5000天的报酬。[51] 类似这样的大排筵宴可以被视为对波斯遗风的继承，据说，波斯国王因口腹之欲导致的开销为240万德拉克马，食谱包括数量惊人的葡萄酒、苹果酒、牛奶、蜂蜜、醋、杏仁、芝麻、大蒜、莳萝、芥末、萝卜、瓜、苹果、葡萄干、鹿肉、牛、乌龟、马、绵羊、山羊、鸽子和瞪羚。[52] 至于为这些盛宴提供服务的各类人员情况，本书关于大流士三世在大马士革丧失大量资财的章节已有介绍，他们包括227名厨师、13名挤奶工、17名调酒师和70名酿酒师。[53] 即便如此，每次盛宴准备的食物似乎还远远无法满足赴宴者的欲望，因为有史料记载：

> 亚历山大的同袍们每次共进晚餐都要在甜点的外边包上金箔，吃的时候把金箔撕下来像果壳一样丢到一边，充当侍者的奴隶会把这些东西当成自己的外快收集起来。[54]

亚历山大的军营里到处都是士兵，他们受到全新生活理念的启发，明白了"富裕"和"奢侈"究竟意味着什么。那些坐在亚历山大的餐桌旁边喋喋不休的宾客们学会了每顿饭消耗价值大约160德拉克马的饮料和食物，这笔费用相当于那个时代雇佣兵80天的工资。[55] 据说，希腊人哈格侬（Hagnon）偏爱装饰有金钉、银钉的靴子；马其顿人，绰号叫"白"的克雷塔斯[1]喜欢在房间里铺设华丽的紫色地毯。[56] 有些马其顿人在行军途中携带了昂贵的锻炼器械，还专门用骆驼运载沙土，以便随时铺垫他们的运动

---

[1] Cleitus the White，他的绰号叫"白"是为了和亚历山大的手下另一位名叫克雷塔斯（Cleitus the Black），绰号为"黑"的军官相互区分。

场。[57]在一篇措辞激烈的文章中,菲罗塔斯[1]被指控为了用车队运载金银而堵塞了整座城市的街道。[58]马其顿大军抵达东征最远点时,运气不佳的指挥官科埃努斯[2]在海发西斯河被迫向亚历山大摊牌:

> 托你的福,我们的军队总算要回家了,最重要的是,回家的我们腰缠万贯,而非贫穷潦倒、卑微寒酸。[59]

宗教和仪式

宗教在一个充满仪式感的国度中扮演着重要角色,从婚礼和庆功会到宴会和葬礼,不一而足。通过这样的方式,各路神灵自然而然也可以从亚历山大手中分一杯羹。历史学家为此杜撰了一个离奇的故事,故事中的亚历山大通过指责列奥尼达斯在侍奉诸神方面太过吝啬,展示了虔诚而慷慨的他愿意和各路神灵分享财富的美好愿

---

[1] Philotas,亚历山大爱将帕曼纽的儿子。
[2] Coenus,马其顿贵族,大致生于公元前360年。

景。[60]历史学家奥林瑟斯的埃菲普斯[1]甚至声称他亲眼见过亚历山大在各种场合将来自波斯的战利品献给诸神。[61]类似这样虚张声势的记载或许存在夸张的成分,不过亚历山大的确会通过每天向神灵献祭的方式来彰显自己的虔诚,为此付出的开支有时精打细算,有时则大手大脚。[62]终其一生,亚历山大累计为诸神献上了将近5000件祭品,然而只有发生在某些特殊场合的50次献祭行为得到了明确记载。[63]这些宗教活动往往与成功跨过某条大河之类发生在军事、政治领域的重大事件相生相伴。远征印度时,王公塔克西莱斯曾向亚历山大提供了3000头牛和1万只绵羊充当牺牲。[64]很多情况下,国王举办的那些开销庞大的宴会和比赛都同时伴随有宗教仪式。[65]他还在诸如达达尼尔海峡、奥尔诺斯[2]和海发西斯[3]等标记边界的地方修造祭坛。借助五花八门的祭祀仪式,亚历山大向包括宙斯、赫拉克勒斯、雅典娜、阿波罗、阿耳忒弥斯[4]、赫利俄斯[5]、波塞冬(Poseidon)、狄俄尼索斯、阿斯克勒庇俄斯[6]、

---

[1] Ephippus of Olynthus,古希腊历史学家,史学界一般认为这个人生活的年代晚于亚历山大,所以他撰写的很多所谓"亲眼看到"的史料的可信度不高。
[2] Aornus,位于今巴基斯坦山区。
[3] 原文为 Hyphasis,实际应为 Alexandria Hyphasis,是亚历山大在这条大河岸边修建的一座要塞。
[4] Artemis,古希腊神话中的狩猎女神。
[5] Helios,古希腊神话中的太阳神。
[6] Asclepius,古希腊神话中的医神。

狄俄斯库里兄弟[1]、安菲特里忒[2]、涅柔斯[3]、海仙女[4]、九缪斯[5]、阿庇斯[6]、阿蒙神[7]、普洛忒西拉俄斯[8]、普里阿摩[9]、赫费斯提翁[10]，还有太阳、月亮、大地、海洋诸神，以及多瑙河、底格里斯河（Tigris）、锡尔河[11]、海达斯佩斯河[12]、阿昔西尼斯河[13]、印度河等众多大河的河神在内的各路神祇和英雄表达敬意。[66] 总而言之，任何严苛的审计检查都没有理由责难国王在宗教信仰方面的极端虔诚。

除了在特洛伊（Troy）、马卢斯[14]、锡瓦[15]和埃皮达鲁斯[16]在等地兴建祭坛，上供还愿，提供各类宗教补贴，亚历山大还多次提出要承担建造神庙的巨额费用。[67] 在以弗所，亚历山大决定向阿

---

[1] the Dioscuri，双子星座。
[2] Amphitrite，古希腊神话中的海洋女神。
[3] Nereus，古希腊神话中的海神。
[4] the Nereids，涅柔斯和多丽斯的 50 个可爱女儿。
[5] the nine Muses，古希腊神话中 9 位掌管艺术的女神。
[6] Apis，古埃及神话中的神牛。
[7] Ammon，古埃及神话中的太阳神。
[8] Protesilaus，特洛伊之战中的英雄人物。
[9] Priam，特洛伊国王。
[10] Hephaestion，马其顿贵族，亚历山大的挚友。
[11] Jaxartes，发源于天山山脉，流经中亚地区的一条大河。
[12] Hydaspes，位于今印巴交界地区。
[13] Acesines，发源于印度境内的喜马拉雅山脉。
[14] Mallus，位于今土耳其。
[15] Siwah，位于埃及。
[16] Epidaurus，位于伯罗奔尼撒半岛。

耳忒弥斯女神庇护的子民们征收重税，同时承诺支付重修女神被焚毁神庙[1]的全部开销。作为回报，他希望能在神庙的功德碑上留下自己的名字，以弗所人却不领他的情。[68] 相比之下，普里埃内[2]的居民们就没有这么不近人情，他们留下了这段铭文：

国王亚历山大将神庙献给雅典娜·波丽亚斯[3]。[69]

来到萨迪斯[4]的亚历山大故伎重演，再次下令建造神庙，只不过这次的致敬对象换成了宙斯。[70] 至于以他自己名字命名的埃及亚历山大城里，除了大兴土木供奉希腊神祇，亚历山大也给埃及土生土长的伊西丝[5]预留了位置。[71] 攻陷底比斯以后，这位国王特意在城中为供奉大神阿蒙的神圣三桅帆船[6]建造了神庙。[72] 在荷莫波

---

[1] 以弗所的阿耳忒弥斯位列世界七大奇迹之一，据史料记载，亚历山大出生当天，神庙被焚毁，按照古希腊神话，阿耳忒弥斯是月神，同时也是掌管生育的女神，她刚降生就要接生自己的孪生弟弟太阳神阿波罗，亚历山大自封太阳神的化身，觉得阿耳忒弥斯是为了照顾自己才没来得及救护神庙，所以想要还上这笔欠债。
[2] Priene，位于小亚细亚的古希腊殖民城市。
[3] Athena Polias，含义为"城市的雅典娜"，意思是说女神雅典娜是这座城市的守护神。
[4] Sardis，小亚细亚古国吕底亚的国都。
[5] Isis，古埃及的工艺和魔法之神。
[6] 古埃及神话中，神总是乘坐三桅帆船四处游行。

利斯[1]、阿瑟里比斯[2]和巴哈利亚绿洲等埃及各地还有很多带有亚历山大名号的建筑物,其中的一段铭文是这么写的:

国王亚历山大致大神阿蒙——他的父亲。[73]

身在巴比伦的亚历山大对气势恢宏、结构复杂的马尔杜克(Baal-Marduk)神庙产生了浓厚兴趣,以至于这座建筑总是处在不断的修修补补当中。[74]而在这位统治者离开东方的漫长时间里,某些懒散成性的执行者有意无意,逐渐淡忘了他的命令。后来,亚历山大再次主持了浩浩荡荡的马尔杜克神庙重建工作,同时还把其他神庙也修了一遍。[75]告别人世前,这位马其顿国王曾发誓要在提洛岛[3]、德尔斐[4]、多多纳[5]、狄翁[6]、安菲波利斯[7]、色努斯[8]和特洛伊7个地方出资建立神庙。建造这些希腊风格建筑的花销总计将超过1万泰兰特,也就是6000万德拉克

---

[1] Hermopolis,古埃及重要城市,位于下、上埃及的交界地带。
[2] Athribis,位于卢克索以北200千米。
[3] Delos,爱琴海上的一个岛屿。
[4] Delphi,古希腊圣地,被认为是地球的中心。
[5] Dodona,位于希腊西北部伊庇鲁斯。
[6] Dion,马其顿人心中的圣城。
[7] Amphipolis,位于今希腊境内斯特鲁马河沿岸。
[8] Cyrnus,古希腊人对科西嘉岛的称谓。

马，不过其中的多数项目都被亚历山大的继承者们下令撤销了。[76] 目前已知的是，利西马科斯[1]修建了位于特洛伊的神庙，被称为腓力三世的阿里达乌斯[2]则凭一己之力让巴比伦的工程有始有终。[77]

参考目前的已知史料，亚历山大参加重要葬礼和祭祀仪式的次数总共超过20次，第一次是承办他父亲的葬礼，最后一次则是出席赫费斯提翁[3]的葬礼。[78]包括腓力二世、大流士三世、他的妻子史塔蒂拉[4]、赫克托尔[5]、尼迦挪（Nicanor）、艾瑞吉斯（Erigyius）、菲利普[6]、德玛拉图斯（Demaratus）、阿里斯托尼克斯（Aristonicus）、科埃努斯[7]、卡兰那斯[8]和赫费斯提翁在内，共有12位希腊人、马其顿人、波斯人和印度人享受到亚历山大亲临葬礼的荣光。另外，他还在居鲁士大帝等遭到亵渎的波斯人墓葬的重新安陵仪式上露过面。伊苏斯、推罗、埃克巴坦纳、波利坦图斯

---

[1] Lysimachus，亚历山大手下大将。
[2] Philip Ⅲ Arrhidaeus，亚历山大的同父异母兄弟。
[3] Hephaestion，马其顿贵族，亚历山大的挚友和重臣。
[4] Stateira，大流士三世的长女，亚历山大娶她为妻。
[5] Hector，即下文提到的埃及的赫克托尔，这个人本名巴蒂斯（Batis），是波斯帝国镇守埃及吉萨的指挥官，亚历山大兵临城下时，他拒不投降，事迹和最后的死法非常类似特洛伊英雄赫克托尔，因此得到荣誉称号"埃及的赫克托尔"。
[6] Philip，指亚历山大任命的粟特总督菲利普。
[7] Coenus，马其顿贵族和将领，帕曼纽的女婿。
[8] Calanus，印度哲学家，婆罗门种姓，后自焚而亡，亚历山大出席了相关仪式。

河和桑加拉的几次重大战役过后，史料中出现了大量与葬礼有关的记载。当然了，其他军事行动发生后，肯定也有类似的情况出现。欧皮斯演讲中，亚历山大曾这样说过：

> 所有阵亡者可以在我这里享受厚葬的待遇，其中的大多数还能在家乡立起一尊青铜雕像。[79]

众目睽睽下参与此类活动的目的多种多样，从宗教到政治不一而足，由此产生的开销也可能非常高昂。就尊重逝者这个问题来看，亚历山大，或者至少说是那些为他树碑立传的历史学家明显对他的父亲、密友、忠诚的士兵，以及波斯王室成员表现出特别的关注。颇具讽刺意味的是，这位国王似乎对那些英年早逝的人更加心有戚戚焉[1]，比如埃及的赫克托尔和粟特的菲利普。[80]

城市和其他基础建设

亚历山大在城市建设领域也投入了相当可观的预算，虽然经他之

---

[1] 作者的意思是说亚历山大也属英年早逝。

手拔地而起的城市可能少于普鲁塔克声称的70座,但也可能多于这个数字。[81] 造成数据上下浮动的原因主要是这个数字可能包含定居点、军事要塞及其他前哨堡垒等规模小于正规城市的人类居住地。总体而言,古典时代和中世纪的各类史料一共明确列了57座用亚历山大的名字命名的城市,然而根据彼得·弗雷泽[1]对这个问题的深入研究,其中只有6座城市的相关记载真实可信,分别是埃及的亚历山大城(Alexandria in Egypt)、赫拉特[2]、胡占德[3]、安条克[4]、印度的亚历山大·布西发拉斯[5]、贝拉的亚历山大城[6]。[82] 绝大多数学者认为这6座城市的基础上,至少还可以添加7座甚至更多城市的名字,比如今天的坎大哈[7]、今天的贝格拉姆[8]、今天的阿伊哈

---

[1] P. M. Fraser,指Peter Marshall Fraser,1908—2007年,英国历史学家。
[2] Alexandria in Aria,这些城市最初奠基时都叫"某某地方的亚历山大城",但是随着时代变迁,多数又有了新的名字,阿里亚的亚历山大今名赫拉特,是位于阿富汗西北部的历史名城。
[3] Alexandria Eschate in Sogdiana,粟特的最遥远的亚历山大城,今名胡占德(Khujand),塔吉克斯坦第二大城市。
[4] Alexandria in Susiana,苏西那亚的亚历山大城,今伊拉克安条克城(Charax Spasinu),也就是中国古代文献记载的丝绸之路重镇条支。
[5] Alexandria-Bucephala in India,位于今巴基斯坦杰赫勒姆河沿岸。
[6] Alexandria-Rhambacia in Oreitis,欧里蒂斯的兰巴西亚—亚历山大城,巴基斯坦的贝拉(Bela)古称兰巴西亚(Rhambacia)。
[7] Alexandria in Arachosia,阿拉霍西亚亚历山大城。现称坎大哈(Kandahar)。
[8] Alexandria in the Caucasus,高加索的亚历山大城,古代中亚贵霜王朝的都城。位于今阿富汗喀布尔市以北。现称贝格拉姆(Begram)。

努姆（存疑）[1]、双子城布塞法拉和尼西亚[2]、阿昔西尼斯河上的亚历山大城[3]，还有亚历山大木头城[4]。[83] 本书附录 3 还开列了更多以亚历山大命名的城市名称，由于存在时间太短，它们或多或少都遭到了学术界的忽视。不过话说回来，无论这些城市的最终命运如何，存在时间长短，都不意味着亚历山大当年没有在它们身上投入大量资金。

即便是就地取材，用士兵、强征民夫和奴隶充当劳动力的前提下，修建至少十来个甚至更多货真价实的城市以及其他规模略逊的小镇和要塞都是一笔天大的开销。每座城市必然需要城墙、公共建筑、住宅和道路，设计师还需要考虑如何获取充足的水源，保持环境清洁卫生并提供其他各类社会基本服务。由于洪水泛滥及其他不可预见的困难，有些地方繁重的基建工作还不得不经历一次次的推倒重来。[84] 现存文献中只有极少特例能够明确告诉后人亚历山大主持兴建的城市规模到底有多大，比如胡占德。这座城市处在与敌军

---

[1] 原文为：Alexandria on the Oxus（modern Ai Khanoum?），阿伊哈努姆位于阿富汗昆都士东北方向。
[2] twin city of Bucephala, Alexandria-Nicaea，这座城市是亚历山大为纪念他牺牲的战马布塞法洛斯而建，位于今巴基斯坦杰赫勒姆河沿岸，双子城的意思是在很小的距离内同时建造两座城镇。
[3] Alexandria on the Acesines，阿昔西尼斯河即发源于喜马拉雅山，流经印度克什米尔地区和巴基斯坦旁遮普省的奇纳布河（Chenab River）的希腊语名称。
[4] Alexandria-Xylinepolis，临时性的军事要塞，主要建材为木头，故名。

针锋相对的最前沿，驻防当地的马其顿军队花了17—20天的时间将周长6英里（10千米）的城墙加高到足以抵御对方进攻的高度。[85] 相比之下，针对阿伊哈努姆，这座可能是传说中奥克苏斯的亚历山大城的疑似城址的考古发掘显示，当地的城墙总长只有3英里（5千米），估计由1000万块城砖堆砌而成。完成这样的工程，需要3000名劳动力连续工作6个月。[86] 根据少数的已知案例，亚历山大给每座新建城市留下1000名男性定居者几乎已是约定俗成的规矩，再加上依附于他们的妇女儿童，每座城市的总人口平均为5万人。[87] 如果情况属实，按照最保守的估计，亚历山大在从埃及到印度的广大范围内修建的13座或者数量更多的新兴城市总共就需要吸纳大概65万人口集中居住。由此产生的费用根本无法计算。

为了方便军队物资补给，同时也是出于经济方面的考虑，亚历山大特别愿意沿着河流及其他水道修建城市。除了大肆造城，他还动用手中的资源建造桥梁、船坞和别的基础设施，比如从大陆直通推罗的那条著名隧道[1]。遇水架桥无疑贯穿了亚历山大征战生涯的始终。现存史料集中关注的是马其顿大军在尼罗河（Nile）、幼发拉底河、阿拉克斯河[2]和印度河上的几次架桥行动，至于其他一些河流，他们的通过方式则主要依赖船只、筏子和临时制作的漂

[1] 推罗是黎巴嫩沿海的一座小岛。
[2] Araxes，发源于土耳其东北部的一条大河。

浮装备，比如内部塞满稻草的山羊皮。[88] 当渡河地点附近没有木材可用时，通常就会采用最后一种办法[89]。沿印度河顺流而下，以及随后撤兵返回巴比伦期间，亚历山大耗费大量时间和金钱修建了一系列船坞和港口[90]。这些设施非常容易遭受洪水破坏，因此需要经常性的维修和重建。

陆军和海军

随着新建港口和船坞的不断竣工，亚历山大自然而然会将大量资金投入到船舶建造领域。在印度，这个项目榨干了国王手中的可用资金，迫使他不得不打起了伙友骑兵随身携带财物的主意。按照阿里安的说法，亚历山大曾授予33位部下"三层桨司令官"[1]的头衔。[91] 这个头衔很大程度上属于荣誉性质，因为获得它的条件一般就是出资修造一艘战船。[92] 前文提到的攸美尼斯就是"三层桨司令官"群体中的一员，这说明历史上关于亚历山大希望从这位部下手中筹措300泰兰特，最终只得通过放火烧毁帐篷的方式揭穿对方吝啬心理的记载恐非虚言。如果攸美尼斯的的确确拿出了这笔款项，那么亚历山大此次从他的追随者手中聚敛的钱财总共应该超过

---

[1] trierarchs，古希腊战船内部一般分上中下三层，每层都安排有划桨手，靠人力驱动。

1万泰兰特，也就是6000万德拉克马。

这些耗资不菲的船只组成了一支舰队，它们的任务是在印度河、印度洋（Indian Ocean）、地中海、里海（Caspian Sea）和美索不达米亚的河流水系来回游弋。亚历山大的海军力量原本建立在各城邦不稳定的联盟基础上，稍有风吹草动都需要临时征调盟友的舰艇，这几乎成了马其顿帝国通过海上实现联合、探索和扩张的"瓶颈"。[93] 公元前334年，总计有将近200艘舰船在爱琴海上为他的军事行动提供支持，攻占米利都后，亚历山大暂时解散了这支联盟舰队。[94] 古代文献对此项决定给出了各种各样的解释，比如财务危机、神的启示和战略考量等。现代学者则对这支舰队能否有效对抗波斯帝国心存疑虑，同时还质疑盟友们对马其顿国王脆弱的忠诚度。[95] 亚历山大这么做的真实原因，一方面明显存在神启和经济方面的因素，另一方面肯定也是基于战略性的考量。次年，当他再次需要这些舰船时，盟友的海军力量又被重新召集到一起。[96]

执政初期，亚历山大满足于手中握有一支时聚时散的季节性舰队，到了执政末期，他的注意力已经全部聚焦到海上。征战印度以及尼阿库斯[1]的远洋航行让亚历山大大开眼界，顺便也打开了他的"钱包"，让这位国王认识到未来为了夺取经济和军事优势，保

---

[1] Nearchus，出生在克里特岛，亚历山大从印度撤兵时采取兵分三路的办法，两支部队走陆路，只有尼阿库斯带领的人马乘船走海路。

证海上力量愈发重要。他下令沿幼发拉底河和底格里斯河修建的众多基础设施或多或少具有一定的农业灌溉功能，不过主要作用还是在军事领域。[97] 历史学家通常倾向于将亚历山大看作一位双脚稳稳踏着大地的武士，只能在陆上取得军事胜利，就算想要攻占一座岛屿，也要先修一条路通到那里。这位统治者执政后期对海洋和河流迸发出的浓厚兴趣或许是他留下的最重要遗产之一。[98]

话虽如此，没有人能够怀疑亚历山大的财富还是主要来自他那支通过招募、雇佣，给予奖赏，恩赐盛宴，赠送礼品，配发装备，提供娱乐和医疗服务等手段纠集而成的陆军，将这些陆地猛虎凝聚在一起的"终极大招"则是让战死沙场的人获得一场体面的葬礼。马其顿大军的为杀戮而生，就这方面来说，他们比其他对手做得更专业，由此产生的成本当然也不便宜。人们普遍认为战争总是以最低廉的价格夺走生命。根据相关报告，第一次世界大战期间"同盟国"（The Allies）每杀死1名德军士兵需要耗费36485.48美元，这已经远远超过绝大多数刑事杀人案件的开销。[99] 战争中，除了人员，一个个具体地点也是受打击的目标。攻占类似推罗、吉萨、居鲁波利斯这样固若金汤的据点，每次兵临城下，往往需要消耗大量生命、劳动力和物资，这些成本都必须被计算在内。[100] 为了完成自己的任务，亚历山大的人马要经过训练，还要吃喝拉撒，配备装备和发放薪饷。相比王室成员、朋友、哲学家、艺术家和盟友，他们更经常性地成为国王的赏赐对象，这一点不足为奇。

当国王获得可观的战利品，他会把其中的一部分拿出来在军中广结善缘，同时也会专门奖励特定的士兵。第一种奖赏方式的前提是完成围困推罗，打赢高加米拉、海达斯佩斯等决定性战役，或者完成类似埃克巴坦纳那样的漫长行军等重要军事行动。正如当亚历山大首次换上波斯服饰，在印度经历令人沮丧的季风季节，或者在举办苏萨集体婚礼以后所做的那样，以金钱、奢侈品和地产作为赏赐可以有效平息军中内乱，鼓舞三军士气。此外，每名士兵还能凭借自己的英勇行为——夺取敌军首级，搬运某件沉重物资或者自愿执行某项危险的任务——获得额外奖赏。[101]

马其顿帝国每年的军事预算这一令人挠头的问题是研究亚历山大开支情况的常见切入点，不过采取这种研究思路的人往往无功而返。现存史料从未明确告诉我们亚历山大军队中每支部队的基本工资到底是多少，况且他们在这方面执行的应该是双重标准，因为马其顿王国的财政必须同时支撑两支大军，一支由国王亲自率领征战亚洲，另一支则由安提帕特指挥留守马其顿。今天的我们也无法知晓每支部队的实际服役人数，而且某些关键数据还永远处于失衡状态，比如说，学者们往往更熟悉亚历山大执政后期的军队薪资标准，对服役人数的了解却相对含混，至于他执政初期的情况则正好相反。将这些数据不分时间地混用只会在表面上造成一种"准确"

的印象，却可能和马其顿帝国的实际财政开支情况根本不搭界。[102]

古代文献提供的数据只能让后人以此为基础对当时的财务状况进行一定程度的推理。注意，前文讨论亚历山大的海军开销时，我们已经估算过某些费用发生的相对频率，却给不出实际金额的伴随数据。现有证据似乎表明，亚历山大在宴会上花钱比在造船上花钱频率高，在造船上花钱又比在修建神庙上花钱频率高，但这并不意味着他最终是否真的会为宴会、舰队或神庙投入更多的资源。为了描摹亚历山大时代的财务图景，我们需要补充更多的细节。比如说，那些盟友军队究竟是直接从马其顿国王手中获得薪酬，还是照旧从老家领取薪酬？战争开始时，马其顿国内的应征入伍者就能拿到稳定的工资吗？亚历山大是否为大军提供粮草补给？年复一年，他到底需要招募多少雇佣兵？

雅典古城遗址保存的一件残缺不全的铭文的部分内容谈到了亚历山大麾下精锐的"持盾步兵"（hypaspists），以及薪酬、口粮和发放周期之类有意思却充满不确定性的话题。遗憾的是，学者们尝试通过各种巧妙的方法去理解铭文内容，最终却没有结果。[103]出自阿里安之手的文献是我们获知马其顿大军准确工资率[1]的唯一希望，他曾记载过公元前323年巴比伦的一些波斯人被招募进马其顿

---

[1] rates of pay，指单位时间内的劳动价格。

营级部队的情况：

> 每个德卡德[1]由一位站在队列最前面的马其顿德卡尔奇[2]负责指挥，德卡尔奇身后是一位拿双饷的马其顿军官。位置更靠后，级别再低一级的军官被称为"挣十个钱的人"[3]，他的薪酬低于拿双饷的军官，但又高于普通士兵。3名马其顿军官身后总共跟着12个波斯士兵，队尾再由1名"挣十个钱的人"压阵。所以每个德卡德中总共有4个额外拿钱的马其顿人，其中1位负责发号施令，另有12个波斯人遵令行事。[104]

这份士兵档案中提到了一位军衔为德卡尔奇的马其顿领导者，他的工资水平没有得到明确记录，但是肯定多于那位级别低他一级、拿双饷的马其顿军官。至于双饷到底是多少，文献没有明确记载，不过具体数目必然高于位列第三和第四的两位马其顿"挣十个钱的人"。"挣十个钱的人"们的级别垫底，挣的钱应该多于普通

---

[1] dekad，按照彼得·康诺利（Peter Connolly）的《战争中的希腊和罗马》(Greece and Rome at War)，德卡德指由10人构成的基本作战单位，不过参考下文，倒数亚历山大军中的德卡德应由16人构成。
[2] dekarch，古希腊军衔，后来被罗马和拜占庭沿用，位列军官体系的倒数第二位或倒数第三位。
[3] ten-stater man，stater在希腊语中的含义为金币或银币。

士兵。普通士兵由身处队列中间的12名波斯士兵构成,他们的工资水平是个未知数。如果我们假设阿里安口中的"钱"(stater)指的是"希腊东部4德拉克马"[1],士兵们以月为周期领取薪饷,那就可以大致推测一下亚历山大执政末期的军饷发放制度:

马其顿人1:每月多于2X德拉克马

马其顿人2:每月2X德拉克马

马其顿人3和4:每月40德拉克马

波斯人1—12:每月X德拉克马,20<X<40

为了产生一定的渐进比例,X的大小必须在20—40之间。为了论证方便起见,如果假设X为30德拉克马,那么这个作战单位的工资等级就可以呈现为30德拉克马—40德拉克马—60德拉克马—60+德拉克马。通过4种不同的推测方式,我们最终可以认为马其顿军队中每个德卡德每月的工资总额大约为570德拉克马。即便是在这个前提下,面对浩浩荡荡的马其顿大军,我们还需要猜测它到底包含多少个类似这样的作战单位,同时还要考虑到骑兵、水手、雇佣兵及其他军事和辅助人员的数量和工资率。[105]

---

[1] Attic tetradrachma 特指亚历山大执政时期发行的一种货币。

显而易见，凭借如此混乱、残缺的数据计算马其顿帝国的年度军事预算基本只能靠猜[106]，而且其中只要产生一个变量，整个推测过程就要推倒重来，比如把阿里安说的"钱"由银币改成金币。尽管如此，安德烈亚斯·安德烈亚德斯[1]依然大胆猜测亚历山大的年度战争预算应该为5000—7000泰兰特，也就是3000万—4200万德拉克马，公元前330年以后，这个数字变成了1.5万泰兰特，也就是9000万德拉克马。[107]这也就意味着他在军事方面的总开销为15万—16.2万泰兰特，也就是9亿—9.72亿德拉克马。以上数字是卡尔·朱利叶斯·贝洛赫[2]等历史学家先前估算的2倍，此后，人们又多次尝试重新计算这些年度开销。[108]乔治·勒·里德[3]推论，公元前334年，亚历山大建立了一支由8.9万人组成的陆海军联合部队，他们每天的工资总额为8.9万德拉克马，每年为5400泰兰特。[109]最近，安德鲁·米道斯[4]初步得出结论，亚历山大执政末期的年度军事预算超过6000泰兰特，这样的猜测把我们的视线重新拉回到比较低的数字水平。[110]

迄今为止引发最强烈争议的相关研究是罗伯特·米林斯[5]在

---

[1] Andreas Andreades，1876—1935年，雅典国立卡波迪斯特里亚大学经济学教授。
[2] Karl Julius Beloch，1854—1929年，德国历史学家。
[3] Georges Le Rider，1928—2014年，法国历史学家。
[4] Andrew Meadows，牛津大学教授。
[5] Robert Milns，昆士兰大学教授。

1987年的成果，经过严谨论证，他得出了如下结论：

> 所有这些不确定性意味着任何估算亚历山大大军开销水平的努力都应被视为极其危险且充满未知的推论，或许某种推论自诩的精确度越高，我们就应该对它得出的结论越加小心。个中原因非常简单，这里面存在太多未知——各种未知的因素和未知的变量。[111]

尽管不愿给出自己的推算数字，罗伯特·米林斯还是猜测，即使将食物、装备、驮畜等各类无法计算的费用排除在外，早期研究给出的数字还是偏低了。这位学者提出了一项大胆假说——到公元前323年，亚历山大已经将他的全部年度财政收入都投进了军事领域，金融危机因此迫在眉睫。[112] 他的结论虽然与稍早些时候的其他学者存在数字方面的差异，但基本结论相同。[113]

另一位马其顿国王执政若干年后再次濒临破产，这样的历史巧合实在充满戏剧性。诚然，亚历山大的生活和消费太过奢侈，就好像活不到明天一样，于是对这位国王来说，"明天"到来的速度远远超过了财富到手的速度。在本书下一章我们将会看到，临近生命终点时，亚历山大的国库储备依然充盈。那时的他仍旧在兴建神庙之类的重大项目上大把投入资金。据说，他还计划要组建完成一支西地中海舰队，在北非地区修建道路、港口和船坞，甚至为他的父亲腓力二世建造一座金字塔。此时的他还梦想要让新兴城市如雨后春笋般地拔地而起，规模足以在欧亚大陆间引发大范围的人口迁徙。[114] 然而已故国王留下的将领们最终通过投票方式否决了他的预算[115]，发生这样的事情实在不足为奇，一个简单的事实摆在那里——公元前323年亚历山大设想的财政支出计划并没有优先考虑到军队的利益，尤为重要的是，没有优先考虑到对这笔钱另有想法的将帅们的利益。随着国王在巴比伦撒手人寰，将帅们对这笔钱的需求已然刻不容缓，而且他们完全专注于钱的军事用途。那些声称陆军和海军方面的开销耗尽亚历山大手中资源的观点必须要考虑到他去世后那一代人的所作所为。公元前323年"贫穷的亚历山大"与公元前336年"贫穷的亚历山大"身边同样萦绕着重重迷雾，他的故事绝非"以一贫如洗为起点，然后又以一文不名为终点"。

亚历山大面临的真正难题不是如何积累一笔就算大手大脚的自己也无法耗尽的宝藏，而是对这笔财富进行有效的管理。亚历山大是否在贡品催征、国库保管、资金分配和货币铸造等领域构建、维持了一个高效的管理体系呢？这个体系内部是否存在浪费和渎职呢？如果真的存在此类问题，国王又将如何解决它们？所有这些问题的答案最终将让我们认识到亚历山大到底能否有效管理那个被他征服的世界。

第6章 混乱的管理

> 尽管打败了许多最富有的族群，军队取得了胜利，却没有获得与之相称的财富。
>
> 昆图斯（10.2.11）

> 我要钱！亚历山大已将亚洲收割殆尽，只剩下麦茬可捡。
>
> 独眼安提戈努斯[1]

从普通士兵到割据自立的大小国王，亚历山大对自己财富的管理维系着每个继承者的利益。这方面，似乎所有人都在抱怨。事实证明，他手下的各个阶层也都找到了抱怨的理由：士兵不满对艺人的大加赏赐；将军们对他和国外政要分享战利品的做法议论纷纷；普通马其顿人则眼红身边的另一些同伴能有幸得到战利品。亚历山大去世后，他的军队在很长一段时间内仍然为欠薪所困扰。[1] 年迈苍苍的独眼安提戈努斯，这位亚历山大手下诸位将领中自立为王的始作俑者曾抱怨他只不过得到了一个"贪婪"的虚名，因为亚历山大已经夺走了亚洲的一切，没给他留下任何有价值的东西。[2] 农民们却愤怒地认定安提戈努斯要比亚历山大更贪婪，与他们

---

[1] Antigonus One-Eyed，亚历山大手下大将，后自立为安提柯一世，统治今叙利亚和安纳托利亚地区。

相比，利西马科斯[1]还要变本加厉。³ 历史学家理所当然会对此类吹毛求疵的做法引起注意，因为这似乎是某种超越地域和时代限制的普遍趋势。话虽如此，还是有必要刨根问底——从那个时代人们的角度来看，亚历山大帝国的金融体系究竟如何运作？这样的运作机制到底处在怎样的水平？等级分明的军官体系和残存的历史文件是我们探讨这个问题的理想入手点。那么就让咱们从这开始吧！先来谈谈一位不知名的色萨利骑兵和一位同样不知名的马其顿步兵。

幸运的色萨利，倦怠的马其顿

来自马其顿南面水土丰饶、出产良马的平原地区，闲散成性的色萨利骑兵大概有 1800 人，他们以盟友的身份追随亚历山大进入亚洲，在格拉尼卡斯（Granicus）、伊苏斯、高加米拉等战役中大显身手。⁴ 除了日常获得的现存文献中语焉不详的工资或补给，色萨利骑兵还能得到一些明确记录在案的其他报酬。例如，公元前 333 年，他们被明令允许通过抢劫大流士三世设在大马士革的辎重仓库的方式中饱私囊。⁵ 另外，色萨利骑兵还和其他士兵一起参与了瓜分波斯军营财物的行动，他们当时已经拿定主意打算私自截留这

---

[1] Lysimachus，亚历山大部将，割据色雷斯称王。

些东西,而非将其上缴马其顿国王的金库。[6] 公元前331年在巴比伦,每名色萨利骑兵又从亚历山大手中得到了500德拉克马的赏赐。[7] 没过多久,他们参加了波斯波利斯、埃克巴坦纳等地的抢劫行动,随后被允许自行决定到底是留下继续服役,还是怀揣自己的工资、路费,外加6000德拉克马的额外奖金返回希腊老家。很多色萨利骑兵选择留在亚历山大身边,续签了1年合同,并因此得到了1.8万德拉克马的报酬。[8] 合同到期时,他们来到了位于巴克特里亚的奥克苏斯河[1]岸边,每名遭到遣散的色萨利骑兵再次得到了1.2万德拉克马的额外赏赐。[9] 不仅如此,他们转身回家前还把手中的战马卖了个好价钱。[10] 短短2年内,亚历山大给予色萨利骑兵的奖金发生了指数级的上涨,以巴比伦的500德拉克马为起点整整增加了24倍或26倍。因此,仅从附加福利来看,每名色萨利骑兵2年内的收益就相当于同时期普通希腊建筑工人42年的收入。[11] 无论参照当时的何种标准,这些退伍回乡的色萨利人都称得上腰缠万贯。

至于马其顿大军中的其他部队,亚历山大应该是向他们表达了谢意,同时可能也给了些钱,"因为这些人承诺在战争期间积极服役"。[12] 我们不知名的马其顿步兵就是其中的一员,效力于墨勒阿革

---

[1] Oxus River,中亚地区最长的河流,中国古代称为妫水。

洛斯指挥的那个营。[13] 他和他的同袍们没有意识到前方等待自己的究竟是什么，也没有意识到，未来在返回希腊老家的路上，那些满载战利品的色萨利骑兵究竟有多么幸运。留下与亚历山大共进退的军队期待短期内抓住"贝苏斯"，也就是逃往粟特周边地区躲藏的大流士三世的僭越继承者。这将是征服波斯战争中重要军事行动的收官之作，然而一场后果惨烈的叛乱突然在该地区爆发，将这支军队拖入了迄今为止最惨烈的战斗。[14] 马其顿步兵们围攻并洗劫了锡尔河附近负隅顽抗的粟特人城镇，还在巴克特里亚顶住了致命的牛群冲锋。[15] 畅快搜刮波斯王宫的好日子已经一去不复返，可大部分战利品依然被亚历山大分给了留在当地定居的希腊和马其顿老弱病残，他希望用土地和财物补偿这些不幸的定居者。[16] 遗憾的是，我们的马其顿步兵却不在这个群体当中，因此也就无法分享胜利的喜悦。

自从踏上亚洲的土地，亚历山大就始终期待着在前方可以获得越来越多的战利品，然而来到巴克特里亚和粟特以后，第一次，这些期待落了空，留给他的只有一成不变的荒原上一次又一次的艰苦行军。可预期的奖赏每况愈下，伤亡率、恶劣天气的影响以及对国王和其他指挥官领导能力的怀疑却在与日俱增，士兵中的不满情绪随之增加。终于，喋喋不休的抱怨导致一名军官被亚历山大亲手刺死。[17] 那之后，另一位得到命令坚守阵地的马其顿高级军官因为拒不从命，被国王下令处决。[18] 其他兵众先后发动了两次哗变，理由是"无法忍受继续在野蛮人中间生活"。[19] 公元前330年、前329—前328年和前327年的3个冬天，这些人蜷缩在营火旁苟延残喘，那些被迫选择就地定居的人境遇还要更差一些，他们或许会深深怀念公元前331—前330年，还有公元前332—前331年，波斯波利斯、埃及两地的温暖天气和财富。

正如本书第3章已经谈到的那样，屋漏偏逢连夜雨，当那些准备离开巴克特里亚的幸运儿将行李装上马车时，国王下达了一条令人震惊的命令，让他们将所有辎重就地焚毁：

> 于是，士兵们放火烧掉了之前从那些陷落城市的冲天烈焰中抢夺而来的所有战利品，没有人敢为这些自己用鲜血换来的财物的白白丧失而哭泣。[20]

就在色萨利骑兵掉头往西，腰包鼓鼓地返回家乡的同时，一路向东的马其顿人步兵却已一文不名，只剩下满身疲惫，他希望在印度找回自己失去的一切。在古城塔克西拉，士兵们听说指挥官墨勒阿革洛斯已经公开对国王表示不满，指责他把战利品分给塔克西拉当地贵族。[21] 作为反击，国王则批评墨勒阿革洛斯贪婪成性。这位粗鲁的将军从此再没得到晋升，他和他的士兵们所能做的就是竭尽所能抢劫印度人，弥补自己的经济损失。

我们不知名的马其顿步兵没能走完印度河流域全程直达出海口，他所属的营脱离大军主力，车拉肩扛着刚刚抢到的任何有资格充当战利品的财物，在克拉特鲁斯[1]指挥下，向西挺进阿拉霍西亚[2]和德兰吉亚那[3]地区。[22] 这些士兵还有那些被战争折腾得疲惫不堪的人与全新组建却行动笨拙的大象军团相依相伴，选择最好走的路线，一路投奔巴比伦。行军途中，部队边走边应付随时爆发的哗变，最终与亚历山大在卡曼尼亚[4]重新会合。[23] 这支挣扎求生的分遣队与国王的重聚再次凸显了马其顿大军中的贫富差距，因为亚历山大率领的主力部队手中的战利品在他们穿越格德罗西亚沙漠的过程中没能保全下来。给养耗尽后，饥饿的大军被迫像4年前在兴都库什山（Hindu Kush）所做的那样，杀掉马和其他驮畜充饥。那之后……

　　由于丧失了驮运辎重的牲畜，他们只得放火烧掉自己奔袭到最遥远的东方千辛万苦抢来的战利品。[24]

---

[1] Craterus，马其顿贵族，亚历山大手下重要的步兵指挥官。
[2] Arachosia，大致以今阿富汗坎大哈为中心。
[3] Drangiana，今阿富汗法拉地区。
[4] Carmania，大致范围在今伊朗克尔曼省。

当一场突如其来的洪水杀死了剩余的驮畜和许多追随大军的难民，甚至连国王的行李也被席卷而去时，政变发生了。[25]

总的来看，马其顿大军从巴特克里亚攻入印度然后再分兵撤回的途中似乎损失了大量随行辎重。这样的霉运丝毫没有触及那些幸运的色萨利骑兵，却给选择留下服役的人带来了程度不同的影响。他们手中的部分战利品被白白毁掉了，另一部分要么被以物易物地消费掉，要么就是直接被挥霍掉。当士兵们首次翻越兴都库什山，面临重重困难时，每个人都在想方设法地求生，在吃掉自己驮行李的牲口以前，他们不惜花高价购买任何能买到的东西。[26]绝境中的士兵愿意花390德拉克马买一瓶蜂蜜，花300德拉克马购买葡萄酒，花240德拉克马买一点芝麻油。同样是在这年，要想买到相同价格的蜂蜜、葡萄酒和芝麻油，1名技巧熟练的雅典建筑工人需要分别劳作195天、150天和120天。[27]一位马其顿士兵在兴都库什山买1罐葡萄酒的钱，拿到希腊足足可以买下整座葡萄园。[28]不过值得注意的是，尽管身处险境，这支军队还在花钱购买芝麻油，这么做的目的不是食用，而是替代洗澡时涂抹身体的橄榄油。[29]当时的他们也许觉得，手中的财富反正早晚都要报废丢弃，既然如此，为什么不用它们购买一些生活必需品和奢侈品呢？地点从兴都库什山变成了格德罗西亚沙漠，相似的一幕再度上演，亚历山大的军队急于赶在手中的战利品白白丢掉前将其花光或偿还债务。这场为期两个月的沙漠行军结束时，钱对他们来说已经没有任何意义。当走出沙漠的国王命令总督们为他的人马紧急提供物资时，这样的悖论立刻显露无遗——看到某位总督送来的3000泰兰特，也就是价值相当于1800万德拉克马的金银财宝，亚历山大不屑一顾地将这些东西扔给了饥饿的战马，以示它们毫无用处。[30]

格德罗西亚沙漠行军的幸存者或许会对墨勒阿革洛斯营长麾下的那位不知名的马其顿步兵心生嫉恨，就像后者嫉恨在奥克苏斯河见好就收的色萨利骑兵们一样。正当亚历山大打算努力平复漫长的巴克特里亚和印度战役的幸存者心中的痛苦和不满情绪时，我们掌握的史料揭示了他在这场战争中进行利润管理时存在的更大瑕疵。通过我们尚不知晓的某种渠道，身在苏萨的亚历山大其实已经意识到他的军队正深陷债务危机。据说，这则尽人皆知的消息在此时的国王眼中还是个"新闻"，也令他的军队备感耻辱。国王对这笔债务的存在惊讶万分，进而提出要替他的袍泽兄弟们偿还债务，后者为此震惊不已。此时的情况同样让我们感到困惑，因为这些士兵当中要是有谁愿意凭一己之力清偿欠债的话，他本应具有这样的财力。就在这场危机发生前后，国王刚刚拿出巨款奖赏过这些老兵，承诺在补发全额工资、路费和总计高达15年奖金的前提下，让他们告老还乡。同时还答应给他们打算留在亚洲的妻儿发放津贴，保证那些失去父亲的战争孤儿能得到抚恤金。[31]同样还是这群老兵，自从踏上亚洲的土地就一直在抢钱，也在花钱，进进出出的钱数都大得超乎他们的想象。其中的绝大多数人至少有两次破釜沉舟，然后又咸鱼翻身的经历。曾经的他们对披金戴银走上战场的波斯军队嗤之以鼻，自己最终却以同样的方式告别战场，然而就在公元前324年的苏萨，他们却总共欠下了9870泰兰特的巨额外债。与他们正好相反，我们的色萨利骑兵退伍返乡时却无债一身轻，那么在随后的这1年时间里，我们不知名的马其顿步兵和他的同袍们到底做错了什么呢？

债务和绝望

军队报出的债务总额令人震惊，然而正如本书第1章已经谈到的那样，这个数字原本就是对历史上积攒下来的一大堆数据筛选过滤的结果。因此我们就有必要在梳理亚历山大财务管理体系的基础上，对这个看似精确的数据进行重新考量。昆图斯（10.2.11）曾这样写道：

> 尽管打败了许多最富有的族群，军队取得了胜利，却没有获得与之相称的财富。

约瑟夫·罗伊斯曼[1]则声称，为了回应债务危机，国王慷慨但吃力地承担了全部账单，"这实在是对慷慨的一次残忍透支"。[32]显而易见，马其顿士兵的债主并非国王本人，否则他也就犯不上拿出现金自己偿还自己的债务。[33]这些士兵应该属于内部互相借贷的关系，更有可能的是，他们的背后隐藏着一个无处不在的放贷者。根据狄奥多罗斯（17.109.2）的记载，受到此次债务危机影响的是1万名即将返回马其顿的老兵；普鲁塔克的《亚历山大传》（*Alexander* 70.3）则白纸黑字地写道，参加苏萨集体婚礼的宾客总计有9000人。某些记载苏萨集体婚礼的史料也谈到了同一时期的债务危机。阿里安（7.5.3）认为全部马其顿大军都得到了亚历山大代偿债务的恩惠，昆图斯（10.2.9）的说法大致相同，不过同时声称双方就债务问题达成和解是老兵们被确定退伍返乡以前的事。按照查士丁（12.11.1）的说法，债务危机应该发生在集体婚礼和老兵退伍之间的某个时期。综合分析上述信息，这场债务危机中的受助人数大约应该在9000人至大军全体之间浮动，每个人的负债高达6580德拉克马。这也就意味着为期10年的亚洲征服战争结束后，以1位"挣十个钱的人"的收入为参照设定最高和最低两个标

---

[1] Joseph Roisman，美国科尔比学院教授。

准[1]，每名马其顿士兵背负的债务最高相当于他2.7年或13.7年的全部收入。[34]最好的情况下，如果陷入危机的是全体马其顿大军，平均摊到每个人头上的债务或许会少一些，但数目仍旧非常可怕。[35]

在一场被认定是亚历山大发表的演讲中，国王要求士兵们深刻反省自己欠下的巨额债务，因为"你们已经通过掠夺获得了可观的回报"。[36]起初，士兵们对是否接受亚历山大的好意心存疑虑，一方面是因为自感羞愧，另一方面则是担心最冒尖的挥霍者会被揪出来杀一儆百。[37]后来，他们觉得还是应该及时抓住这个机会，于是纷纷提供证明，并找来证人，争先恐后将自己的债务登记在官方名册上。得到准确数字的国王在营地各处支起桌子，还在桌子上摆满现金，差不多就像现在的银行一样，让欠债的士兵排队领钱。对马其顿帝国的官僚机构和后勤部门来说，整个过程无疑充满挑战，他们必须编写许多文件，要经手总重超过280吨的钱币，更何况还要承担繁重的安保工作。想象一下，要是哪天这些钱突然撒了，撒得满地都是，一直撒到了人群当中，那将会是什么样的场景？

欺诈作假自然会和这个过程相生相伴，其中最引人瞩目的案例就发生在先后侍奉过腓力二世和亚历山大的战斗英雄独眼安提戈努

---

[1] 如前所述，这个级别的士兵每月挣的"十个钱"可能是十个金币，也可能是十个银币。

斯身上。[38]安提戈努斯年轻时在战场上丢了一只眼睛，受重伤的他眼窝里挂着箭头继续作战，直到取得最后胜利。在苏萨，这位大英雄找了一位假证人，把自己的名字放到欠债名单里。可能是因为审计的原因，钱财到手的他随即东窗事发，不得不面对国王的震怒。亚历山大当即下令解除了他的指挥权，这对安提戈努斯来说实在是无法接受的奇耻大辱。为了防止这位老臣自杀，国王很快就赦免了他，也没有追回被他骗走的钱。从道德角度来看，这个故事的讲述者似乎是为了凸显亚历山大的仁慈，然而从另一个方面来看，贪婪却诱使一个好兵犯下罪行，最终沦落到不得不自杀谢罪的地步。

表面上看起来，历史文献对亚历山大手下每名士兵的负债金额都记载得清清楚楚，人们对此不得不产生严重怀疑——那些从波斯抢到的财富到底都派了什么用场？征战途中的军队确实无法保证始终正常发放薪饷，手里没有现钱的官兵们因此有可能拖欠随军商人的债务。[39]史料中记载的两次集中销毁战利品的事件发生时，士兵们有可能抢时间首先偿还了各自的债务，即便欠债行为并非发生在同袍之间，也可以通过放债人居中调停。在苏萨，他们拿到了拖欠已久的工资，还额外得到了一笔可观的赏赐，足以用来偿还欠债。任何因为薪饷拖欠造成的欠债都不可能利滚利累积到数千泰兰特的水平，如果军队仅仅是因为亚历山大的工资发放时有时无而欠债，最终的数字也不会达到如此令人汗颜的地步。事实非常清楚，士兵们通过发饷和掠夺所得的财富并不足以支撑他们奢侈的东方式生活,其中一些人手中战利品的损耗丧失,则让情况进一步雪上加霜。事实上,自从在巴克特里亚下令烧毁随军辎重,那些跟随亚历山大远征印度的士兵们养育妻儿的重担就已经转嫁到了前者身上。[40] 毫无疑问,赌博是催生债务的重要诱因之一,这也是当时所有军队都无法回避的现实。亚历山大出手惩戒那些以赚钱而非娱乐为目的的职业赌徒的做法,本身就说明当时马其顿军中的赌博痼疾已然病入膏肓。[41]

9870 这个数字意味着本来就从未按期拿到薪饷的士兵在军中发生了某些超出他们能力的消费行为,这是每天面临生死考验的人向当时已知世界上最遥远的地方发起漫长战役的过程中,必然伴随而来的"职业病"。军官和士兵群体遭遇的经济危机某种程度上其实也反映出亚历山大与那些储存在王国中央金库中的巨额财富在资金流动方面存在问题,值得注意的是,他本人也因为这场危机丧失了大量钱财。站在国王的立场上来看,这说明他对那些掌握在臭名昭著的亲信和骗子手中的国家财富似乎毫不关心。如果我们的马其顿步兵会因嫉妒在东部边境见好就收而及时躲过一切风险的色萨利骑兵,发出愤怒的嘘声,那他也一定会对亚历山大愣充"首席财务官"的职业生涯心怀不满。

大司库哈帕拉斯

亚历山大挥师波斯时,特意任命了一位名叫哈帕拉斯的少年密友负责管理王室金库。[42] 哈帕拉斯的家族与马其顿王室源远流长,事实上,他的姑母或姨母菲拉(Phila)就嫁给了亚历山大的父亲腓力二世。[43] 他本人,再加上尼阿库斯、托勒密、艾瑞吉斯[1]和拉俄墨东[2]是亚历山大最亲近的5位童年密友,只不过相对于后者,这些朋友的年龄确实偏大一些,他们承担着监督王子日常言行的工作。[44] 在腓力二世眼中,这5位朋友屡屡唆使儿子做出有违国王职责和国家利益的行为。公元前337年,老国王终于下决心流放他们以示惩戒,然而就在1年以后,登上王位的亚历山大把他们召回到身边[3],并对密友们的不幸遭遇做出了补偿。这5个人由此登上高位,而且随后的事实证明,新国王对他们的任命基本还算知人善任。哈帕拉斯是其中的例外,身为亚历山大的儿时密友,他让新国王重蹈老国王的失败覆辙。[45]

由于身体原因,哈帕拉斯无法上阵杀敌,也就不能像其他曾遭

---

[1] Erigyius,马其顿贵族,公元前328年在巴克特里亚阵亡。
[2] Laomedon,指 Laomedon of Mytilene,出生在古希腊米蒂利尼城邦。
[3] 腓力二世的惩处措施是将5人流放。

流放的难兄难弟那样在亚历山大手下荣立军功，新国王因此委托他执掌帝国金库。[46]只可惜，履职期间，他受到一个名叫"陶里斯库斯"（Tauriscus）的坏人唆使。公元前333年年末，伊苏斯之战即将打响的时刻，两人携手逃离了亚历山大的宫廷。这样一来，如图6.1所示，就在亚历山大纵横沙场的关键阶段，好友哈帕拉斯便已经弃他而去。哈帕拉斯和陶里斯库斯到底干了什么坏事，史料中没有明确记载，不过很大的可能是盗用公款。临阵怯敌或许也是部分原因，毕竟当时并非所有人都相信亚历山大能在第一次的面对面交锋中打败大流士三世。无论如何，此时的哈帕拉斯都表现出了性格懦弱的一面，他被一个危险的，也许纯靠依赖别人为生的恶棍带偏了方向，在关键时刻背弃了亚历山大。事实上，国王对好友的背叛行径感到异常震惊，认定有人故意造谣的他立刻下令逮捕了把坏消息带到战场的两个倒霉蛋。[47]陶里斯库斯后来逃到了意大利，哈帕拉斯则跑到希腊的墨伽拉城邦（Megarid of Greece）寻求庇护。新国王在财务领域的首次重大人事安排被证明是一场彻头彻尾的失败。

随后的亡羊补牢之举也好不到哪里去。伊苏斯之战打败大流士三世以后，亚历山大相继从大马士革和埃及攫取了大量财富。公元前331年，这位国王将所有财产交给"新任"大司库全权打理，这个人居然还是哈帕拉斯。[48] 如同一枚"劣币"[1]，这个信誉丧尽的人再次现身，拿回旧职位的同时还获得了一个令人印象深刻的头衔——巴比伦金库及由此而生的利润的守护者。[49] 事实上，邀请哈帕拉斯重返岗位的正是亚历山大本人，为了让老友放心，后者还许诺不会对他施加惩处。这实在是一项令人匪夷所思的决策，以至于当代学者都在拼命寻找替亚历山大开脱的合理解释。正如邦尼·金斯利[2]所说：

> 很难相信那位"亚历山大"会把一个实际相当于逃兵的人重新召回身边，而且再次将国库交到他的手中。

有鉴于此，她推测哈帕拉斯当初其实是以大司库的官方身份前往希腊公干，目的是为应对饥荒而筹措资金。[50] 彼得·格林[3]相信流亡希腊的哈帕拉斯或许负有某种秘密使命，所谓的叛逃只是为了掩人耳目。[51] 瓦德玛·西克尔[4]的说法无疑更具合理性，他认为上述观点都没有考虑到陶里斯库斯在此次事件中扮演的角色，这个人本身并非像邦尼·金斯利认为的那样，肩负着应对大饥荒的使命，

---

[1] a bad lepton，lepton 是古希腊发行的面值最小的货币。
[2] Bonnie Kingsley，代表作《塔兰托希腊人的赤陶瓶》。
[3] Peter Green，艾奥瓦州大学教授，代表作《马其顿的亚历山大》。
[4] Waldemar Heckel，加拿大德裔历史学家。

而且参考阿里安的相关描述，他的身份在这个看似合理的间谍故事中也根本站不住脚。[52] 如果哈帕拉斯真的负有某种秘密使命，那么在任务已经完成的前提下，古代历史学家为什么还要坚持说他和陶里斯库斯串通叛逃？实际的情况是，如果阿里安没有白纸黑字地讲明白哈帕拉斯确实逃到了希腊，后来又从流亡地全身而退，那么也许他就从未叛逃过。如果我们愿意接受阿里安口中云山雾罩的叛逃故事，那就没必要替他画蛇添足。古代文献中的记载虽然简短，却说得非常明白——哈帕拉斯带着一个卑鄙的家伙逃走了，后来不知怎么回事，又从儿时伙伴亚历山大那里找回了好感。总的来看，容易轻信的国王和他这位不靠谱的大司库在行政管理方面的水准半斤八两，都是一团糟。

没人怀疑此次令人抓狂的事件会导致怎样不幸的后果，"远征行动中成功坐上了或许是整个马其顿帝国最有权势位置"的哈帕拉斯再次辜负了老友的信任。[53] 坐镇埃克巴坦纳的他陆续将搜刮自波斯波利斯等地的财富纳入自己的管辖范围，还临时性地获得了一支规模6000人的警卫部队。[54] 亚历山大率军攻入巴克特里亚和印度的某些时间段，大司库甚至跑到巴比伦过起了荒淫无度的生活，闹得满城风雨。狄奥多罗斯曾这样写道：

> 首先，他忙于寻花问柳，还跟当地女性发生不伦之恋，挥

霍大量钱财，只为满足他难填的欲壑。[55]

这个日子过得堪比帝王的贪污犯在自己身边营造起一个由妓女、演员和舞者构成的销金窟。[56]同时代的人指责生活奢靡的哈帕拉斯甚至让人千里迢迢从红海（red sea）往他的餐桌上送鱼，还从遥远的希腊运来用于装饰的树叶。[57]这些不光彩开销中的一部分肯定得到了亚历山大认可，不过再怎么说，国王也不可能替他埋单讨好名妓的费用。[58]那时的哈帕拉斯特意从雅典请来了一位名叫"皮提奥尼斯"（Pythionice）的妓女，他献给这位女士的各类馈赠"堪比一位女王的身价"。[59]皮提奥尼斯去世后，大司库挪用国库资金200泰兰特，也就是120万德拉克马，为她立起一座令人瞠目结舌的纪念碑。[60]不仅如此，他还在巴比伦修建了一座专门供奉阿佛洛狄忒·皮提奥尼斯（Aphrodite Pythionice）的神庙[1]。正如历史学家塞奥彭普斯向亚历山大控诉的那样，为妓女树碑立传的做法让所有英勇赴死却没能获得此类荣耀的士兵们感到羞愤异常。这座价值不菲的纪念碑曾经屹立在通往雅典的神圣大道上，用狄西阿库

---

[1] 古希腊文化中的妓女往往隶属于某座神庙，甚至身兼女祭司的职责，信众有可能出于某种宗教目的跟她们发生关系，这样的做法源自古老的生殖崇拜。

斯[1]的话说,这块碑的规格足可用来纪念伯利克里[2]那样的伟人,大司库却拿它替自己豢养的妓女扬名立万。[61] 若干世纪以后,周游四方的学者帕萨尼亚斯[3]仍然相信这是"所有古希腊陵墓中最宏伟的一座",普鲁塔克却认为它无法和"卡里克勒斯[4]耗资30泰兰特修建的陵墓相提并论"[62],不过恰恰是这位卡里克勒斯和其他几个人曾被指控接受过大司库的贿赂。[63] 古希腊人口中各种有关哈帕拉斯穷奢极欲的故事其实都经过了加工润色,尤其是在雅典人频频发生政治内讧的背景下。很多时候,适度的夸张不一定会动摇最基本的事实,毕竟帕萨尼亚斯和普鲁塔克等人都曾在随后的若干世纪中亲眼见过哈帕拉斯耗费巨资留下的杰作。

永失旧爱的大司库很快就从雅典请来了一位名叫"格利西拉"(Glycera)的替代者,这个芳名的含义是"甜蜜"。格利西拉也很喜欢跟哈帕拉斯共享充满王者气派的奢华生活。[64] 他们之间的男欢女爱引发了一连串的桃色传闻,比如为了彰显这位女士天姿国色的大司库在今天的叙利亚境内立起一座雕像,再比如两人在塔尔苏斯的宫殿里营造的富丽堂皇的安乐窝尽享奢华,还有大司库授予情人

---

[1] Dicaearchus,古希腊历史和地理学家。
[2] Pericles,雅典城邦统治者,正是在他的领导下,雅典人打赢了萨拉米斯湾海战。
[3] Pausanias,生活在公元2世纪的古希腊历史和地理学家。
[4] Charicles,古希腊哲学家,曾和苏格拉底发生过激烈争论。

的种种荣誉头衔和女王称号。据说，亚历山大亲临观看的一场情色喜剧曾公开讽刺哈帕拉斯与这些女人间的风流韵事。[65] 就在亚历山大带着他的军队在遥远东方遍地荆棘的战场上步履维艰的关键时刻，大司库甚至自诩为事实上的国王，还打赌说那位真正的国王永远也回不来了。为了赢得这笔赌注，他不惜动用国库资金贿赂收买雅典城邦的各个政治党派，同时也做好了失手后的预案——"如果命运出现反复，有必要的话，那就再次外逃"。[66] 能够做到狡兔三窟，说明这个在很多方面都非常不理智而且玩火自焚的人其实也有清醒的一面。

那之后，大司库真的再次出逃了。从印度全身而退的亚历山大发现他的帝国行政中枢已然腐败透顶，进而孕育出一种"渎职文化"。他对此类权力滥用行为的雷霆震怒让一些下属失去了职位，也让另一些人丢掉了性命。[67] 相比其他马其顿官员，哈帕拉斯为那些别有用心的恶棍们树立了一个最坏的榜样，他本人却不打算为由此而来的后果负责：

> 亚历山大从印度班师回朝，让很多玩忽职守、致使民怨沸腾的总督人头落地时，哈帕拉斯害怕由于自己的所作所为遭受惩罚，于是就悄悄搜罗了5000泰兰特，价值相当于3000万德拉克马的白银，纠集6000名雇佣兵，离开亚洲，逃回雅典。[68]

亚历山大此生再没见过这位老友，更不用说那些从他手中被偷走的雇佣兵和白银。这位国王向雅典城邦连派3位使者要求引渡大司库的行动陆续失败，后者因此能够利用这段时间继续给老朋友制造不容小视的麻烦。雅典的某些政客得到了贿赂，某些政客的职业生涯则毁于一旦，亚历山大损失了金钱，却迎来了双方的冲突。[69]结果到了公元前323年，雅典城邦的反马其顿演说家德摩斯梯尼[1]相比年少懵懂时的自己足足暴富了10倍。[70]背叛祖国的大司库把原本属于自己的钱转手送给雅典，因而让仇人胆气大增，亚历山大实在无法接受如此反讽的现实。公元前324年，也就是他的童年密友亚历山大去世的前一年，众叛亲离的哈帕拉斯在克里克岛遭到谋杀。[71]

正如所有此类令人惊掉下巴的贪污案发生后人们所能预料的那样，我们无法准确计算两次出任大司库的哈帕拉斯在自己的职业生涯中到底偷走或浪费了多少钱，据说单单第二次出逃顺走的那笔钱就相当于大司库栖身避难的阿提卡地区所有土地、牲畜、建筑物和其他财产的总价值。[72]有些人也许会提出疑问，哈帕拉斯为什么不趁机拿走更多的金银财宝？关于这个问题，我们有理由假设当时有部分财富已经被分散储存在苏萨等其他城市，对一个急于逃命的人

---

[1] Demosthenes，雅典城邦的政治家和雄辩家。

而言，速度是第一位的。于是亦如当年，大司库带着这 5000 泰兰特，也就是 142 吨以上的白银或 14 吨以上的黄金仓皇出逃。他这一路或多或少走得恐怕也并不轻松。

哈帕拉斯给亚历山大帝国及其国内财政造成的混乱，部分责任也要归咎于国王自己。[73] 亚历山大的确对大司库的种种罪行做出了反应，不过即便是在这种情况下，最让他感觉忧心忡忡的仍然是来自希腊各城邦可能的政治干预，还有那些被裹挟而去的雇佣兵，而非金钱本身。如果说他首次任命哈帕拉斯为大司库是一次失误，那么后来的重蹈覆辙就是属于彻头彻尾的鲁莽行事。

诈骗和阴谋

哈帕拉斯两次出任大司库之间的空窗期，国王看似非常谨慎地将首席财务官的职权拆分到柯拉鲁斯[1]和斐洛克森努斯[2]二人手中，不过大司库官复原职后，他们就被重新安排到腓尼基和小亚细亚分管当地财务工作。[74] 来到卡里亚[3]没多长时间，斐洛克森努斯就四处放风说自己手中缺乏资金，为了缓解此次危机，他巧立名

---

[1] Coeranus，亚历山大手下的骑兵指挥官。
[2] Philoxenus，亚历山大手下的一个将军。
[3] Caria，小亚细亚西南部古城。

目，用举办祭祀仪式[1]的办法从当地居民手中勒索钱财。[75] 古城中的富有阶层被迫为酒神节提供赞助，问题在于，这个节日的传统仪轨烦琐又铺张。后来，某些心有不甘的受害者得到允许，通过向斐洛克森努斯私下行贿的方式逃避这项公共义务，其他不识趣的人则继续被留在勒索名单上，直到被别人榨干自己兜里的最后一个小钱。

目前已知的情况是，哈帕拉斯再次出逃后，亚历山大委任来自罗德岛的安提梅内斯（Antimenes of Rhodes）接替了他的职务。除了一个"铁腕镇压"的名号，历史文献中对安提梅内斯的记载寥寥。[76] 恰恰是这个人及时恢复了巴比伦的法律秩序，最终促使那些使团和商人放下戒心，请愿为亚历山大的朝廷上缴自己收入10%的税款。他甚至还为遭到征用的随军奴隶制定了一套回报丰厚的保险制度[77]：只要主人每年缴纳保险费，随军奴隶一旦发生逃亡，就可以拿到补偿。安提梅内斯自己收了保险费，却把追捕奴隶或赔偿损失的责任转嫁到地方总督们身上。他还运行着一家利润丰厚的机构，主要经营项目是向沿着王室大道来来往往的商旅们提供各类服务，其中的部分经营成本也落到了总督们的头上。

征服富庶的埃及以后，亚历山大任命来自诺克拉提斯的克里奥

---

[1] 指下文提到的酒神节。

门尼斯[1]掌管那里的经济和其他事务,比如催征税款和营造亚历山大城。⁷⁸ 这个人并非亚历山大的儿时伙伴,而是埃及当地土生土长的地头蛇,阿里安对他的评价是"恶棍":

> 这位历史学家在短短数行文字中就两次称克里奥门尼斯为恶棍[2]。⁷⁹

这样的评价或许出自阿里安撰写史料时的一个主要信息来源——托勒密,后者之所以这么说,可能是因为他曾抓住亚历山大去世的时机除掉克里奥门尼斯并取而代之。⁸⁰ 同时代的另外两位学者对这个封疆大吏持有相同的看法,不过其中一位与在法庭上控告克里奥门尼斯的原告存在商业合作关系,另一位是《经济学》(*Economics*)的作者,这是一本出自亚里士多德学派[3]的重要专著,完成于公元前320年前后。⁸¹ 第一位学者保存在《德摩斯梯尼文集》[4]中的一篇演讲稿让我们了解到,当时有两名雅典人将3000德拉克马借贷给一个叫狄俄尼索多罗(Dionysodorus)人和他的伙

---

[1] Cleomenes of Naucratis,诺克拉提斯是法老时代设在埃及的希腊殖民城市,克里奥门尼斯在历史文献中被描述为一个贪得无厌的酷吏。
[2] 原文为古希腊语 aner kakos。
[3] Aristotelian school,亚里士多德对克里奥门尼斯持否定态度。
[4] corpus of Demosthenes,德摩斯梯尼是雅典城邦的政治家和雄辩家。

伴克里奥门尼斯,希望他们替自己从埃及购买一批谷物经海路运回雅典贩卖。[82]后者却违背了"买光埃及的全部谷物,然后以固定价格送到雅典售卖"的约定,"严重损害希腊人的利益",把这批粮食卖给了罗德岛。他们为什么要这么做?据说克里奥门尼斯暗中经营着一个代理商网络,时刻追踪地中海沿岸的粮食价格,目的是永远保证自己能得到最高的报价。运粮船回航期间,雅典的粮食价格出现暴跌,于是他们就把这批货转卖给了罗德岛。[83]雅典一方以不道德经商为由将克里奥门尼斯和他的商业伙伴告上公堂,要求违约赔偿。至于这场法律诉讼的结果如何?史料中没有记载,后人也就无从得知。

克里奥门尼斯一伙的所作所为实在令人错愕,因为他们利用了当时困扰整个地中海世界的粮荒,难免有乘人之危的嫌疑。公元前331—前324年,就在许多古代国家因作物歉收而面临饥饿威胁的困难时刻,他们却在冷酷无情地哄抬粮价。[84]出自那个时代的古希腊铭文记载了人们采取的种种应对措施,例如,亚历山大的母亲和姐妹的名字就曾赫然出现在有权购买来自昔兰尼[1]的限额配给粮食的名单中。[85]几位金枝玉叶能够获得这样的特权无疑和亚历山大存在一定关联,与此同时,他委任的埃及地方官却在趁机大发国难

---

[1] Cyrene,位于今利比亚境内。

财。参考目前已知的那个时代的雅典粮价，我们可以大致估算乘人之危的克里奥门尼斯到底赚了多少钱。德摩斯梯尼在自己的文集中回忆了雅典和比雷埃夫斯[1]两大城市实行的严格的粮食配给制度，那里的老百姓为了得到微薄的救济不惜任人践踏，因为当地的小麦价格已经从每蒲式耳[2]5 德拉克马涨到了 16 德拉克马，足足增加了 3 倍多。[86] 随着大饥荒愈演愈烈，克里奥门尼斯变本加厉，把 1 蒲式耳小麦的价格炒到了 32 德拉克马。[87]

《经济学》一书补充介绍了他们操纵埃及粮价的其他手段。[88] 据说，克里奥门尼斯曾放话说打算猎捕圣湖中的鳄鱼，以此要挟祭司们用手中的黄金换取这些神兽的性命。另外，他还从克诺珀斯[3]的地产所有者和宗教祭司手中勒索过钱财。按照克里奥门尼斯发布的命令，这些人将被集体搬迁到刚刚完工的亚历山大城，谁要想摆脱搬家的麻烦，就得破财免灾，不愿意花钱的人则会被强制执行。得寸进尺的克里奥门尼斯还发布消息说，由于资金短缺，他不得不关闭一些神庙，并撤销一些祭司岗位。这样的威胁让那些希望保住饭碗的神庙和祭司立刻乖乖地把意外之财送到了他的手里。更有甚

---

[1] Piraeus，希腊最大的港口城市。
[2] bushel，西方目前仍在使用的计量单位，根据计量物品的属性和使用范围的不同，这个单位指代的具体数量也会有所浮动，作者原文中给这个单位加了注解"梅狄摩诺斯"（Medimnos），这是古希腊使用过的一种计量单位。
[3] Canopus，埃及古城，位于尼罗河三角洲西岸。

者，他还用欺骗的方式每年克扣手下每名士兵 1 个月的军饷。

这位封疆大吏任命的一个名叫欧斐尔拉斯[1]的下属负责监管上埃及（Upper Egypt）的阿瑟里比斯（Athribis）地区，他对民间不满声音做出的回应是征收更高的税款。通过自己掌握的信息来源，阿里安发现当时民间针对克里奥门尼斯及其同伙的不满情绪的确属实，他为此引述了一封专门讨论此事的王室信件。[89] 在这封信里，为了换取对方修建神庙纪念自己的密友赫费斯提翁，亚历山大赦免了克里奥门尼斯。这位历史学家此处还尤为痛苦地引述了亚历山大对其做出的补充承诺：

无论你将来犯了什么罪，无论罪行多么恶劣，我都不会惩罚你。

这样一来，虽然亚历山大仍对哈帕拉斯的丑闻耿耿于怀，但这位国王还是给了克里奥门尼斯一面无限期的"免死金牌"。于是，这位因横征暴敛而臭名昭著的封疆大吏就一直牢牢把持着他的职位，直到托勒密趁着亚历山大去世的机会来了个斩草除根。[90]

哈帕拉斯、斐洛克森努斯、安提梅内斯、欧斐尔拉斯和克里奥

---

[1] Ophellas，马其顿贵族，先后在亚历山大和托勒密手下效力。

门尼斯的职业生涯说明当时马其顿帝国内部的贪污腐败和权力滥用已经泛滥成灾，这种情况与公元前 325 年或前 324 年亚历山大因国内渎职行为成风而大加整肃的做法形成了互相印证的关系。[91] 人数可观的地方总督因此丢掉了性命，应该直接为此担责的 5 名财政官员却逍遥法外，哈帕拉斯暗中潜逃，克里奥门尼斯得到了国王赦免，其余 3 个人的最终命运历史文献中没有明确记载。也许有人会说，除了哈帕拉斯，其余 4 名官员只是不择手段地追求税收利润的最大化，他们的本意是维护国王的利益，只是做得有些过火。话虽如此，即便他们的所作所为被某些学者看作追求利益和提高效率的无奈之举，却也无法掩盖这些人的冷酷无情。[92] 不管怎么说，克里奥门尼斯一生总共聚敛了 8000 泰兰特，也就是 4800 万德拉克马的财富，马其顿总督淫威之下的埃及，前所未有的压榨手段带来了前所未有的惊人利益。[93] 这笔钱是 10 年前亚历山大征服埃及时掠走财富数额的 10 倍，修建亚历山大城的开销还不包括在内。无论亚历山大信中赦免这位地方官的情节到底是事实还是杜撰，国王手下经济官员采取的咄咄逼人的政策与远征途中那些军事将领的胡作非为一样，都应由他本人承担领导责任。

想将亚历山大从看似令人绝望、无助的贪赃枉法或愚昧无知的坏名声中拯救出来，唯一的解决方案就是站在国王和他的臣僚们的立场辩解说，当时马其顿帝国的财政状况处于紧急状态，因此必须采取某些非常措施，除此之外，他们别无选择。乔治·勒·里德采用的就是这非同一般的研究思路[94]，他认为安提梅内斯和克里奥门尼斯（关于这个问题，他没有提到斐洛克森努斯和欧斐尔拉斯）其实都拥有非常高的金融专业素养，他们的所作所为实在是迫不得已，因为这些人从未获得过足够的资金用来完成国王分配给他们的任务：

> 为了遵守执行国王的命令，安提梅内斯和克里奥门尼斯表现出过人的天才，虽然才能和美名有时并不能兼得。[95]

问题在于，考虑到亚历山大早年劫掠的巨额财富，包括公元前330年在埃克巴坦纳得到的那18万泰兰特金银财宝，他的帝国怎么可能资金不足呢？乔治·勒·里德对此给出的解释是，到了亚历山大执政后期这笔财富差不多已经花完了，远征印度后只剩下5万泰兰特。[96] 为了解释波斯宝藏的不翼而飞，乔治·勒·里德声称亚历山大从未把这笔财富留给后方，而是一路带着它们由埃克巴坦纳到印度"随走随花"。[97] 这样一来，哈帕拉斯、克里奥门尼斯和斐洛克森努斯也就只能依靠就地征税来维持生计，即使如此，当国王把花剩下的5万泰兰特从印度带回来时，安提梅内斯也已经没什么像样的资金能维持各项事务的正常运转了。话说到此，一个至关重要的问题自然而然地浮出水面——亚历山大究竟是把源自波斯帝国的战利品留给了哈帕拉斯，还是自己带着它们远征巴克特里亚和印度了呢？

哈帕拉斯还是亚历山大？

一笔如此巨大的财富能够在随军周转的整个过程中做到不留痕迹，以至于后世学者都说不清它们的下落，这似乎令人难以置信。正如本书第 4 章所说，没人怀疑亚历山大从波斯波利斯和帕萨尔加德运走了大批金银财宝。其中的一部分也许被直接送到了苏萨，不过大部分却跟着追击大流士三世的国王去了埃克巴坦纳。[98] 帕曼纽是财宝运输行动的指挥官，负责将它们送给坐镇埃克巴坦纳的哈帕拉斯，当地聚集了由 6000 名士兵日夜守卫的 18 万泰兰特金银财宝。[99] 到底为什么要将如此多的财富运出美索不达米亚地区，历史文献没有给出太多解释，只是说亚历山大想带着它们充当远征期间的军费。[100] 这样的想法意味着亚历山大将要和大流士三世进行决死一战，那之后，正如历史上已经实际发生的那样，他打算遣散那些前来助战的盟友军队，并支付相关费用。绝大多数学者认为，公元前 330 年年末或公元前 329 年年初，也就是亚历山大在巴克特里亚鏖战贝苏斯的那个时间段，剩余财富跟着它们的监管人哈帕拉斯离开埃克巴坦纳,去了巴比伦。[101] 然而乔治·勒·里德相信,那之后的大司库很快便被解除监管工作离开了巴比伦,没有带走一草一木。[102] 对于一位贪污惯犯而言,这样的做法似乎显得很奇怪,不过更值得我们深思的是,亚历山大是否真的愿意带着一支由 2.5 万只驮畜组成的驮队,带着数量如此众多的金银财宝,浩浩荡荡穿越今天的伊朗东部、阿富汗和巴基斯坦?

为了给自己的观点提供支持,乔治·勒·里德引述了亚历山大在巴克特里亚指控赫摩劳斯[1]犯有叛国罪时,对方反驳的一套说辞:

> 除了累累伤痕,你的士兵退伍返乡时两手空空,而你的 3 万头骡子却驮着抢来的黄金。[103]

这段话被认为能够证明远征巴克特里亚时,亚历山大随军带走了全部波斯宝藏。乔治·勒·里德还注意到赫摩劳斯提到的骡子数量与波斯宝藏离开波斯波利斯时在历史文献中留存的最后一个数据遥相呼应,也就是 2 万头骡子和 5000 峰骆驼。乔治·勒·里德觉得这个数字意味着,公元前 329—前 327 年,作为入侵者的马其顿大军始终在山区和沙漠追击反抗者,没有机会消费,所以他们随身

---

[1] Hermolaus,公元前 327 年,这人因试图发动政变被处决。

携带的金银财宝几乎没什么损耗。[104] 此外，乔治·勒·里德还引述昆图斯的另一段言论补充道，到了坎大哈，"菲罗塔斯运载金银的车辆"仍然留在马其顿军中，"这意味着高层决策圈打算一直带着它们"。[105] 就算我们愿意接受昆图斯这两段描述的真实性，那也绝对没有理由认为他说的就一定是坎大哈或巴克特里亚当时的情况。赫摩劳斯的反驳应该只是一种泛泛而谈，说明亚历山大拥有一笔仅仅由他一人独享的巨大财富，手下官兵无法染指。更何况，这些金银财宝和运载它们的驮队此时也不一定就在巴克特里亚，赫摩劳斯其实根本没有说出具体的地点。类似这样的说法明显有夸张的嫌疑，反驳者把整座宝藏都说成了黄金，至于驮畜数量的相似性也可能只是因为赫摩劳斯引用了驮队离开埃克巴坦纳时的原始数据，而且这个泛泛而谈的数字还被提高到了 3 万头。以这段对话为依据推算亚历山大在巴克特里亚时手中拥有的财富，从而得出结论认为行军途中他手里掌握的财富数量几乎没有变化，实际是从多个角度误读史料犯下的一个错误。

　　昆图斯引述博隆（Bolon）顶撞菲罗塔斯的对话时，这一点表现得更加明显。[106] 所谓的顶撞出自一位粗鄙的老兵之口，他在对话中回忆了菲罗塔斯的奴隶此前如何将士兵们赶出他们选定的宿营地，还指责这位缺乏男子气概的指挥官甚至不许手下士兵在自己帐篷现身，以免打搅他的好梦。这段对话首先说明，马其顿军队进入被占领的大城市后,曾征用民房居住。接下来,博隆对菲罗塔斯只顾自己运输战利品,不惜让货车堵塞整座城市交通的痛斥,让当时的情形更加清晰地呈现在我们面前。如果昆图斯的记载全部属实的话,那就说明赫摩劳斯提到的那笔财富应该只是菲罗塔斯个人的战利品,与王室没有关系。至于这笔财富来自何方?我们可以联想一下此前发生的情况,比如马其顿军队曾长期驻扎位于波斯帝国腹地的巴比伦和波斯波利斯。再者说,两人的对话也没有提到任何华丽而笨重的奢侈品,比如披金挂银需要士兵们连推带拉的豪华战车。总而言之,目前没有证据显示波斯宝藏曾被运到过法拉[1]或巴克特里亚。昆图斯本人不仅从未这样说过,还言之凿凿地声称亚历山大在从埃克巴坦纳前往巴克特里亚的途中下令烧毁了他自己和士兵们的全部战利品。[107]

一方面,现存史料缺乏证据支持 18 万泰兰特离开埃克巴坦纳后始终跟着亚历山大南征北战的说法;另一方面,充分的证据表明它们当时并不掌握在亚历山大手中。正如本书之前各章已经谈到的那样,马其顿大军的辎重在翻越兴都库什山时遭受了重大损失,硕果仅存的一些随身之物后来也在离开巴克特里亚时被焚烧销毁。身在印度的亚历山大财政吃紧,因此不得不向他的将军们伸手募资以

---

[1] Phrada,位于阿富汗西部法拉河畔。

便为军事行动提供支持，这显然说明他当时没有渠道能够拿到那笔波斯财富。后来穿越格德罗西亚沙漠时，马其顿大军的辎重再次出现损耗。有鉴于此，我们有理由相信公元前327年告别巴克特里亚时的亚历山大身边并没有一支由满载18万泰兰特金银财宝的3万头骡子组成的驮队，这个前提下，他当然也不可能如传闻所说的那样，带着剩余的大概5万泰兰特穿越格德罗西亚沙漠返回巴比伦。另外，考古学领域也没有发现任何钱币文物证据说明亚历山大远征东方期间，将13万泰兰特，也就是7.8亿德拉克马的财富留在了当地。要知道，马其顿帝国在底格里斯河以东地区从未设立过正规的造币厂，亚历山大平生主持发行的钱币也极少在中亚和南亚地区现身。[108]乔治·勒·里德对此给出的可能解释是，亚历山大远征印度时可以把手头的波斯货币重新改铸为当地货币，而不是在南亚次大陆直接使用来自波斯的财富，因此这些在东方被隐性消费的阿契美尼德王朝钱币才无法留下太多考古学记录。[109]话说到这儿，既然亚历山大把手中的大部分波斯财富都花在了东方，那又该如何解释西方各地大量被发现的西格洛伊和大流克[1]窖藏呢？就像本书下一章将要谈到的那样，这笔财富的最终流向其实是西方，而非东方，当地发现的数百个藏有数千枚钱币的古代窖藏已经暗示了绝大

---

[1] sigloi and darics，波斯帝国发行的两种货币。

部分波斯宝藏的最终命运——它们一直跟着哈帕拉斯。

考虑到美索不达米亚地区拥有的大量资源，所谓"普遍缺乏资金"的说法无法成为马其顿帝国大小官员们采取残酷压榨手段的理由。盗贼不崇尚荣誉，也不懂分享，跻身帝国最高层的哈帕拉斯的率先垂范或许助长了其他官员的贪污、贪婪和严重渎职。亚历山大对此类滥权行为显而易见的漠不关心很难有一个合理的解释，他本人因此难辞其咎。仅从哈帕拉斯的事情来看，这位国王明显犯了看人不准，同时还任由友情蒙蔽双眼的老毛病。很可能，濒临绝境的亚历山大确实想找大司库算账，然而这位当时全世界最有权势的人最终还是没能狠下心来，这说明他的态度并不坚定。同样的道理，由于国王对赫费斯提翁的个人感情超过了他肩头承担的家国责任，克里奥门尼斯才得以通过讨好亚历山大的方式逃脱惩罚。至于其他一些人，他们得以逃脱生天仅仅是因为亚历山大的粗心大意，由于这位统治者对某些事情的过分看重，以及对某些事情的过分轻视。对马其顿国王来说，管理好那些替自己打理手中资源的管理者绝对不是他心中的头等大事。

继承者们

去世时的亚历山大显然是个富人，他留下的帝国则处于一触即溃的状态。驾鹤西去的国王没有指定明确的继承人。他唯一拥有合法身份的亲生儿子尚在他的巴克特里亚妻子罗克珊[1]的腹中等待降生,血缘关系最近的成年男性亲属是他的同父异母兄弟阿里达乌斯。公元前323年6月,当环绕在临终国王身边的将军们嫌隙渐生之时,我们不知名的马其顿步兵亲眼见证了一场危机的不期而至。关键时刻,军营中脾气暴躁的指挥官墨勒阿革洛斯卷入了风暴的中心,他成了反对罗克珊的儿子亚历山大四世(Alexander Ⅳ)即位,并拥立亚历山大的兄弟腓力三世·阿里达乌斯(Philip Ⅲ Arrhidaeus)执掌大权的所有军官和士兵的代言人。[110] 支撑他们做出此种选择的是一套公然歧视亚洲和亚洲族群的民族主义理论,正是在这套理论驱使下,敢于直言犯上的墨勒阿革洛斯批评亚历山大跟印度王公塔克西莱斯分享战利品,气得国王大发雷霆。事实上,根据史料记载,墨勒阿革洛斯被认为曾在巴比伦的某次演讲中说过这样一段话:

> 伙计们,为什么不去劫掠金银财宝呢?当然,我们的族群才是这些金银财宝的合法继承人。[111]

---

[1] Bactrian wife Roxane,亚历山大的首位妻子,巴克特里亚贵族的女儿。

包括我们不知名的马其顿步兵在内,墨勒阿革洛斯拥有众多支持者,他们打算伺机起事,夺回亚历山大战利品中属于自己的那份。这群贪婪的乌合之众随即被从墨勒阿革洛斯的军营中揪了出来,由佩尔狄卡斯下令处死,他们的下场是被最没有马其顿风范的武器——300头印度战象活活踩死。[112]墨勒阿革洛斯仓皇躲进神庙,希望能逃脱生天,最终却难免一死。同一时刻,在希腊的某个地方,幸运的色萨利骑兵摇头叹息,显露出不可思议的表情。

直到进了坟墓,亚历山大都在向他的士兵许诺会有更多的钱。[113]两年后,他们仍在随时可能哗变的状态下继续讨要欠薪,作为讨价还价对象的指挥官们则个个哭穷,声称连自己都无法保住应得的那一份。[114]此时,原先的一个亚历山大已经变成了好多个"亚历山大",曾经万众一心的大军也分裂成了多个相互敌对的阵营。当初那些希望亚历山大用战争方式统一东西方,创建单一的政治体系和货币体系的期许被证明显然是错误的。不过他的统治的确开创了一个灿烂的新文化时代,只可惜这个"希腊化时代"(Hellenistic Age)的前40年完全被漫长而残酷的内讧所吞噬。互相敌视的国王和王国如雨后春笋般地涌现,类似印度这样的庞大帝国则开始自行其是,虽然亚历山大执政时期从未人为压制过其他币种的使用,埃及还是在他去世后立刻退出了那个时代以希腊货币为基础的"全球经济"。

亚历山大征服的帝国四分五裂，相互之间打打杀杀、分分合合，他的老兵们被迫继续打家劫舍。离开军营的雇佣兵以自由战士的身份周游亚洲，[115] 某些原本居心不良的人摇身一变成了流氓无赖。例如，公元前319年，霍尔西亚斯（Holcias）手下的大概3000名步兵背弃了效忠独眼安提戈努斯的誓言，效仿阿明塔斯—安德罗米尼斯之子公元前332年在埃及所作所为，转而开始在军营的周边地区烧杀淫掠。[116] 霍尔西亚斯和他的士兵最终遭到镇压，随即被遣送回马其顿老家，不过此时的独眼安提戈努斯仍需应对以阿尔塞塔斯[1]和攸美尼斯为首的敌对势力。阿尔塞塔斯是后来在特里帕拉迪苏斯[2]被宣布为非法并判处死刑的50个马其顿将领之一，[117] 攸美尼斯则在奇里乞亚的赛因达（Cyinda）抢占了亚历山大的一座地区级金库。[118] 公元前319年，独眼安提戈努斯就截留过一支从赛因达向马其顿运送600泰兰特，也即360万德拉克马的船队，将这笔意外之财用于安抚他的雇佣军，公元前318年，他又截留了更多。[119] 抢占金库的攸美尼斯首先拿走500泰兰填补他的日常开销，随后又开始大拿特拿"他认为发动对抗独眼安提戈努斯的战争所需要的任何金银财宝"。[120] 即便如此，这座金库还是没被搬空，两年后

―――――――――

[1] Alcetas，亚历山大手下的将军。
[2] Triparadeisus，位于今黎巴嫩境内，原先效忠亚历山大的将领们在当地商定了划分各自势力范围的协议。

独眼安提戈努斯重新夺回赛因达时，库房里还剩下 1 万泰兰特。公元前 229 年，他的儿子德米特里厄斯（Demetrius）有样学样，又从金库拿走了 1200 多泰兰特。[121]

根据我们掌握的情况，赛因达从公元前 7 世纪起就是王室金库的所在地，当时的亚述军队就像后来的亚历山大一样在地中海世界横冲直撞，最终将抢到的财富集中到那里。[122] 事实上，亚历山大本人就在赛因达附近亲眼见过一座用来歌颂这段辉煌历史的亚述时代纪念碑。[123] 这位马其顿国王通过在赛因达恢复设立地区级金库的方式，按部就班地沿用了当年亚述帝国架构成熟的行政管理体系。[124] 亚历山大去世时，赛因达依然库存充盈，这或许要归功于"王室财产保管人"克拉特鲁斯[1]隐居幕后的默默守护。[125] 即便是在国王驾崩，各位将领内斗不止的情况下，这座金库每年定期的财政收入可能也没有断绝。[126] 后来，一场又一场的洗劫接踵而至，无休无止的战争耗尽了金库的库存，仅仅一代人之后，"赛因达的黄金"就蜕变成了米南德[2]戏剧中的一个记忆符号。[127] 亚历山大的战利品横遭抢夺的过程中，类似的情况在四分五裂的帝国各地上演。数年间，马其顿老兵们互相抢劫别人的营地，将袍泽兄弟手中的战利品

---

[1] Craterus, 马其顿贵族和将领，亚历山大去世后，他奉命率领老兵返回马其顿守护本土安全，在希腊各城邦得知亚历山大死讯纷纷倒戈的关键时刻，他和手下的军队起到了中流砥柱的作用。
[2] Menander, 古希腊新喜剧诗人。

纳为己有，因为这些财富已被证明是他们维持生计不可或缺的一部分。[128] 攸美尼斯则被著名的"银盾军"[1]出卖给独眼安提戈努斯，用来换回他们被夺走的辎重，对他们而言，这些东西的价值无与伦比。[129] 独眼安提戈努斯随后占领了原先设有金库的埃克巴坦纳、波斯波利斯和苏萨等地，将大概2.5万泰兰特的残存白银没收充公。[130] 钱财到手的他效仿当年的亚历山大，用车辆和骆驼组成了一支浩浩荡荡的运输队。[131] 运输队向着海边行进，途中奉独眼安提戈努斯之命在巴比伦停留了一段时间，目的无疑是想为这支宝藏车队锦上添花。驻扎当地的他要求塞琉古一世[2]将手中的钱财账目和盘托出。双方讨价还价的结果是惊恐万分的塞琉古一世仓皇逃往埃及，将美索不达米亚拱手让给独眼安提戈努斯。[132] 这些后来纷纷自立为王的将领们让亚历山大起兵以来饱受战火蹂躏的地区和族群遭了二茬罪，听命于他们的军队如同当年的马其顿大军一样搜刮、运走战利品。如此行径能否让"后亚历山大"的世界变得更美好？

亚历山大当年将父亲的军事野心和军事经济向东带到波斯帝国时，这一切其实就已经注定。我们没理由认为亚历山大在经济制度方面进行了快速、全面的改革，也不能认为他曾高度关注过帝国的

---

[1] Silver Shields fighting division，亚历山大手下最精锐的3000名老兵，组成方阵作战时手持银盾，故名。
[2] Seleucus，马其顿将领，亚历山大死后控制今美索不达米亚、伊朗和小亚细亚等地，建立塞琉古王朝。

财政管理。他确实抢到了比腓力二世更多的财富,却无法在理财层面突破父辈的窠臼。于是实际的情况就好像是亚历山大的军队打到哪里,就能把马其顿本土的那套经济体制带到哪里。根据战况,士兵们时而腰缠万贯,时而一贫如洗,阿契美尼德王朝那套完善的行政体制则被这位国王原封不动地留在了当地。一旦两套体制狭路相逢,就会麻烦不断。例如,亚历山大可以让一位来自马其顿的亲信两次出任波斯的最高财务长官,从而将一个仅凭与国王的家奴裙带关系爬上高层的不靠谱的人,和一个掌握海量资源、高度集权的金融官僚体系这两样全世界最糟糕的东西强行撮合到了一起。让哈帕拉斯这样不熟悉业务的人执掌大权,就好像用新瓶装旧酒。遗憾的是,情况并没能随着亚历山大和哈帕拉斯的悄然退场而有所好转,独眼安提戈努斯之流趁机脱颖而出,率领前者牢骚满腹的老部下投入新的战斗。

第7章 结论

> 亚历山大似乎只是他在波斯得到的巨额财富的监护人或托管人,除了表彰战功、嘉奖勇士,他没能将这些钱派上其他用途。
>
> 查尔斯·罗林[1]《亚历山大大帝的生平》(*The Life of Alexander the Great*)

> 亚历山大是个毫无价值的掠夺者。
>
> 圣济利禄(存疑)[2]《智慧的光谱》(*Speculum Sapientiae* 2.10)

亚历山大的非凡功绩是多种因素共同作用的结果,比如说幸运地拥有一位杰出的父亲,受教于一位睿智的老师,统率一支忠诚的军队,还有对未知世界无尽的好奇心,可不管怎么说,这位年轻人留给世人的大部分遗产其实都建立在以掠夺为基础的繁荣之上。本书之前各章已经介绍了他的烧杀淫掠行径给这位国王自己以及同时代人们带来的影响,如果我们将关注的视野进一步放大,又会看到怎样的景象呢?胜利者那只被紧紧捂住的钱袋偶尔是否也能

---

[1] Charles Rollin,1661—1741 年,法国历史学家。
[2] St. Cyril(?),生活在公元 5 世纪的埃及亚历山大主教。

透射出几缕人性的光芒?[1] 亚历山大到底是无法无天的海盗，还是情操高尚的英雄？抑或哲学家、商人、历史学家、经济学家和卫道士……对于这些问题，不同的人站在不同的立场上都可以给出不同的答案，有些人认为亚历山大一无是处，有些人却对他的经济眼光和金融敏感性崇拜得五体投地。站在这面"历史之镜"前，我们看到的更多的是自己的形象，而非过往的真实历史。如此一来，这个以国王和征服者亚历山大为主角的故事也就成了各种思想理念竞长争高、此消彼长的众声喧哗之地。[2]

一个和道德有关的故事

希腊人对亚历山大生平的看法自然而然无法摆脱政治因素的影响，他们对后者劫掠、夷平底比斯的做法始终耿耿于怀。古希腊历史学家波利比乌斯记载了一场发生在公元前 3 世纪晚期的争论，论辩过程中，一位来自埃托利亚城邦[3]的希腊人强烈谴责亚历山大

---

[1] 原文为 Is there a silver lining beyond the one sheathing the purses of those on the winning side，这句话化用了谚语 Every cloud has a silver lining，每朵乌云必有白云衬底，意思就是说任何不幸背后总会有值得欣慰的地方，坏人、坏事也可能有好的一面。
[2] 即一切历史都是当代史，任何历史都是人为构建的文本，必然带有构建者所属特定语境的烙印。
[3] Aetolia，位于科林斯湾北边。

的所作所为，另一位来自阿卡纳尼亚城邦[1]的希腊人则坚决维护他的光辉形象。[1]这位阿卡纳尼亚人声称，无论亚历山大当年对底比斯做过什么，都可以和他后来为全体希腊人做出的贡献功过相抵，特别是他把那些野蛮人抓回来充当奴隶，还将他们的资源为己所用。这样一来，争论的核心就从掠夺行为本身，变成了这种行为对希腊人到底是有益还是有害，遭受掠夺的波斯人和其他族群则无人理会。[2]最早能够体现普世价值的针对亚历山大掠夺行径的反思，似乎只能借艺术想象中一位愤世海盗的形象脱口而出：

> 亚历山大大帝抓住了一个海盗并指责他扰乱海上秩序，对方却反唇相讥："你和我干的是一样的买卖，我仅靠一条小船为非作歹，所以你把我叫作海盗，而你却统率一支庞大舰队抢劫整个世界，还自诩为征服者。"[3]

目前已知这个故事的最早版本出自西塞罗的著作。[4]即便当时罗马帝国的势力范围已经拓展到整个地中海世界，类似西塞罗这样的机会主义者仍旧对亚历山大式的扩张主义下意识地心有余悸。[5]这位

---

[1] Acarnania，位于爱奥尼亚海沿岸。

年轻的马其顿国王看起来是一位占有欲非常强的人,正如塞内卡[1]所说:

> 不管占领或分封了多少王国,也不管多少人对他崇拜得五体投地,在亚历山大眼中都不值一提。无论前方还剩下什么,他都想收入囊中。6

诗人卢坎[2]抨击贪婪的亚历山大是一个"成功的掠夺者",他因自己的疯狂将全世界拖入灾难的深渊。7 到了公元2世纪早期,哲学家普鲁塔克却对上述观点提出疑问,他认为:

> 亚历山大并非像普通海盗那样掳掠亚洲,同时也不是把全部东西都视为战利品和掠夺对象8。

与西塞罗、塞内卡和卢坎等人的态度针锋相对,普鲁塔克盛赞亚历山大远征亚洲是为所有人做的一件好事。9 按他的说法,亚历山大的征服只是为了带给当地更好的统治,而非为自己谋取各种好

---

[1] Seneca,古罗马哲学家。
[2] Lucan,古罗马诗人,代表作《法莎莉雅》(*Pharsalia*)。

处，比如"无数骆驼驮着的黄金"。[10] 有意思的是，换了个场景，这位哲学家又把"无数"的骆驼给数清楚了，还言之凿凿地告诉读者说，亚历山大凭借 5000 峰骆驼和 2000 匹骡子成功洗劫了波斯波利斯。[11] 普鲁塔克笔下的亚历山大受众神指引，慷慨大度，深受所有人的爱戴，他之所以要抢走波斯人的财宝，其实是为了波斯人好：

他征服敌人，使他们变得富有。[12]

经普鲁塔克之手打造而成的超级英雄亚历山大是世界历史上第一位具备此类特质的英雄形象。他手握无限资源，心怀无穷善意，恍如钢铁侠（Iron Man）的翻版，身为一位富有却自负的战争贩子的儿子，致力于建立一支造福全人类的军队。

虽然巧舌如簧，但普鲁塔克替亚历山大的涂脂抹粉并不能扼制人们对其劫掠行径的谴责声浪。西塞罗塑造的那个粗鲁却自信的海盗形象经过引用再造，为圣奥古斯丁[1]影响广泛、偏重道德说教的作品增添了几抹灵动色彩。[13] 后来，这个故事成了亚历山大所有逸闻趣事中最广为人知的一个，索尔兹伯里的约翰[2]在自己的著作中不光对故事主题做出了进一步阐发，还终于给这名死不悔改的

---

[1] St. Augustine，公元 354—430 年，古罗马思想家。
[2] John of Salisbury，公元 1115—1180 年，英国神学家和哲学家。

海盗起了个名字——蒂欧尼德斯（Dionides）。这之后还有乔叟[1]、高尔[2]、薄伽丘[3]、李德戈特[4]、伊拉斯谟[5]和莎士比亚等人的添砖加瓦。[14] 据说，即将身首异处的英王查理一世（King Charles Ⅰ）曾为刑场周围的看客讲述了这个故事[6]。[15] 弥尔顿[7]有感于查理一世的其言也哀，把这个故事写进了自己的《失乐园》，他笔下与这个海盗形象形成对照关系的不仅是贪婪成性的亚历山大，还有抢劫全人类的魔鬼撒旦。[16] 公元6、7世纪的犹太文化传统中保存了对亚历山大为人处世的些许微词。[17] 据说，亚历山大来到非洲时曾向当地人索取面包作为款待，后者却在金质的餐桌上摆了一条黄金，因为这才是他真正想要的。此外，亚历山大还得到过一只人类的眼球，准备用这个东西衡量一下他的财富水平，却发现自己的富有程度与《圣经·旧约·箴言》[8] 中的一段话比起来立刻相形见绌：

---

[1] Chaucer，公元1343—1400年，英国诗人。
[2] Gower，公元1330—1408年，英国诗人。
[3] Boccaccio，文艺复兴时代的意大利文学家。
[4] Lydgate，公元1370—1449年，英国牧师和诗人。
[5] Erasmus，公元1466—1536年，荷兰历史学家和作家。
[6] 这个故事最终在英语文化中演化为一则寓言，主题大致可理解为"窃珠者诛，窃国者侯"。
[7] Milton，公元1608—1674年，英国诗人。
[8] echo of Proverbs（27：20—21），相传出自所罗门王之手。

阴间和灭亡，永不满足。人的眼目，也是如此；鼎为炼银，炉为炼金，人的称赞也试炼人。

公元 1200 年前后，波斯诗人尼扎米[1]在艺术想象中让亚历山大来到一座乌托邦之城，生活在那里的人不知道什么是犯罪和贪婪。[18]当他手下的一名士兵试图拿走一些水果时，这个人被某种神力当场击死；另一名士兵打算抢走一只羊，也遭遇了相同的命运。亚历山大于是命令部下停止从这座独特城市的善良公民手中盗取财物。公元 13 世纪，有人传说亚历山大的贪欲让一条美丽的小溪变成了流淌的鲜血。[19]后来在但丁（Dante）的《神曲》（*Inferno*）中，亚历山大被安置在地狱的第七层，那里有一条鲜血流淌的河流，象征着强盗、凶手和暴君们的暴力。[20]公元 14 世纪的普鲁塔克无法释怀醉醺醺的亚历山大对波斯波利斯的破坏，15 世纪的让·沃克林[2]不厌其烦地列举了位于罗马、法国、西班牙、德国、英国、撒丁岛（Sardinia）和西西里岛等地的行省给"贪得无厌、巧取豪夺"[3]的亚历山大送来的各类贡品[21]，当然，他的这些说法其实

---

[1] Nizami，公元 1141—1209 年。
[2] Jehan Wauquelin，法国历史学家。
[3] covetous and grasping，这两个单词是普鲁塔克在《关于亚历山大：巨大的财富和美德》（*De Alexandri Magni Fortuna aut Virtute*）中对亚历山大的评价。

也无法摆脱那个时代地缘政治的束缚[1]。不足为奇的是,古今学者群体中只有马基雅维利[2]对亚历山大的掳掠行径赞赏有加,因为他的那套理论本来就支持亚历山大之流为了达到自身目的挥霍其他族群的财富。²² 除了普鲁塔克和马基雅维利外,多数古代和中世纪学者都对亚历山大通过战争捞取财富的道德缺陷深感纠结。尽管亚历山大作为勇敢、潇洒的王子获得了人们的交口称赞,但他的贪婪却又让很多人感到苦恼,因为他们从中看到了这位国王自己和他那个帝国的毁灭之源。

现代社会延续了对亚历山大贪财品行的负面评价。17世纪的旅行家让·夏尔丹[3]遇到过一群琐罗亚斯德教徒[4],他们不无痛苦地谈到了与亚历山大有关的记忆,斥责这位征服者是个缺乏正义感和智慧的海盗,是个一心想扰乱世界秩序,视人命如草芥的人。²³其他宗教文化语境中的人们对亚历山大的评价大同小异。公元1665年,清教徒牧师萨缪尔·克拉克[5]写了一本亚历山大传,书中的上帝对这位国王的掳掠和奢靡生活施以惩罚,任由他的尸体腐烂发

---

[1] 15世纪的勃艮第公爵菲利普三世以亚历山大为榜样,不断向外扩张势力范围,成了当时欧洲影响力最大的领主,让·沃克林是受他资助的学者。
[2] Machiavelli,意大利政治家和历史学家,主张为达目的不择手段,他的思想理念被称为马基雅维利主义。
[3] Jean Chardin,法国人,曾游历波斯、印度等地。
[4] Zoroastrians,又称拜火教,起源于中东地区,曾是波斯帝国的国教。
[5] Samuel Clarke,1675—1729年,被认为是英国历史上最有影响力的神学家。

臭，还说这是"尘世万物虚荣的榜样"。[24]1749 年，加布里埃尔·博诺·马布利[1]将亚历山大描绘为一位英明神武的国王，只可惜刚一接触波斯帝国的宝藏，他就腐化变质了。[25]1782 年，格伦达洛总主教[2]约翰·嘉思特（John Gast）声称亚历山大的战利品总价值"超过 3000 万英镑"，这让他和他的追随者沉迷于"亚洲式的奢靡享受"。这位神甫还进一步慨叹：

> 过度富裕对波斯人来说是腐败和毁灭的根源，现在证明，它对希腊人同样致命。[26]

对这些神职人员而言，亚历山大的生平经历实在是福音传播者马太（16：26）那段广为人知的训诫的完美诠释：人若赚得全世界，赔上自己的生命，有什么益处呢？人还能拿什么换生命呢？特伦斯·拉蒂根[3]1949 年创作的《冒险故事》（Adventure Story）再次将这个主题演绎得淋漓尽致。[27]1848 年，牧师、教育家和作家雅各布·艾博特[4]撰写了一本亚历山大传记，并对其大加嘲讽，他

---

[1] Abbé Mably，又名 Gabriel Bonnot de Mably，1709—1785 年，法国哲学家、历史学家和作家。
[2] Archdeacon of Glandelagh，英国国教会设在爱尔兰都柏林的高级教职。
[3] Terence Rattigan，1911—1977 年，英国剧作家。
[4] Jacob Abbott，1803—1879 年，美国人，撰写了很多历史名人的通俗传记。

斥责亚历山大道：

> 这是人类有史以来最大规模的谋杀和劫掠，因此在犯下这些暴行时，这位大英雄最终也同时获得了人类所有罪行中最"伟大"、最"宏伟"的荣耀。考虑到亚历山大在那场入侵行动中除了热爱征服本身，换言之，也就是热爱暴力和掠夺外，并没有给出其他理由替自己遮遮掩掩，毫无疑问，他的所作所为属于货真价实的犯罪。全世界1/4的地区遭到了凶猛、残忍的袭击和抢劫，但地球上没有法律，也没有足够资格的法庭能审判规模如此巨大的入室盗窃案，于是仅从技术角度而言，他们的行为才能不被称为犯罪。[28]

雅各布·艾博特的痛斥与西塞罗借粗鲁海盗之口说出的那段话遥相呼应，同时也对普鲁塔克提出的亚历山大或许存在善意动机的观点表示了异议。如果对金钱的贪欲是万恶之源，那么雅各布·艾博特笔下的亚历山大真可以算得上罪大恶极。

心态和观念的变化

古代、中世纪和近代早期针对亚历山大的批评责难，是对那个时代的社会文化认为这位国王存在惊人缺陷的正统观念的完美迎合。今天的学者则更倾向于将他描述为一个鲁莽的酒鬼，一个凶恶的精神病患者和一个充满破坏精神的野蛮人。[29] 用阿尔伯特·布莱恩·博斯沃思[1]的话来说：

> 亚历山大的历史是虚耗钱财的历史，是为了建造攻城器械和海军滥伐森林的历史，更是视人命如草芥的历史。[30]

身处当代文化语境中的亚历山大被构建为这样一种形象，如果用霍布斯[2]的名言来概括就是：

> 肮脏，野蛮，如过眼云烟。[31]

不过今天看起来，在这位国王遭到指控的所有罪行中，最情有可原的似乎就是对波斯帝国的烧杀掳掠。如此惊人的逆转建立在欧洲人将希腊文明奉为西方文明源头的观念基础上，再加上那些同样将亚历山大当年的征服地区看作猎物的殖民者的煽风点火。包括法

---

[1] A. B. Bosworth，指 Albert Brian. Bosworth，1942—2014 年，西澳大利亚大学教授。
[2] Thomas Hobbes，1588—1679 年，英国哲学家。

国哲学家孟德斯鸠（Montesquieu）在内的很多学者认为，马其顿征服东方是一次积极的商业冒险，它释放了世界欠发达地区的经济潜能。[32] 因此与孟德斯鸠同时代的学者查尔斯·罗林教授尽管指出亚历山大的种种缺陷，却对他"正确使用"波斯宝藏的功绩赞誉有加。[33]

此类积极评价亚历山大掠夺行径的观点之所以能获得市场，很大程度上应该归功于约翰·古斯塔夫·德罗伊森[1]的杰出成就，他的研究凭借以货币化为基础的现代经济学理论，为普鲁塔克的古老赞歌提供了有力支持。这位生活在19世纪的历史学家赞同这样的观点，即认为亚历山大的掠夺释放了庞大但垂死的波斯帝国的资源潜力。[34] 他将这种对波斯财富的解放行为比喻成让血液流回曾经虚弱、枯萎的四肢，激发起新的能量和增长。从另一方面来看，那些波斯国王就好像吸血鬼，因为他们只会趴在帝国的肌体上吸血。总而言之，亚历山大激活了他的对手大流士三世手中的闲散资财，从而以一种前无古人、后无来者的方式改变了世界经济的运行方式。恰恰就像普鲁塔克所说的那样，亚历山大让数以吨计的货币重新回到流通领域，他打败了敌人，同时也让他们变得富有。

约翰·古斯塔夫·德罗伊森影响深远的研究成果迅速获得了当

---

[1] Johann Gustav Droysen，1808—1884年，德国历史学家。

代主流学术界的认可。法国历史学家维克多·杜卢伊（Victor Duruy）曾引述约翰·古斯塔夫·德罗伊森的话这样写道，一旦亚历山大慷慨地将波斯帝国国库中贫瘠且不活跃的财富投入流通领域，它们就会变成一股强大力量。[35] 除了少数例外，类似这样的说法已经成了当代学术界解读亚历山大掳掠波斯历史的统一口径。这位国王不再是贪婪的海盗，而是凭一己之力创造经济奇迹的英雄。例如，1916年，一位历史学家就曾说过这样的话：

> 亚历山大的征服给亚洲带来的好处不存在夸大的问题。秩序取代了混乱，历代波斯国王闲置在金库中的大量财富被重新投入流通领域，最终为世界带来了新的能量，刺激了商业活动的发展。[36]

从乌尔里希·威尔肯[1]到米哈伊尔·罗斯托夫采夫[2]，从尼古拉斯·哈蒙德[3]到彼得·格林，诸如此类的观点始终弥散在20、21世纪学者的权威专著里。尤利乌斯·威尔肯称赞亚历山大是"目标明确的经济学家"，他想做的就是重塑波斯帝国的宝藏。[37]

---

[1] Ulrich Wilcken，德国历史学家和语言学家。
[2] Michael Rostovtzeff，1870—1952年，俄国历史学家。
[3] Nicholas Hammond，1907—2001年，古代马其顿历史研究的权威。

罗斯托夫采夫认为："亚历山大处理战利品的方式，他对波斯金银财宝的大肆挥霍，很大程度上将这些东西转化成了可流通的货币，让很多人变得富有"，普遍存在的贫穷得到缓解，希腊和波斯的经济得到了统一，市场受到了刺激，一个健全且可持续的货币体系由此雏形初具。[38] 尼古拉斯·哈蒙德认为亚历山大一夜之间将资本主义引入亚洲，足见其是非凡的天才。[39] 虽然意识到亚历山大追求的仅仅是"荷马史诗式的大张挞伐"[1]，但彼得·格林还是从中发现了令人欣慰的闪光点：

> 亚历山大的暴力破坏搅动了波斯经济的一汪死水，至少为经济贸易提供了强有力的刺激，甚至可以说是狂风暴雨般的刺激。尽管阿契美尼德王朝的统治者凭借其经济政策，以贡品的名义榨干了金银，然后将它们融化铸造成块长久保存，除了支付雇佣兵工资或其他非经济属性的用途外，不再让这些财富进入流通领域，亚历山大却仅凭数月之功将数百年积累的金银重新投放市场。[40]

正如本书第 1 章所说，将亚历山大对波斯财富的解放与欧洲士

---

[1] 原文为 Homeric raiding on a grand scale，应指荷马史诗描述的那种希腊英雄上阵杀敌的恢宏场景。

兵和殖民者对"新世界"[1]的开发相提并论已属老生常谈。[41]按照克里斯托弗·豪格戈[2]的说法：

> 直到16、17世纪西班牙帝国吹响开发新大陆的号角，这些以亚历山大波斯战利品形式存在的货币才通过征服行为再次易手。[42]

沿着这样的思路，经济学家约翰·梅纳德·凯恩斯[3]不可避免地将皮萨罗[4]类比于亚历山大。[43]根据他的计算，前者从美洲获取的财富与亚历山大的战利品相比实在是小巫见大巫，约翰·梅纳德·凯恩斯非常想知道这些摆脱尘封命运的金银财宝，到底在多大程度上充当了古代经济发展的动力。[44]上述这些以亚历山大经济成就为歌颂对象的溢美之词，背后隐藏着2000年来对这位征服者毁灭波斯帝国合法性纠结的当代和解。一个彻头彻尾的利己主义者摇身一变成了经济学家。

---

[1] New World，指美洲大陆。
[2] Christopher Howgego，英国钱币学家。
[3] John Maynard Keynes，1883—1946年，英国经济学家，他创立的宏观经济学与弗洛伊德所创的精神分析法和爱因斯坦发现的相对论一起并称为二十世纪人类知识界的三大革命。
[4] Pizzaro，1471—1541年，西班牙人，印加帝国的征服者。

历经漫长的时光之旅,曾经和亚历山大唇枪舌剑的海盗也摇身一变成了企业家。某些实用主义者或许会将波斯帝国覆灭带来的好处视为有益但属无意而为的副产品,另一些人却将其归功于亚历山大的商业头脑。如今的书籍、论文、研讨会和公共讲座等行业领域将亚历山大标榜为风险投资家的典范,在我们这个视贫穷而非金钱为万恶之源的世界里,这位古代国王再次被神化。他现在已经摆脱了大学历史系的垄断,成了商学院的"香饽饽"。今天的亚历山大不再仅仅混迹于那些探讨古代战争和社会的期刊论文,还是《投资人商务日报》[1]、《销售与行销管理》(Sales and Marketing Management)、《华尔街日报》(The Wall Street Journal)、《经济学人》[2]等刊物的座上宾。对于他的歌颂赞美由此也就经常溢出普鲁塔克划定的传统边界。《新闻周刊》[3]的国际商贸编辑米歇尔·梅耶(Michael Meyer)依照当今人们的好恶重新构建了一个亚历山大大帝形象,他拥有一家"亚历山大公司"(Alexander, Inc.),他垄断了全球市场,努力开拓新技术,引领 NASA 前往火星,还拿出多得难以置信的资金支持公益事业。[45]《福布斯》(Forbes)杂志的主编史蒂夫·福布斯(Steve Forbes)不知因为何种机缘,居然想象出了

---

[1] Investor's Business Daily,1984 年创办的美国全国性金融类报纸。
[2] The Economist,1843 年创刊的美国金融类期刊。
[3] Newsweek,美国时政类期刊。

亚历山大手提公文包的样子：

> 面对眼下商贸全球化的世界，亚历山大要是当了CEO，必定高效、成功、如鱼得水，保准会成为各类商贸期刊的头条人物。他将通过恶意收购让华尔街眼花缭乱，他对风险的容忍度和"面对面"式的管理风格将让那些投资者、管理者、盟友和对手又敬又怕。[46]

当然，所谓的"恶意收购"在亚历山大实际生活的年代拥有和现在完全不同的含义。至于"面对面"式管理，对他的下属，比如克雷塔斯、帕曼纽、卡利斯提尼斯等人以及各位总督来说，则往往是致命的。现在的CEO手握降职、罚款和解雇的权力，但是他们当中很少有人能在外国领土上随心所欲地处决部下或指挥军队。

"管理公司的亚历山大"（Corporate Alexander）是一项现代发明，是他在自己的世界做梦都想不到的当代英雄形象。两个多世纪以前，圣克洛伊克斯男爵[1]曾对将马其顿武士打造成商业经理的想法嗤之以鼻。[47]今天人们眼中的亚历山大则是个名副其实的CEO。作为魅力无限、事业有成的领导者，他注定成为激励现代管理者的

---

[1] Baron de Sainte-Croix，1754—1882年，法国钱币学家。

楷模,不过要是指望从这位国王经营帝国的方式中参悟领导企业的窍门,那就如同向他学习如何成为一位天主教圣人,根本不靠谱。[48] 他所属的世界是一个"前工业化""前基督教""前凯恩斯主义"的军事王国聚合体,这个世界里的亚历山大借助征服和掠夺让自己的"荷马式价值观"[1] 和军事天才获得了丰富的表达外化。正如历史学家米切尔·奥斯丁[2]所说,古代世界的财富大多依靠军事手段获得,再者说,"这也不是如今单纯和一个虚拟的银行账户有关的问题",而是……

> 实实在在地与沃土、农产品、牛羊、人口,还有以各种形式存在的贵金属紧密相连的问题,所有这一切命中注定都将是某位入侵者的掠夺对象。[49]

诸如此类的财富形式并不一定都能妥当地保存在当代投资者的电脑文件夹里。那些有意让亚历山大扮演现代 CEO 的人必须公平公正地把他和CFO 哈帕拉斯、安提梅内斯,还有部门经理克里奥门尼斯、斐洛克森努斯等人放在一起综合对照考量。然而颇具代表性

---

[1] Homeric values,指亚历山大经过想象过滤和重建的相对理想化的古希腊文化。
[2] Michel Austin,东肯塔基大学教授。

的是，帕尔塔·玻色[1]撰写的介绍亚历山大领导机制的书里居然找不到这些CFO的影子，要知道，这本书广受当代CEO们的追捧，还获得过《华尔街日报》《经济学人》《经济生活》《今日管理》等报刊的好评。[50] 该书采纳帕尔塔·玻色意见设计的封面宣传道：

> 它是一本扣人心弦的传记，是对当代成功企业案例做出的令人叹服的分析，它们将来自亚历山大的经验用于自身经营，比如戴尔、通用电气、沃尔玛和《华盛顿邮报》。

哈帕拉斯在帕尔塔·玻色笔下的销声匿迹似乎也可以被用来解释这份成功企业名单对安然公司[2]的闭口不提[51]，亚历山大是个战士，而非金融家，他在驾驭那些将帅方面手法高明，却是一位倒霉的"总经理"。

过去数千年间，亚历山大这个故事的主题始终在发生着激烈的变化，历史上每个有资格被称为"当代"的新时代，都可以依照自身的内在逻辑，通过贬损或褒奖亚历山大的方式，传达那个时代某

---

[1] Partha Bose，代表作《亚历山大的战争艺术》(*Alexander the Great's Art of Strategy*)。
[2] Enron，原是世界上最大的综合性天然气和电力公司之一，它的破产在经济学领域是个经典案例。

种特定的思想理念。沿着这样的思路，出于我们这个时代对成功企业及其 CEO 的仰慕，亚历山大显然已经被非常不合时宜地打扮成了商务人士的样子。可是任何一位以亚历山大为楷模，同时又拥有独立思考能力的仰慕者都应该很容易想明白，除了充当反面案例外，他和他的财富主管根本无法为当代典型的商贸行为提供任何建设性的指导。亚历山大是一位杰出的军事领袖，然而对于他凭借长矛赢得的那些财富来说，这位国王却不是一位尽职尽责的守护者。

在被构建成 20—21 世纪广受欢迎的商业巨头以前，亚历山大是一位公认的英明领袖，他亲率大军通过征服的方式解放了遭到尘封闲置的波斯宝藏。这样的观点让亚历山大的征服战争与"新世界"的发现有了某种类比关系，外来征服者被认为能够比美洲土著更好利用当地的财富，他们的所作所为虽然血腥但却必要。这种思路的内在逻辑似乎可以理解为：非货币化的财富属于被错误拥有的财富，理应正确地传递到愿意让它们产生商业价值的人手中。对这种思维方式持赞同态度的人也许会注意到，荷马史诗《伊利亚特》中，恰恰是来自亚洲的格劳克斯[1]把黄金盔甲输给了希腊的狄俄墨得斯[2]。由于没能意识到这套盔甲的价值，格劳克斯的损失被认为是咎由自取，狄俄墨得斯的所得则被看作理所当然。[52]

---

[1] Glaucus，古希腊神话中的海神。
[2] Diomedes，阿尔戈斯城邦的国王。

继续沿着时间线索往前追溯，我们会发现，早在约翰·古斯塔夫·德罗伊森以前便曾有人感叹——亚历山大实在把金钱看得太重。这位国王因贪婪而堕落，得罪了一位他不知道姓名的神祇，因此辜负了强加在他身上的本不属于那个时代的理想。这样的亚历山大令那些认同西塞罗笔下粗鲁海盗形象的人感到失望，他们认为征服不过是犯罪的更进一步。如此一来，马其顿国王对波斯帝国的掠夺行径也就谈不上有什么好处。普鲁塔克始终相信亚历山大故事的寓意传达的是一种鼓舞人心的"善意征服"，"粗鲁海盗"却如同一道魔咒，顷刻间吞没了他孤独的声音。从某种意义上来说，普鲁塔克其实提前把约翰·古斯塔夫·德罗伊森的经济学理论用哲学的语言说了出来。可是他们的看法，乃至今天人们的普遍观念一定就是正确的吗？亚历山大的货币政策是世界经济史上一次勇于冒险的开拓创新，还是掠夺波斯帝国后一个值得称道的结果？

货币化

要想做成自己想做的事，亚历山大至少要把手中的一部分财富转化成货币。除了头盔、马具、靴子和毯子外，为了支持国王的事业，工匠们不得不铸造数量巨大的钱币来满足这位征服者的需要。成吨完成初步冶炼的金块必须被送到造币厂，然后分配到各个车间，在那里，造币雕版被冲压到经过称重的坯料上，一次就能制造出数百万枚钱币。这些钱只能代表遭亚历山大劫掠的东方财富的一小部分，但是如果没有它们，完全依靠奴隶、金块、服装、土地、餐具、香料等财物进行以物易物，就将面临很多难以解决的问题。

因此国王手中必须握有现金，这是年轻的亚历山大从他的父亲腓力二世和老师亚里士多德那里学来的经验教训。[53] 亚历山大获得这种知识的途径是在实践中直接体悟，其他人则可以通过口传心授方式间接学习。亚历山大执政期间，亚里士多德的另一位学生，也许是提奥弗拉斯特，写下了名为《经济学》的专著，这是一本财务管理方面的指导书。[54] 该书匪夷所思地声称，国王的工作比总督、城主，甚至公民个人更简单，只要把握好造币、进口、出口和消费开支就行。[55] 参考现在的标准，这几项工作其实已经涵盖了一位重要国家领导人的基本经济职责，亚历山大至少对其中3个领域疏于管理。剩下的造币工作，他干得又怎么样呢？《经济学》给出的建议是：

关于造币，国王应该决定用什么材料造币，以及什么时候造币。

这句话的意思显然可以理解为国王必须决定什么时候铸造何种面

值的货币，还有每种面值的货币具体铸造多少。作为国家政策和宣传工作的延伸体现，选择和批准货币的样式也应该是国王的特权。[56]

自公元前336年父亲去世后，亚历山大对这些职责一直有所关注，不过似乎在相当长一段时间内，这位年轻国王只是继续铸造腓力二世执政时代已经定型的货币。这或许反映了亚历山大初掌大权后向外释放的第一个信号——他希望自己的统治让臣民感觉一切如故。[57] 对父亲的尊敬可能也是亚历山大"三年不改父之道"的一个原因，除此之外，这种现象的背后还隐藏着很多深层次的因素。[58] 腓力二世执政期间依靠开掘金矿和银矿已经铸造了足够多的钱，事实上，当时马其顿发行的货币早就成了全希腊一支新兴的经济力量：

> 通过开采这些金银矿，腓力二世迅速积累了大量财富。以这些金银为基础，他铸造了被称为"菲利普"（*Philippeioi*）的金币，将马其顿王国的经济地位提升到更高层次。[59]

那时的波斯拥有以国王大流士一世的名字命名的金币大流克，马其顿也铸造了自己的菲利普，这是全希腊范围内第一种重要流通金币。[60] 黄金铸造的菲利普金币上用希腊语标注了每枚钱币的标准重量——8.60克。针对钱币模具的研究表明，公元前348年前后，这种金币的发行量巨大。除了金质的菲利普，腓力二世执政时期还长期按色雷斯—马其顿（Thraco-Macedonian）标准发行面值为 4 德拉克马的银币，这种银币的面值和实际重量都比较小，每枚仅有 14.45 克。[61] 菲利普金币的标志性设计风格是在正面铸造阿波罗头桂冠像，背面则是两匹马拉的战车。腓力二世发行的 4 德拉克马银币的正面为宙斯桂冠头像，背面如图 7.1 所示，是一匹马和一位骑手，那位骑手也许就是国王本人。到了发行后期，骑手的图案被代之以一位获胜的赛马骑师。这样的图案设计既暗中传达了国王的名字"腓力"（Φίλιππος /Philippos）在希腊语中的含义——爱马者，同时也象征了国王的胜者地位永不动摇。[62]

腓力二世执政时期，马其顿王国在当时的巴尔干半岛国家中率先开创了双货币制的先河，一金一银两种货币以前所未有的规模在大大小小的造币厂里铸造成形。亚历山大登上王位后继承并利用了父亲留下的资源，这与普鲁塔克传记作品中传达的信息正好相反，按照他的说法，年轻的王子长大成人后，不顾一切地想要压住父亲的风头，希望在治国理政方面尽快体现自己的风格。基于这样的理念，普鲁塔克为世人打造了一个勇敢的传奇男孩形象，他情愿纡尊降贵和其他国家的国王们在奥运赛场上一决高下；他希望自己的父亲停止所向披靡地征伐四方，以便为他急脾气的儿子，也就是亚历山大自己留下一些博取荣光的机会；他渴望通过战斗赢得荣耀，而不是奢侈品和财富；他跟父亲腓力二世打赌要驯服一匹珍贵的宝马；他让马其顿人情不自禁地称呼腓力二世为将军，尊称自己为国王。[63]如此一来，对当时的波斯人和马其顿人而言，普鲁塔克笔下的亚历山大还没登上王位就已经成了货真价实的"真命天子"。类似这样的文学虚构掩盖了新老两位国王在一些方面的差异性，比如货币政策。腓力二世当年曾有意推迟了即位后第一批新货币的发行，意在为自己积累足够的突出业绩，同样的道理，亚历山大也是尽职尽责地等到公元前333年在伊苏斯打败大流士三世以后，才推出了一种与自己的名字和形象相关的货币。[64]这也就意味着成为国王后几年的时间里，亚历山大虽然没有停止马其顿王国财富的货币化，但发行的还是腓力二世时代的钱。[65]当他终于开始铸造带有"ΑΛΕΞΑΝΔΡΟΥ/Alexandrou"（如图7.2所示，含义为"亚历山大的钱"）字样的金、银货币时，两种钱都使用了希腊的重量标准。[66]新发行的金币正面为雅典娜女神头像，背面的图案则是胜利女神耐克（Nike）。全新面世的4德拉克马银币正面铸有赫拉克勒斯头像，背面是雄踞宝座的宙斯形象。早在1831年就有学者怀疑即位之初的亚历山大没有推出自己的专属货币可能是因为需要时间进行设计风格的论证，再就是考虑到已发行货币的存量。[67]尽管仍然存在争议，这一观点还是获得了足够的支持，成为当今被人们普遍接受的说法。[68]总的来说，考证货币设计风格发生转变的确切时间对经济史学家的意义要小于钱币学家，因为无论它们被设计成什么风格，耗费的都是亚历山大手中的金银。我们可以得出的结论是眼下存世的很多菲利普金币也许是在腓力二世执政末期铸造的，目的是支付即将发生的入侵波斯战争的军费，继承皇位的亚历山大把这笔钱派上了同样的用场。当然，这些菲利普金币也可能是他即位后才下令铸造的。相似的一幕随后发生在亚历山大执政末期，国王去世后，他的直系继承者们沿用了他发行的钱币。就算是后来这些深受"希腊化"影响的统治者，比如塞琉古一世和托勒密开始自立门户铸造钱币时，他们使用的原材料依然是来自亚历山大宝藏的金块。

在很多方面，亚历山大并非像某些白手起家神话描述的那样急躁且勇于创新。他在从马其顿的一国之君向亚洲征服者的转换过程中逐渐实现了货币政策的过渡，包括钱币上的图案设计。[69]就像阿契美尼德王朝统治时期一样，马其顿帝国允许地方政府拥有一定程度的货币发行自由。例如，塔尔苏斯的王室造币厂除了铸造亚历山大发行的采用希腊重量标准，带有赫拉克勒斯和宙斯头像的所谓"帝国币"（imperial coinage）外，还同时生产采用波斯重量标准，极具地方风格，以马其顿总督巴拉克鲁斯（Balacrus）命名的钱币。[70]包括塔尔苏斯造币厂在内，当时总共有24家造币厂在亚历山大在世期间为他的帝国发行货币，它们分别位于马其顿的培拉和安菲波利斯，达达尼尔海峡沿岸的兰普萨库斯和阿比杜斯（Abydus），小亚细亚的克勒芬（Colophon）、马格内西亚（Magnesia）、米利都、泰奥斯、萨迪斯、西戴（Side）和塔尔苏斯，塞浦路斯的萨拉米斯（Salamis）、基提翁（Citium）、阿马苏斯（Amathus）和帕福斯（Paphos），地中海东岸的迈利昂得鲁斯（Myriandrus）、阿拉杜斯（Aradus）、拜布罗斯（Byblus）、西顿（Sidon）和阿克（Ake）或推罗，埃及的亚历山大城，还有地处欧亚大陆腹地的大马士革和巴比伦。[71] 除了明显属于个例的埃及亚历山大造币厂外，其他23家造币厂早在亚历山大执政前就拥有悠久的历史。[72] 当然了，亚历山大统治时期，它们的生产、运行情况也有所不同，有些造币厂，比如小亚细亚的造币厂，只负责铸造1德拉克马的小面额货币，另外一些造币厂，比如马其顿和黎凡特[1]的造币厂则专门铸造4德拉克马的大面额货币。[73]

总而言之，亚历山大推出自己专属货币的速度要比之前想象的慢得多，这使得大流克、菲利普及其他地方性货币在他即位后的很长时间内依然能够自由流通。公元前333年年末取得伊苏斯大捷后，这位征服者随即下令位于马其顿、奇里乞亚和腓尼基的造币厂开始铸造带有他个人风格的银质货币。[74] 幸运的是，西顿造币厂的产品数量众多，出厂年份清晰可靠。这批钱币的生产日期集中在公元前333年10月—前332年9月，与塔尔苏斯造币厂的产品基本处

---

[1] Levant，历史地名，专指地中海东部沿岸地区。

在同一时间段。[75] 亚历山大下令开启金币铸造计划是在他首次取得海上大捷,也就是公元前332年攻占推罗以后。至于地处小亚细亚的造币厂,他们首次铸造具有亚历山大风格的货币也许是他从印度班师回朝以后。[76] 乔治·勒·里德曾断言,亚历山大没有在他的帝国发行统一货币的打算,最多只是到了执政末期,情况才稍有改变[77],因此有点夸张地说:

我们应该感谢他开创了人类历史上第一个世界货币体系。[78]

以上事实表明,亚历山大对《经济学》阐述的那些道理可谓从善如流,他对经济问题的把控主要集中在基本决策层面,但缺乏战略、宏观的经济眼光。

波斯帝国的国王们富得流油,尤其是站在希腊人的立场上来看,情况更是如此。亚历山大伸手从他们那里抢来了大量财富,而且将其中的一部分铸造成了货币,这一点毋庸置疑。问题的症结仍然在于,这段历史遭到了某种程度的扭曲,为了打造亚历山大的英雄形象,人们不惜抹黑、贬抑他的对手。那种认定波斯帝国的经济需要外来力量拯救的观点无疑是错误的。今天的我们对这个国家地方总督收支情况的了解,来自各类史料中有关战争、难民和财产充公等内容的讲述,即便是在这种情况下,亚历山大也没有在那片长期遭受阿契美尼德王朝压榨的土地上发现空虚的金库和大量贫苦的老百姓。恰恰相反，本书第3章介绍了马其顿大军对非波斯王室财产的持续掠夺，第4章还提到了位于孟菲斯等地库存规模令人吃惊的阿契美尼德王朝地区级金库，尽管在亚历山大到来以前，当地财政就已经出现了衰落的迹象。另外，这位国王也无意改变当地业已成形的贡品征收体系，因为它的运转情况显然很好。他入侵的并非是一个没有任何货币发行经验的国家，然而千百年来的经验证明，发行货币也不是波斯帝国实现经济繁荣的先决条件。正如接下来本书将要谈到的那样，阿契美尼德王朝时期的波斯总督们，比如巴克特里亚和粟特地区的总督在治理辖区的过程中很少或根本不发行货币，希腊总督们接手后，情况的转变也非常缓慢。[79]"垂死"和"停滞"这两个形容词是人们在殖民主义语境中戴着"有色眼镜"审视那段历史的消极产物，这与我们通过历史文献、考古发现和钱币学证据了解到的实际情况没有任何关系。[80]

钱币计数

显而易见，那些认为亚历山大迅速将波斯帝国的停滞资产投入流通领域的观点带有较大欺骗性。虽然金银只占亚历山大聚敛财富中的很小份额，可是今天以他名字命名的钱币的存世数量给世人造成了一种印象，那就是说他肯定已经将手中的大部分贵金属铸造成了货币。[81] 然而是否能够通过某种可行的方式对这样的观点进行量化分析呢？广受赞誉的钱币学家弗朗索瓦·代·卡拉泰认为我们有可能对亚历山大发行钱币的数量做出评估，其他专家对此则持怀疑态度。[82] 具体的评估方法包含两个主要步骤：首先，根据现存遗址中出土的钱币模具数量估算当年造币厂生产某种特定钱币大致需要多少个对应模具；其次，将对应模具的个数乘以每个模具报废更换前能铸造出的最多钱币个数。[83] 第一个数字的获得需要仰仗模具研究领域的严谨可靠性，这方面的工作那是出了名的费力。第二个数字的获得基本是以数据比较为基础的猜测，相关数据多数来自中世纪史料，也有一些属于现代生产经验。给研究工作设定这些条框的目的是"将不确定性限制在可接受的范围内"，不过争议依然存在。[84]

1989年，此项研究得出了一个非常有意思的结果——公元前323—前290年铸造的亚历山大钱币的数量与他从波斯得到的金银数量基本相当。[85] 按照历史文献的主流说法，亚历山大缴获的金银总重大概为18万泰兰特；铸造模具领域的研究发现，每只模具差不多可以铸造3万枚钱币，参考这个数字，亚历山大执政时期发行的金、银币总重应在20万泰兰特左右。这个推测而来的结果在弗朗索瓦·代·卡拉泰的眼中意味深长，马丁·普赖斯却认为它纯属巧合。[86]事实的确如此，这两个数据匹配得实在太过完美，以至于让人无法相信其中的真实性。后来，弗朗索瓦·代·卡拉泰自己也放弃了这样的计算方式，转而将每只模具生产钱币的数量从 3 万枚调整为可铸造 2 万枚银币或 1 万枚金币[87]，并据此得出结论认为：

> 亚历山大钱币的总重量应降低到 9 万泰兰特而不是 20 万泰兰特，如此一来，"与波斯战利品大致匹配"的说法也就不成立了。[88]

不过按照另一种研究思路，弗朗索瓦·代·卡拉泰又得出了新的结论——模具总量保持不变的前提下，每只模具平均可以铸造 2 万枚金银币，所有钱币的总重量应该"不少于 13.1 万希腊标准泰兰特"。[89]此类研究的最终结果虽然飘忽不定，却基本能为约翰·古斯塔夫·德罗伊森构建的"吸血鬼故事"提供背书：

> 亚历山大的主要成就就是将历代波斯国王手中尘封已久的大量贵金属重新投放到流通领域，这些财富的积累部分归功于阿契美尼德王朝的贡品征收体制。[90]

这位学者还进一步指出，亚历山大去世后的 1/4 个世纪里，以他的名义铸造的钱币占全希腊流通领域货币总量的5成以上。[91]因此,尽管弗朗索瓦·代·卡拉泰反复表示自己的计算方法存在许多不确定性,他的研究还是为那套所谓的亚历山大货币化理论提供了支持。事实上,他计算得出的数字表明,世界上曾经存在过2400万枚亚历山大金币和1亿2600万枚亚历山大银币。[92]如果再算上以这位国王名义发行的青铜币,那么这个世界上各种打着亚历山大名号的钱恐怕要比当时的人口总数还多。[93]

这些数字虽然令人咋舌,却绝对无法掩盖一个基本的事实——近期所有针对亚历山大造币历史的研究推测都说明,他从波斯缴获的贵金属数量与实际的钱币铸造量之间存在着明显的缺口。如果我们认可弗朗索瓦·代·卡拉泰的计算方式,那就意味着亚历山大和他的继任者最多只将来自苏萨和波斯波利斯黄金的50%—75%铸成了钱币。类似这样的推测或许存在一定偏差,因为亚历山大从波斯全境掠走金银总共应该超过18万泰兰特,再说有些钱币可能是在马其顿本土铸造的,它们使用的是本国原料,而非来自波斯的战利品。[94]更进一步来看,这样的推测还没有考虑到伊苏斯大捷前亚历山大下令发行的菲利普金币,更不用说大量获得波斯黄金以前就地取材铸造的那些菲利普金币了。有鉴于此,我们只得假设亚历山大将掠夺而来的阿契美尼德王朝金银投入流通领域的比例被大大高估了。实际上,按照弗朗索瓦·代·卡拉泰的看法,整个希腊化世界只把他们手中贵金属的 1/10 左右投放到了流通领域。[95] 亚历山大通过征服手段让大量波斯财富回归市场,这一点毫无疑问,不过具体的数量与后人的想象确实存在很大差异。因此,我们必须尽可能摒弃这样的观点,即认为有赖于亚历山大的开明经济政策,波斯帝国"无用"黄金中的大部(如果不是全部)被重新投放到流通领域,随后发生的事实证明了这种做法的合理性。实际的情况是,亚历山大抢到的战利品数量与他后来投放市场的份额丝毫不匹配。历史文献中提到的亚历山大去世数年后,金库中依然保存着大量波斯金块的情况,可以为上述结论提供佐证。[96]

事实上,如果公元前 331 年高加米拉战役爆发前,亚历山大采纳老将帕曼纽的建议接受大流士三世的和谈要求,我们就能得出一个有意思的计算结果。据史料记载,大流士三世情愿割让幼发拉底河以西的全部土地,为了赎回家人,还打算拿出 3 万泰兰特的赎金。[97] 这笔赎金加上亚历山大当时已经从波斯帝国掠走的财富,还有他从欧洲、非洲和亚洲等地获得的收入,截至公元前 323 年,总数正好接近弗朗索瓦·代·卡拉泰估算的亚历山大和他的继承者们铸造的 9 万泰兰特钱币。[98] 换言之,如果没有后来持续 8 年、代价高昂、颇具毁灭性的战争,亚历山大要想拿到这 9 万泰兰特是基本可以实现的。实际发生的战争导致数千人丧生,波斯波利斯化为焦土,大量辎重行李遭到遗弃,村庄被夷为平地,某些部族遭到集体灭绝，还有哈帕拉斯肆无忌惮的渎职行为。排除任何道德因素，单从经济角度来看，假如亚历山大能在公元前331年与大流士三世握手言和，古代世界或许会迎来一个更好的发展机遇，尽管如此设想，但历史实在有违亚历山大的精神气质。对这位国王来说，"生意"可不是那么单纯。

然而学者们还是不愿意随便放弃一丝找寻真相的希望。除了以模具研究预测当时的货币发行量，另一些学者尝试借助来自其他领域的数据了解亚历山大夺取波斯宝藏后的收益和货币化情况。例如，针对格陵兰岛（Greenland）冰芯取样中的铅含量分析发现，铅和银在古代的开采、冶炼曾导致严重的环境污染。[99] 弗朗索瓦·代·卡拉泰对这个耐人寻味的数据做出了如下解释：

> 公元前370年，也就是距今2360年以前[1]，由于熔化铅矿石冶炼白银[2]导致的大气铅浓度高达1.64微克/立方米[3]，到了公元前3世纪前后，也就是亚历山大动用历代波斯国王积聚的大量白银铸造钱币的那个时间段，大气铅浓度更是达到了2.2微克/立方米左右。[100]

---

[1] 2360 BP，BP 是 Before Present 的缩写。
[2] 利用铅锌矿石冶炼白银是一种很古老的技术。
[3] 原文为1.64，根据上下文推测应指大气铅浓度，此类污染物会按年份逐层沉降到南北极的冰层里。

实际的情况是,这位法国学者使用的年表出现了大概40年的时间混乱。给出这组数据的自然科学论文发表于1950年,以此为准,"距今2360年以前"指的其实是公元前410年前后。不过更严重的问题是,弗朗索瓦·代·卡拉泰忘记了亚历山大动用波斯财富铸造钱币牵扯的是之前已经熔化、冶炼好的白银,他执政时期由于各种人类活动造成的大气成分改变主要应归因于马其顿国内的铅矿开采。

亚历山大执政时期金银货币化的另一个间接数据来自当时的钱币存量。例如,就在这位国王去世几年后,出于安全保管的目的,生活在埃及荷莫波利斯[1],也就是今天达曼胡尔(Damanhur)的一个不知姓名的人把8000多枚亚历山大4德拉克马的银币装进了一只陶罐,这笔钱足够那个时代一个普通雅典人生活263年以上。[101] 我们不知道他为什么要这么做,是面临迫在眉睫的威胁时想要保护这笔钱,还是仅仅将这个罐子当作存钱罐?更不知道合法所有者后来为什么没有取走它?无论如何,这么大一笔存款都说明当时市面上流通的货币非常充足,可供人们囤积,或许这也能从侧面为"亚历山大时代货币发行过剩"的观点提供支持。用色诺芬的话来说:

---

[1] 原文为 Hermopolis Parva,这个地名是荷莫波利斯(Hermopolis)的别称。

从来没人拥有过如此多的白银，以至于多得不想再要。如果一个人发现自己手中有大把的白银，那么无论将多余的银子埋藏起来，还是挥霍花掉，感觉都一样快乐。[102]

值得注意的是，迄今为止，总共有653处窖藏发现了亚历山大钱币，这个数字超过了利西马科斯（236处窖藏）、腓力二世（221处窖藏）和腓力三世（175处窖藏）这3位古代国王的总和。[103]

作为一种独特存在，钱币窖藏可以为我们提供某些亚历山大执政时期财富货币化的关联证据，问题在于，这些关联证据是否能够实现精确的量化，以便我们充分了解当时的货币化程度？历史学家约翰·凯尼恩·戴维斯[1]认为：

通过它们，也就是亚历山大时期的铸币，遭到掠夺的总计17—19万泰兰特的阿契美尼德王朝宝藏中，至少有一部分以货币形式流入市场，更不用说他的所有继承者都在竭尽全力实现税收的最大化和货币化。希腊化时代早期的经济行为因此在质的水平上出现了以贵金属铸造货币为交换或收入转移媒介的重大转型。1973年出土的已知2387枚古希腊钱币中，至少有

---

[1] J. K. Davies，指John Kenyon Davies，英国利物浦大学教授。

1900枚或者总占比的79.6%属于公元前330—前31年这300年间遭到掩埋的窖藏财富，这与古典时代[1]的社会转型存在着不十分紧密却非常明确的内在联系。[104]

遗憾的是，这位学者口中的"不十分紧密却非常明确的内在联系"显然是错误且具有误导性的。[105]研究者对原始数据做出的不恰当对比分析，从多个方面夸大了希腊化时代早期货币囤积数量激增现象。不管怎么说，这跟经济行为以贵金属铸造货币为交换媒介的重大转型都风马牛不相及。这个领域的研究除了数学和方法论层面的一般性失误以外，还存在着曲解某些社会现象的问题。戴维斯只是简单计算了目前我们发现的没有被古人取出的古希腊钱币窖藏的数量。这个数据并不能让我们准确了解他们当年实际到底埋藏了多少窖藏，也跟这些窖藏包含的钱币数量没有一点关系。由于被遗弃窖藏的数量永远都是个变量，我们无法根据已知的窖藏数量去推测未知的窖藏数量。换言之，古人遗弃了多少窖藏和他们取出花掉了多少窖藏，这两件事情之间并不存在必然联系。这些被遗弃窖藏透露的关键信息不是当时社会上有多少货币在正常流通，而是这个社会发生了某种迫使所有者及其亲属无法取回被藏匿资产的危机。因

---

[1] Classical period，指古希腊、古罗马时代。

此，目前出土古代钱币窖藏在数据方面的任何风吹草动，即使准确无误，也不能证明当时的货币供应出现了增加或过剩。

通常来说，未被取出窖藏数量的统计结果体现的是人口流动指数，而非货币化指数。这些数字很大程度上反映了由于家族面临入侵，征战远方的士兵没能平安返乡，以及内乱蔓延、经济恶化、流离失所、瘟疫流行、灾祸频发、人口大量死亡等不利因素，人们普遍无法取出自己所藏匿财富的情况。现代人往往将发现窖藏视为古代富足和幸福生活的明证，却忘记了他们找到的其实是一些惨烈的个体悲剧的有形证据。这个问题的实质不是"为什么这些钱会被埋在这里"，而是"为什么它们至今还被埋在这里"？因此，钱币学家和历史学家一般不会将大量钱币窖藏的出土视为经济繁荣的标志，相反却将其看作苦难和危险时代的象征。戴维斯等学者量化解析了一种令人如芒在背的社会现象，认为钱币窖藏的大量涌现能够为经济活动的货币化提供间接证据，因而掩盖了它作为人类痛苦记忆的实质。

广义上看，钱币窖藏的数量反映了社会的政治、军事形势，构成窖藏内容的钱币则能揭示这个社会的流通模式和相对货币供应量。因此，探寻古代钱币窖藏与经济活动货币化之间内在联系的更有效方式或许应该是借助对窖藏内容的量化分析，揣测某个特定社会一个个命运多舛、将自己的财富弃如敝屣的具有代表性的富人和穷人形象。例如，如果我们仔细考量亚历山大帝国东部2/3的地区，也就是从叙利亚到印度的辽阔疆域内遗留的古代窖藏承载的各类关乎货币化的信息，就会发现真实情况与约翰·古斯塔夫·德罗伊森或约翰·凯尼恩·戴维斯的想法根本不搭边。[106] 考古发掘显示，公元前332—前300年，当地钱币窖藏中亚历山大钱币所占的百分比与地中海地区的情况形成了巨大反差[107]。这个时期美索不达米亚地区货币窖藏中的亚历山大钱币的比例明显低于沿海地区，而且内陆窖藏的规模平均为沿海窖藏的1/10，其中也未发现黄金、青铜等贵金属与白银共同流通的情况。到了巴克特里亚、粟特、帕摩帕米萨德斯和印度等更偏东的地区，当地出土的钱币窖藏证明那里根本没有受到波斯财富货币化的影响。浏览戴维斯参考引用过的"希腊钱币窖藏数据库"（Inventory of Greek Coin Hoards database），我们在亚历山大征服这个地区的随后140年里遭到尘封的窖藏中只发现了4枚希腊钱币，其中2枚发行在亚历山大执政时期，另外2枚分别是腓力三世和安条克二世[1]时期的产物，这个比例远远小于亚历山大出生前时代的窖藏。[108] 尽管他曾将大量时间、财富和鲜血耗费在这片土地上，当地却没有任何迹象能够证明他将来自波斯的财富变成了货币。[109] 真正在那里大力发行货币的其实是年代稍晚的塞琉

---

[1] Antiochus Ⅱ，塞琉古王朝的第三任统治者。

古和狄奥多蒂[1]王朝的"希腊化时代"的国王们。

此外,马其顿本土铸造的钱币在很多窖藏中的占比非常高,这说明产自巴尔干半岛的金块对古代经济的重要性与那些被货币化的波斯库存贵金属不相上下。例如,埃及达曼胡尔大型窖藏(Damanhur hoard)发现的5951枚亚历山大钱币中总计有2005枚的来源可以追溯到位于安菲波利斯的几家特定的造币厂。[110]大英博物馆收藏的各类亚历山大钱币能够被视为此类文物的最完整、最全面样品库,经过马丁·普赖斯的编目整理,发现其中有铸造年份为公元前290年的352枚金银币分别产自巴比伦、塞琉西亚[2]、卡雷[3]、苏萨、埃克巴坦纳等东部城市造币厂,数量远远少于同时期马其顿本土造币厂的915枚样品。[111]

如何解释我们看到的一切

我们能够合理量化的钱币学信息最终都指向一个结论——亚历山大及其继承者确实铸造了数量惊人的货币,不过这些钱并不完全转化自遭到劫掠的波斯贵金属库存,而且它们在那个充满冲突和危

---

[1] Diodotids是亚历山大手下将领,他建立的王朝统治范围涵盖巴克特里亚地区。
[2] Seleucia,位于底格里斯河沿岸。
[3] Carrhae,位于土耳其。

险的世界中存在流通不均的现象。以亚历山大掠夺财富为基础的货币化进程在巴克特里亚、印度等地明显滞后，而且在城乡人口间出现了巨大的落差。我们可以这样说，约翰·古斯塔夫·德罗伊森描绘的所谓"财富血液"激增并没能贯通马其顿帝国的整个躯体，而是偏重于他的一侧，并且还以窖藏的形式出现了"失血"的情况。与此同时，我们观察到某些造币厂始终在不管不顾地持续生产，致使交易成本居高不下[1]，饱受诟骂的货币兑换商却喜形于色地从中渔利。天高皇帝远的埃及则拒绝过多卷入到这个希腊化的货币体系中，始终坚持以按自己重量标准铸造的货币为基础进行封闭循环。在整整100年的时间里，白银在埃及境内都异常稀缺，托勒密王朝被迫只能采用青铜铸币。作为有效利用亚历山大伟大遗产的典范一员，塞琉古和托勒密王朝都热衷用土地替代现金来吸引军事殖民者。

所有这些货币当中有数量未知的一部分被囤积了起来，它们因此会在一段时间内告别流通领域，如果遭遇天灾人祸，也可能永久退出流通。后一种情况是目前我们已经看到的，颇具讽刺意味的是，这部分钱币几乎垄断了今天的古代金银币流通领域。换句话来说，今天被我们发现的都是闲置财富，它们根本无法像很多学者想

---

[1] 指货币发行量过大，通货膨胀。

象的那样生龙活虎地参与流通,因为这些钱就像被亚历山大解放的阿契美尼德宝藏一样半死不活。遭到尘封雪藏的货币当不了买卖的本钱,当不了儿子的学费,当不了女儿的嫁妆,当不了奴隶的赎金,也当不了农场的建设资金。但这并不意味着囤积总是坏事,作为储蓄手段,这一策略可以保护所有者免遭经济不利因素的干扰。[112] 窖藏中的钱币就像存在银行里的钱,抑或说是存在"血库"里的"血液"。就像耶稣说的那样,仆人把主人的钱无利可图地藏在地里,而不是用来投资。[113] 总之,任何遭到埋藏的收入盈余都属于无效财富,直到它们被人们取出找回。

其他消费活动也会将货币从经济运行中抽走。有些财富会被固定下来,即使是暂时的,比如充当神庙和坟墓的祭品。能够分享这些东西的平民百姓有时也能过上堪比帝王的富贵生活,他们或许还会把曾经属于帝王陵墓的陪葬品带到自己的坟墓里。[114] 人们异常虔诚地将珠宝、杯子、碗和花环等贵金属制品深埋地下。毫无疑问,这些不见天日的宝藏必然会有一部分悄无声息地借助盗墓行为得到回收和再循环,此类现象有助于将富人手中的财富重新分配给穷人。于是,今天我们能够看到的只能是被盗墓者漏掉的东西,比如费尔吉纳 1 号、2 号陵墓中的陪葬品。[115] 这个时代马其顿王陵的奢华程度有了明显提升,因此当然能从侧面反映出活人的富裕程度,不过我们必须意识到,今天能够得到研究分析的仅仅是被遗漏在地下的物品。[116] 毋庸置疑，那个时代的银器和珠宝市场也得到了蓬勃发展，无论这些产品随后沦落地下还是流传人间，全都无一例外地给造币业带来了损害。[117] 尽管贵金属制品可以重新转化成货币，甚至不经转化也能当钱使用，但这种做法本身非常麻烦，无益于降低交易成本，刺激经济运行。

不应忘记的是，被大多数经济学研究集中关注的贵金属仅占亚历山大大帝获得的战利品、税收、礼品和贡品中的一小部分。除了货币化程度外，其他种类的物证资料中也可能隐藏着有关经济增长的信息，比如那些希腊风格的陶器、住宅的规模、宴会残留的各类动物骨骼、人类骸骨反映出的种种参数，以及沉船和神庙废墟等。[118] 几乎所有此类证据都充分说明在"希腊化时代"的漫长历程中，经济日益繁荣，不过结合很多实际案例来看，这样的繁荣在亚历山大时代其实就已经露出了苗头。众所周知，能够为这个观点提供支持的证据很难得到量化分析和比较研究，尤其是对那些竭力寻找亚历山大统治时期社会明显变化迹象的研究者来说，情况更是如此。[119] 幸运的是，巴比伦古城遗址保存的记载大麦、椰枣[1]、芝麻、羊毛等商品价格的古代文献，为后人了解亚历山大统治时期及随后阶段的社会经济生活提供了独特的视角。[120] 相关研究发现，以

---

[1] dates，实际是一种棕榈科植物的果实，产地集中在中亚和北非地区，在中国又被称为"伊拉克枣"。

物易物在当时仍属普遍情况，大麦依旧发挥着货币的作用，还常被用来支付工资。市面上的商品价格依然存在波动，不过从长期来看，总体的通货膨胀率很低，只有公元前330—前300年是个例外，这个阶段的价格飙升带来了毁灭性影响。例如，公元前325年，谷物等商品在市场上基本绝迹，后来虽然断断续续能够买到，但价格很不稳定。[121]综合分析此类数据，罗伯特·范德斯佩克[1]不禁开始对所谓亚历山大对波斯宝藏的货币化"带来了财富和繁荣"的观点产生怀疑[122]，杰拉西莫斯·乔治·阿佩尔吉斯[2]针对塞琉古王朝经济活动的量化分析为他的质疑提供了有力支持，这位学者发现巴比伦发生通货膨胀是政治、军事导致的后果，不能归咎于亚历山大发行的货币大量涌入市场。[123]在希腊的安菲波利斯，一则古代铭文记载了公元前4世纪晚期，同一处房产被两次以相同价格出售的情况，这说明当地的房地产市场并未发生通货膨胀的迹象。[124]事实上，从没有历史文献针对亚历山大给出类似奥古斯都[3]那样的描述——由于战利品大量涌入而引发房产价格猛烈上涨。[125]亚历山大通过有计划地增加货币发行量来促进经济增长，这套蛊惑人心且流传深远的说法正在缓慢却明显地走向土崩瓦解。[126]亚历山大是否

---

[1] Robert van der Spek，荷兰阿姆斯特丹自由大学（Vrije Universiteit Amsterdam）教授。
[2] G. G. Aperghis，指 Gerassimos George Aperghis，英国历史学家。
[3] Augustus，罗马帝国的开创者。

在此前没有造币厂的地方新建过任何类似机构？我们是否能确定那些发现亚历山大时代窖藏的地区此前没有任何窖藏存在？

几乎没有证据表明亚历山大对帝国的整个或部分金融机构进行过深思熟虑的设计，就算到了生命的最后几个月，他也是在没有任何成熟经济政策指导的前提下，很"随性"地处理相关问题。毕竟，无论身处亚洲还是欧洲，这位国王与其帝国内分散各处的行政中枢都相距遥远。他手下的官员们保留了各式各样的官方记录，其中有些还打理得一丝不苟。然而亚历山大是不是真的看过这些记录，他究竟对帝国的财政体系运作和决策做出了多少贡献，我们实在无从知晓。目前有迹可循的种种渎职行为表明，这位国王几乎没有或者完全没有履行过监督职责，尤其是在远离故土征战东方期间。亚历山大手握一锤定音的权力，然而他面对的却是一个通信手段有限的时代，他心中的重中之重与我们今天的想法其实完全不在一个世界。那个时代，国王无法实行有效监管或合并的经济实体实在太多，无论国际上的、帝国以内的、总督手下的，还是隶属于城邦和神庙的。追随国王征战四方的军队本身就是游走在帝国不断膨胀的疆域内的一个充满偶然因素的独立群体，他们犹如一座步履沉重的流动城市、一个跑江湖的马戏团、一个时时移动的政府机构和经济实体。仅仅这个群体，亚历山大有时也无法完全驾驭。它时而富得流油，时而穷得掉渣，时而拥有大批赃物和实物财富，时而又耗尽了手中的所有资源,时而与一座城市或一个地区的市场水乳交融,时而又和自身以外的经济活动完全隔绝。无论走到哪里,它都彷徨在富足和困窘的明暗之间,随之而来的后果就是要在一个接一个的地方实施重复建设和重复输血,新建的定居点挤占了那些正在衰落或已遭遗弃的老定居点的资源,旧有的社会经济体制却拒绝改变。亚历山大在财政领域的任何愿景和决策都只是他军事行动的附属品,最多只是被放在和打仗不分伯仲的地位上,绝对不会被看得更高。

在导致古代世界财富转移的两种手段中,亚历山大几乎完全依靠的是暴力强制,即掠夺、征税、纳贡和强制劳动,而不是仰仗商品和服务自由流动的市场。为了达到财富转移的目的,亚历山大是否尝试使用过一种手段去推动另一种手段?这种情况就算有,也并非目的明确的有意而为,而且应用范围也仅仅局限在某些领域,对他来说,任何经济增长都只是破坏过程的衍生物。[127]亚历山大洗劫东方国家的金库时,军事充当了经济的"引擎"。正如卡拉·西诺波利[1]所写道的:

帝国征服的引擎一旦启动,就很难再被关闭,特别是当经

---

[1] Carla Sinopoli,麦克斯韦人类学博物馆(Maxwell Museum of Anthropology)研究员。

济、社会福利、特权等因素与扩张和军事领域的成功纠缠在一起时。[128]

由此而来的后果是，亚历山大重新聚敛的金银战利品遭到无情再循环利用和再掠夺，波斯波利斯或底比斯曾经上演的种种苦难如同走马灯般地轮回了几个世纪。我们在歌颂赞美某些人生活境遇得到改变的同时，必须意识到作为改变代价的另一些人生命和家园的毁灭。[129]

CEO、罪人，抑或圣人，凭借征服权将全世界大部分财富握在手中的亚历山大究竟扮演了何种角色？本书给出的回答直言不讳——跟这三个全不沾边。经过对亚历山大执政时期财政情况的详细研究，我们发现这位国王的行事风格符合那个时代的特征和他自己的天性。面对冷酷无情的星移斗转、世事轮回，原本富有的亚历山大毫不遮掩地发动了一场战争，以期获得发动更多战争的先决条件。如果能再长寿一些，亚历山大或许会更加成熟地处理手中的财富，寻求经济增长和政治稳定。[130]他或许会为提高平民百姓的生活水准带来更明显、更容易被人们感同身受的变化，比如更多的工资、更好的医疗、更舒适的住房，或者用一个不太科学的字眼来形容——更深的幸福感。遗憾的是，亚历山大对手中财富的货币化很大程度上是为了实现财富的武器化，是为了用金银进一步充实他的武库。钱能买到很多东西，然而对亚历山大来说，他花钱大部分是为了军事用途，比如招兵买马、收买人心、自我提升、物资补给、鼓舞士气、拉拢盟友、建设陆海军基地、请求神明庇佑乃至在底格里斯河和幼发拉底河沿岸修造战略设施。这位站在历史长河中最不寻常的金钱之路尽头的男人，从不离身的是一支长矛[1]和一卷《伊利亚特》，而非公文包和《华尔街日报》。

---

[1] sarissa，马其顿步兵特有的一种武器。

附录1 古代度量衡和现代换算

以下是本书使用的古代度量衡单位及现代换算。除非特别说明，亚历山大发行的希腊货币使用的都是希腊重量标准，涉及较大重量时，使用的是短吨（short ton，1短吨=2000磅≈907千克）而非长吨（long ton，1长吨=2240磅≈1016千克）。

图表附1.1　单位换算法

1/4 奥波尔（Tetartemorion）	一种小面额银币，重约0.18克
1/2 奥波尔（Hemiobol Obol）	重约0.36克
奥波尔（Obol）	一种面值相当于1/6德拉克马的银币，重约4.3克
德拉克马（Drachma）	一种重约4.3克的银币
四德拉克马（Tetradrachma）	重约17.3克
金银币（Stater）	每个国家发行的主流面额货币，主要以黄金铸造，按希腊标准，每枚重约8.6克
迈纳（Mina）	代表100德拉克马银币总重的单位
泰兰特（Talent）	代表25.8千克/56.88磅的重量单位。作为会计术语，它指代相当于以下价值的白银：60迈纳=1500四德拉克马=6000德拉克马=3.6万奥波尔
梅狄摩诺斯（Medimnos）	一种干货计量单位，相当于52升，将近14加仑

评论

我们的史料来源并不总能清楚说明用来衡量白银的泰兰特指的到底是价值，还是某种物品的实际重量。无论指代的物品是不是白银，当时的做法都是把以泰兰特为标准的白银作为记账的基本手段,这方面似乎从来就是一笔糊涂账。狄奥多罗斯为此类做法的具体细节提供了一个有趣的例子。根据他的记载,腓力二世执政时期,大量金质物品被融化铸造成货币[1],狄奥多罗斯详细列举了这些金子的重量:120块金砖,每块重2泰兰特;360件黄金器皿,每个重2迈纳;以及总重30泰兰特的黄金雕像。总计282泰兰特(8吨)的黄金被熔化铸币,这位历史学家将它们换算为4000泰兰特白银,兑换比例显然为1∶14。

狄奥多罗斯没有记载亚历山大从波斯波利斯获得的财富的统计细节,却提供了以泰兰特为单位的金银价值评估,同时附带说明"将黄金换算为白银"。[2]显而易见,谈及亚历山大从苏萨房获的财富时,他采用了相同的办法,即以白银为基本估值单位。[3]关于这段历史,他给出的数据是4万泰兰特未铸造成钱币的金银,外加9000泰兰特大流克金币。除非掌握具体的比例关系,否则"4万泰兰特未铸造成钱币的金银"这条信息就毫无意义。当然了,与其他情况类似,作者此处以白银为基本估值单位参照的是当地银价。至于那些大流克金币,狄奥多罗斯说的应该还是以白银为参照换算后的价值,而不是说这些钱币的实际重量为9000泰兰特,也就是256吨,也只有这样理解才说得通。另外,根据实际选用的不同兑换率,狄奥多罗斯笔下1吨黄金的价值应该在9万—10.8万泰兰特的范围上下浮动。[4]参考本书第4章,由于记载苏萨宝藏的其他全部史料,针对亚历山大房获贵金属的总价值给出的数字都是 4 万泰兰特或 5 万泰兰特，如果我们将 9000 泰兰特的大流克金币理解为实际重量，那么单凭这一种财富就已经超过了其他史料给出的"总"价值的 2 倍，这明显说不通。换个角度思考，9000 泰兰特大流克金币的存在似乎能够解释为什么有些史料的记载是 4 万泰兰特，另一些却是 5 万泰兰特，因为前者的统计很可能没包括这些金币。这样的解读方式也可以为波留克列特斯的说法提供支持，即囤积在苏萨的大部分贵金属都不是以铸造货币的形式存在的。[5]

附录 2 史料中记载的亚历山大财富统计

这张亚历山大获取财富的统计表中,如果具体数字未知,就写为 X,如果只有部分数字已知,就写为 X+具体数字

A:继承和本土税收所得[1]

王室金库汇总的 60—70 泰兰特

腓力二世开掘的矿藏每年可收入 1000 泰兰特

税收、租金、地产和其他矿产每年可收入 X+200 泰兰特

B:战争和外交所得

图表附 2.1 亚历山大通过战争与外交所获财富

何时/何地/何人	种类	数量
公元前(下同)335:色萨利	税收、财政	X 泰兰特[2]
335:色雷斯	劫掠、奴隶	X 泰兰特[3]
335:色雷斯	劫掠、奴隶	X 泰兰特[4]
335:伊利里亚	奴隶	X 泰兰特[5]
335:底比斯	劫掠、奴隶(3 万人)	X+440 泰兰特[6]
335:格里尼姆	劫掠、奴隶	X 泰兰特[7]
335:伊留姆(Ilium,特洛伊)	特洛伊金冠	X 泰兰特[8]
334:格拉尼卡斯河	劫掠、奴隶	X 泰兰特[9]
334:萨迪斯	劫掠	X 泰兰特[10]
334:米利都	奴隶	X 泰兰特[11]
334:卡里亚	作为礼品的食物	X 泰兰特[12]

续表

何时/何地/何人	种类	数量
334：弗里吉亚	金冠	X 泰兰特[13]
333：戈尔迪乌姆	劫掠	X+1100 泰兰特[14]
333：阿斯潘多斯	罚金、马匹	X+100 泰兰特[15]
333：奇里乞亚	罚金	150 泰兰特[16]
333：伊苏斯	劫掠、奴隶	X+3000 泰兰特[17]
333：大马士革	劫掠、奴隶（3万人）	X+3100 泰兰特[18]
332：阿拉杜斯	金冠	X 泰兰特[19]
332：推罗	劫掠、奴隶	X 泰兰特[20]
332：吉萨	劫掠、奴隶	X 泰兰特[21]
332：孟菲斯	劫掠	X+800 泰兰特[22]
331：昔兰尼	礼品	X 泰兰特[23]
331：锡瓦	作为礼品的盐晶	X 泰兰特[24]
331：推罗	2 顶金冠	X 泰兰特[25]
331：高加米拉	劫掠	X 泰兰特[26]
331：埃尔比勒	劫掠	X+3000—4000 泰兰特[27]
331：巴比伦	劫掠、礼品	X 泰兰特[28]
331：苏萨	劫掠	X+4 万—5 万泰兰特[29]
330：波斯波利斯城内	劫掠、奴隶	X 泰兰特[30]
330：波斯波利斯王宫	劫掠	X+12 万泰兰特[31]
330：帕萨尔加德	劫掠	6000 泰兰特[32]
330：敉克西亚	劫掠	X 泰兰特[33]
330：伊利亚（Elis）、亚加亚（Achaea）	罚金	120 泰兰特[34]
330：埃克巴坦纳	劫掠	2.1 万—2.6 万泰兰特[35]
330：马尔狄人	礼品	X 泰兰特[36]
330：赫拉特	奴隶	X 泰兰特[37]

续表

何时/何地/何人	种类	数量
329：纳巴尔赞斯（Nabarzanes）	礼品	X 泰兰特[38]
329：布兰奇达伊	劫掠	X 泰兰特[39]
329：粟特	马匹	X 泰兰特[40]
329：7 座粟特城市	劫掠、奴隶	X 泰兰特[41]
329：西叙亚国王（Scythian King）	礼品	X 泰兰特[42]
329：泽拉夫善	劫掠、奴隶	X 泰兰特[43]
328：阿里玛兹人（Ariamazes）	劫掠、奴隶	X 泰兰特[44]
327：西西米特勒斯（Sisimithres）	牛、补给	X 泰兰特[45]
327：巴焦尔（Bajaur）	23 万头牛、4 万多名奴隶	X 泰兰特[46]
327：欧拉（Ora）	大象	X 泰兰特[47]
327：塔克西莱斯	礼品	X 泰兰特[48]
326：塔克西拉	礼品	X 泰兰特[49]
326：海达斯佩斯河	大象、马	X 泰兰特[50]
326：阿比萨雷斯	更多礼品、大象	X 泰兰特[51]
326：波鲁斯	大象	X 泰兰特[52]
326：奢羯罗（Sangala）	马、7 万多名奴隶	X 泰兰特[53]
326：贝阿斯河	劫掠	X 泰兰特[54]
325：阿加拉斯人（Agalasseis）	奴隶	X 泰兰特[55]
325：索菲特斯	礼品	X 泰兰特[56]
325：斐格奥斯	礼品	X 泰兰特[57]
325：锡比安斯	礼品	X 泰兰特[58]
325：阿昔西尼斯河	奴隶	X 泰兰特[59]
325：桑巴斯塔	礼品	X 泰兰特[60]
325：菩提科恩斯人（Porticauns）	劫掠、奴隶	X 泰兰特[61]
325：马里	礼品	X 泰兰特[62]

续表

何时/何地/何人	种类	数量
325：马里	劫掠、奴隶	X 泰兰特[63]
325：穆西卡那斯	劫掠、奴隶	X 泰兰特[64]
325：奥克斯柯南斯（Oxycanus）	劫掠、大象	X 泰兰特[65]
325：桑布斯（Sambus）	奴隶、劫掠、大象	X 泰兰特[66]
325：穆西卡那斯	劫掠、奴隶	X 泰兰特[67]
325：奥雷塔（Oreitae）	劫掠	X 泰兰特[68]
325：帕塔利（Patali）	畜群、粮食	X 泰兰特[69]
324：欧瑞克赛斯	礼品	X+3000 泰兰特[70]
324：苏萨	作为礼品的王冠	1.5 万泰兰特[71]
324：内塞安平原（Nesaean Plain）	5 万匹马	X 泰兰特[72]
324：埃克巴坦纳	礼品	X+10 泰兰特[73]
323：巴比伦	礼品、金冠	X 泰兰特[74]
未知	紫色布料	X 泰兰特[75]

C：被征服领土的贡品所得[76]

公元前（下同）333：1474 泰兰特

332：3288 泰兰特

331：3288 泰兰特

330：5335 泰兰特[77]

329：6271 泰兰特

328：6564 泰兰特

327：7453 泰兰特

326：9161 泰兰特

325：9161 泰兰特[78]

324：13841 泰兰特

323：13841 泰兰特

小结

亚历山大继承了马其顿王国规模相对较小，但绝非无足轻重的收入。按照阿里安的说法，他总共在位 12 年零 8 个月，如此算下来，这位统治者积累的财富就应该是 $60+12.67$（1000）$+12.67$（X+200）$= 15264+12.67$（X）泰兰特。至于战争和外交活动给亚历山大带来的战利品和贡品，我们只能立足有限的信息来源管中窥豹，不过必须牢记的是，许多事情可能根本没有得到历史学家的注意，大多数被记载下来的事件也没有附带精确数据。[79] 例如，在得到记载的 24 起人口奴役案例中，每次事件的规模都多达 7 万人，但最终只有从底比斯获得的利益被明确记录在案。[80] 根据现有数据（我们对任何存在争议的数据的选取标准是就低不就高），可以计算出亚历山大通过掠夺和征收贡品获得的利益金额为 69（X）$+216820$ 泰兰特。一年一度来自被征服领土的贡品大大增加了这笔资产的规模。参考公元前 5 世纪希罗多德记载的波斯帝国财政收入数据，可以推算出亚历山大从他的军队占领区每年获得的贡品收入。考虑到他随军奔波的特殊情况，对这个数字的估算应该以希罗多德提供的大流士一世相关数据为参照适当压低。基于这种谨慎的算法，亚历山大或许已经积累了79677泰兰特的财富，其中还不包括牲畜和其他收入，比如被地方总督私吞的部分，以及根据他们的请求留在当地的物资补给。这应该是一个被低估，而不是被高估了的数据。例如，根据查士丁（13.1.9）的记载，公元前323年，亚历山大得到的年度贡品高达3万泰兰特。这个数字是前面估算出的13841泰兰特的2倍多。因为查士丁的记载包括了来自欧洲的贡品和其他收入，依据"就低不就高"的原则，这些资产并没有被计算在内，乔治·勒·里德对这样的观点持赞成态度。[81]与此同时，赫尔穆特·柏维[1]等学者对查士丁给出的数据则相对谨慎。[82]鉴于历史文献中惯用的数字"3万"多为程式化的虚数，计算过程中的"压低"又比"拔高"更稳妥，因此还是相对较低的数字更加可靠。

总而言之，综合考量各类已知信息，亚历山大财富的计算公式可以被比较保守地表示为311761+81.67（X）泰兰特，其中的"X"可能代表4万泰兰特（巴比伦）。按照这个公式，征服行动让

---

[1] Helmut Berve，1896—1979年，德国历史学家。

亚历山大的财富至少增加了 30 万泰兰特（18 亿德拉克马），当然也可能是 40 万泰兰特（24 亿德拉克马）。本书倾向采用较低的数字，需要牢记的是，这个数字代表的不仅仅是贵金属。

附录 3

史料中记载的亚历山大债务统计

以下开列亚历山大背负借贷数额的表格中,如果数据完全未知,就以 X 表示,如果总数中有部分未知,则用"X+已知数值"代表。根据部分已知、部分未知数据得出的计算结果,后面会标注"左右"。那些不被认可、被排除在外、明显属于虚构传说或者很可能被低估的数据被用星号标记。某些情况下,表格列出数据依照的编年史先后顺序只是大致准确,那些无法说清来龙去脉的历史事件集中收录在表格最后的"不确定"条目下。

A 继承的债务

200—500 泰兰特[1]

B 明确的损失和支出

图表附3.1 亚历山大的损失与支出

何时:何地/何人	种类	数量
公元前(下同)336:马其顿	安葬腓力二世	X 泰兰特
336:马其顿	为军费借贷	800 泰兰特[2]
336:多瑙河	献祭	X 泰兰特[3]
335:兰加罗斯(Langarus)	厚礼	X 泰兰特[4]
335:狄翁/埃迦伊	宴会、献祭、游艺	X 泰兰特[5]
335:马其顿	赏赐伙友骑兵	X 泰兰特[6]
334:克里索波利斯	向士兵施舍黄金	*X 泰兰特[7]

续表

何时：何地/何人	种类	数量
334：达达尼尔海峡	献祭、2 座祭坛	X 泰兰特[8]
334：伊留姆（特洛伊）	许愿供品、献祭	X 泰兰特[9]
334：利西普斯	雕像、葬礼	X 泰兰特[10]
334：雅典	格拉尼卡斯的战利品	X 泰兰特[11]
334：奥林匹亚斯	格拉尼卡斯	X 泰兰特[12]
334：马其顿	免税	X 泰兰特[13]
334：萨迪斯	建神庙	X 泰兰特[14]
334：伊奥尼亚、伊奥利亚	免贡	X 泰兰特[15]
334：普里埃内	建造神庙	X 泰兰特[16]
334：以弗所	献祭、布施神庙	X 泰兰特[17]
333：伯罗奔尼撒半岛（Peloponnesus）	招募 4000 雇佣兵	X 泰兰特[18]
333：赫勒斯滂	军事行动	500 泰兰特[19]
333：安提帕特	军事开销	600 泰兰特[20]
333：戈尔迪乌姆	献祭	X 泰兰特[21]
333：奇里乞亚	奖赏医生菲利普	X 泰兰特[22]
333：奇里乞亚	献祭、游艺	X 泰兰特[23]
333：马加索斯（Magarsus）	献祭	X 泰兰特[24]
333：马卢斯	贡品、免贡	X 泰兰特[25]
333：伊苏斯	献祭	X 泰兰特[26]
333：伊苏斯	盛大葬礼、奖赏	X 泰兰特[27]
333：大流士家族	津贴、安葬波斯人	X 泰兰特[28]
332：西顿	赠送部分波斯战利品	X 泰兰特[29]
332：大流士三世妻子	奢华葬礼	X 泰兰特[30]
332：推罗	挖地道、机械	X 泰兰特[31]
332：推罗	献祭、游艺、葬礼	X 泰兰特[32]

续表

何时：何地/何人	种类	数量
332：毕达哥拉斯（Pythagoras）	赏赐土地、构筑要塞	X+50 泰兰特[33]
332：吉萨	献祭	X 泰兰特[34]
332：奥林匹亚斯等人	来自吉萨的战利品	X 泰兰特[35]
332：列奥尼达斯	乳香、没药等礼物	X 泰兰特[36]
331：孟菲斯	游艺、献祭	X 泰兰特[37]
331：埃及亚历山大	献祭	X 泰兰特[38]
331：埃及亚历山大	建城	X 泰兰特[39]
331：埃及亚历山大	埃及、希腊风格神庙	X 泰兰特[40]
331：阿瑟里比斯	建神庙	X 泰兰特[41]
331：巴哈利亚绿洲	建神庙	X 泰兰特[42]
331：锡瓦（Siwah）	隆重祭祀阿蒙神、重赏祭司	X 泰兰特[43]
331：孟菲斯	游艺、献祭	X 泰兰特[44]
331：孟菲斯	建桥	X 泰兰特[45]
331：埃及	赫克托尔的盛大葬礼	X 泰兰特[46]
331：米蒂利尼	偿还花销	X 泰兰特[47]
331：推罗	释放雅典战俘	X 泰兰特[48]
331：推罗	游艺、向赫拉克勒斯献祭	X 泰兰特[49]
331：推罗	替阿特诺多鲁斯交罚金	X 泰兰特[50]
331：推罗	重赏喜剧演员利肯（Lycon）	10 泰兰特[51]
331：某地亚历山大城	赏赐 12 个村子	X 泰兰特[52]
332：幼发拉底河	建桥 2 座	X 泰兰特[53]
331：底格里斯河	日食时的献祭	X 泰兰特[54]
331：阿里斯顿	换取敌人首级的金杯	X 泰兰特[55]
331：同伴	献祭、奖赏	X 泰兰特[56]
331：普拉塔伊（Plataeans）	承诺重建城市	X 泰兰特[57]

续表

何时：何地/何人	种类	数量
331：克罗顿	部分战利品	X 泰兰特[58]
331：巴比伦	建神庙、献祭	X 泰兰特[59]
331：巴比伦	奖赏士兵	1757 泰兰特左右[60]
331：苏萨	献祭、游艺	X 泰兰特[61]
331：苏萨	将战利品归还雅典	X 泰兰特[62]
331：苏萨	扩军资金	1000—3000 泰兰特[63]
331：阿拉克斯河	架桥	X 泰兰特[64]
330：波斯波利斯	赐给伤残希腊人的礼品	X+400 泰兰特[65]
330：波斯波利斯	献祭、游艺、礼品	X 泰兰特[66]
330：利西亚的向导（Lycian Guide）	服务报酬	30 泰兰特[67]
330：士兵	黄金礼品	X 泰兰特[68]
330：帕曼纽	赏赐苏萨房产	X+1000 泰兰特[69]
330：奥林匹亚斯	很多礼品	X 泰兰特[70]
330：波斯波利斯	大流士三世葬礼开销	X 泰兰特[71]
330：波斯贵族	保留财产	X 泰兰特[72]
330：埃克巴坦纳	葬礼费用	X 泰兰特[73]
330：埃克巴坦纳	回款和奖金	12000—13000 泰兰特[74]
330：埃克巴坦纳	被盗用	12000 泰兰特[75]
330：扎德拉卡塔（Zadracarta）	献祭、游艺	X 泰兰特[76]
330：赫卡尼亚（Hyrcania）	布塞法洛斯赎金	X 泰兰特[77]
330：亚马逊女王（Amazon Queen）	礼品	*X 泰兰特[78]
330：同伴	披风和波斯马具	X 泰兰特[79]
330：马其顿军队	礼品	X 泰兰特[80]
330：阿里亚	安葬尼迦挪	X 泰兰特[81]
330：阿里亚	恢复阿尔塔科阿纳（Artacana）的财力	X 泰兰特[82]

续表

何时：何地/何人	种类	数量
330：阿里亚	建城	X 泰兰特[83]
330：阿里亚斯皮亚人	赏赐很多钱和土地	X 泰兰特[84]
330：阿里亚斯皮亚人	献祭	X 泰兰特[85]
330：坎大哈	建城	X 泰兰特[86]
330：格德罗西亚人	礼品、土地	X 泰兰特[87]
330：兴都库什	建城、献祭	X 泰兰特[88]
329：奥克苏斯河	遣散900老兵	1000 泰兰特左右[89]
329：粟特	招降贝苏斯的赏金	X 泰兰特[90]
329：锡尔河	兴建亚历山大城	X 泰兰特[91]
329：波利坦图斯河	献祭、葬礼	X 泰兰特[92]
329：锡尔河	献祭、游艺	X 泰兰特[93]
329：锡尔河	为渡河大量献祭	X 泰兰特[94]
328：马尔吉亚那（Margiana）	兴建6座城镇	X 泰兰特[95]
328：巴克特里亚/粟特	兴建更多城镇	X 泰兰特[96]
328：马拉堪达（Maracanda）	献祭	X 泰兰特[97]
328：奥克苏斯河	献祭	X 泰兰特[98]
328：巴克特里亚	遭到斯皮塔马涅斯（Spitamenes）劫掠	X 泰兰特[99]
328：德尔斐（Delphi）	纪念阿里斯托尼克斯的雕像	X 泰兰特[100]
328：马拉堪达	盛宴	X 泰兰特[101]
327：粟特山	攀登悬崖的奖金	55—362 泰兰特[102]
327：粟特	安葬艾瑞吉斯和菲利普	X 泰兰特[103]
327：粟特	补偿遭受损失的军队	X 泰兰特[104]
327：粟特	3万头牛的礼品	X 泰兰特[105]
327：粟特	赏赐阿那克萨图斯（Anaxarchus）礼品	X 泰兰特[106]

续表

何时：何地/何人	种类	数量
327：王室文献	服务奖励	0.02 泰兰特[107]
327：欧利洛卡斯（Eurylochus）	告发阴谋奖赏	X+50 泰兰特[108]
327：德马拉托斯	盛大葬礼	X 泰兰特[109]
327：巴克特里亚	销毁全部辎重	X 泰兰特[110]
327：双子城布塞法拉	献祭	X 泰兰特[111]
327：阿里加姆（Arigaeum）	建城	X 泰兰特[112]
326：尼撒（Nysa）	大宴10天、献祭	X 泰兰特[113]
326：奥尔诺斯	献祭、祭坛	X 泰兰特[114]
326：奥尔诺斯	收买当地向导	80 泰兰特[115]
326：印度河	造了一些船	X 泰兰特[116]
326：印度河	架桥、更多的船	X 泰兰特[117]
326：印度河	献祭、游艺	X 泰兰特[118]
326：印度河	献祭	X 泰兰特[119]
326：塔克西拉	塔克西莱斯的礼品	X+1080 泰兰特[120]
326：塔克西拉	献祭、游艺	X 泰兰特[121]
326：海达斯佩斯河	建2座城	X 泰兰特[122]
326：海达斯佩斯河	献祭、游艺	X 泰兰特[123]
326：海达斯佩斯河	奖赏军队	X 泰兰特[124]
326：奢羯罗	打造攻城器械	X 泰兰特[125]
326：奢羯罗	葬礼	X 泰兰特[126]
326：海发西斯河	献祭	X 泰兰特[127]
326：海发西斯河	祭坛、献祭、游艺	X 泰兰特[128]
326：海发西斯河	随军人员津贴	X 泰兰特[129]
326：奇纳布河	建城	X 泰兰特[130]
326：奇纳布河	大量金银	X 泰兰特[131]

续表

何时：何地/何人	种类	数量
326：奇纳布河	提供药品	X 泰兰特[132]
326：奇纳布河	献祭	X 泰兰特[133]
326：海达斯佩斯河	重建 2 座城市	X 泰兰特[134]
326：海达斯佩斯河	建造印度河堡垒	X 泰兰特[135]
326：海达斯佩斯河	科埃努斯的葬礼	X 泰兰特[136]
326：海达斯佩斯河	献祭、游艺	X 泰兰特[137]
326：印度	买狗	1.67 泰兰特[138]
326：印度	赏赐裸体禁欲者（Gymnosophists）的礼品	X 泰兰特[139]
326：印度	赏赐敌方弓箭手礼品	X 泰兰特[140]
325：印度河	修船	X 泰兰特[141]
325：赫塞克瑞恩人（Xathrians）	造更多的船	X 泰兰特[142]
325：马里，苏德拉科（Sudracae）	精致的盛宴	X 泰兰特[143]
325：印度河	建城、船坞	X 泰兰特[144]
325：印度河	建城、船坞	X 泰兰特[145]
325：印度河	修船	X 泰兰特[146]
325：帕塔拉（Patala）	建造船坞	X 泰兰特[147]
325：帕塔拉	修理、替换船只	X 泰兰特[148]
325：帕塔拉	建造更多船坞	X 泰兰特[149]
325：亚历山大木头城	建城	X 泰兰特[150]
325：印度洋	献祭	X 泰兰特[151]
325：印度洋	献祭、献给波塞冬的贡品	X 泰兰特[152]
325：印度洋	游艺、向宙斯献祭	X 泰兰特[153]
325：印度洋	修整尼阿库斯的舰队	X 泰兰特[154]
325：阿尔比斯河（Arbis）	建城	X 泰兰特[155]
325：贝拉	建城	X 泰兰特[156]

续表

何时：何地/何人	种类	数量
325：德罗西亚沙漠	沙漠中的损失、洪水暴发	X 泰兰特[157]
325：帝国中枢	神庙、陵墓被盗掘	X 泰兰特[158]
324：卡曼尼亚	花在马身上的钱	*3000 泰兰特[159]
325：卡曼尼亚	狂饮7天	X 泰兰特[160]
325：卡曼尼亚	献祭、游艺	X 泰兰特[161]
325：卡曼尼亚	献祭、游艺	X 泰兰特[162]
325：卡曼尼亚	献祭、游艺	X 泰兰特[163]
325：叙利亚等地	打造舰队	X 泰兰特[164]
325：亚洲	被雇佣兵抢劫	X 泰兰特[165]
324：帕萨尔加德	重修居鲁士陵墓	X 泰兰特[166]
324：波斯女性	赏赐金币	X 泰兰特[167]
324：波斯	赏赐卡兰那斯	X 泰兰特[168]
324：波斯	拼酒比赛奖品	1.67 泰兰特[169]
324：巴比伦	哈帕拉斯的不法行为	X+5000 泰兰特[170]
324：苏萨	婚礼、嫁妆	X 泰兰特[171]
324：苏萨	替士兵还债	9870 泰兰特[172]
324：底格里斯河	献祭、游艺	X 泰兰特[173]
324：苏萨	献祭、游艺、礼品	X 泰兰特[174]
324：苏西那亚	建城	X 泰兰特[175]
324：欧皮斯	献祭、9000人盛宴	X 泰兰特[176]
324：欧皮斯	奖赏老兵	X+10000 泰兰特[177]
324：欧皮斯	抚恤孤儿和军属	X 泰兰特[178]
324：内塞安平原	王室畜群遭抢	X 泰兰特[179]
324：埃克巴坦纳	献祭、游艺	X 泰兰特[180]
324：科萨亚（Cossaea）	建城	X 泰兰特[181]

续表

何时：何地/何人	种类	数量
324：巴比伦	赫费斯提翁的火葬柴堆	X+1万—1.2万泰兰特[182]
324：巴比伦	赫费斯提翁的葬礼	X泰兰特[183]
323：希尔卡尼亚（Hyrcania）	打造里海（Caspian）舰队	X泰兰特[184]
323：马其顿	转给安提帕特的钱	X泰兰特[185]
323：巴比伦	很多神庙	X泰兰特[186]
323：埃皮达鲁斯	阿斯克勒庇俄斯献祭许愿	X泰兰特[187]
323：巴比伦	归还波斯战利品	X泰兰特[188]
323：巴比伦	招募水手	500泰兰特[189]
323：巴比伦	港口、船坞、船只	X泰兰特[190]
323：美索不达米亚	水文工程	X泰兰特[191]
323：帕拉科塔运河（Pallacotta Canal）	建城	X泰兰特[192]
323：巴比伦	修复王冠奖赏	1泰兰特[193]
323：巴比伦	改编军队费用	X泰兰特[194]
323：巴比伦	舰队试航奖赏	X泰兰特[195]
323：埃及的亚历山大城	赫费斯提翁神庙	X泰兰特[196]
323：巴比伦	献祭、盛宴	X泰兰特[197]
323：巴比伦	日常献祭	X泰兰特[198]
323：希腊	建造神庙	*1万泰兰特[199]
未知	挖运河失败	X泰兰特[200]
未知	抽干科派斯湖（Lake Copais）的水渠	X泰兰特[201]
未知	爱犬佩里塔斯（Peritas）	X泰兰特[202]
未知	黄金包裹的甜点	X泰兰特[203]
未知	大排筵宴	1.67泰兰特[204]
未知	金银家具	X泰兰特[205]
未知	神圣的祭服	X泰兰特[206]

续表

何时：何地/何人	种类	数量
未知	资助阿佩莱斯（Apelles）	200 泰兰特[207]
未知	香料、美酒、没药	X 泰兰特[208]
未知	赏赐同伴普罗提阿斯礼品	5 泰兰特[209]
未知	赏赐哲学家皮浪礼品	33 泰兰特[210]
未知	赏赐哲学家色诺克拉底（Xenocrates）礼品	0.5 泰兰特[211]
未知	赏赐哲学家阿那克萨图斯礼品	100 泰兰特[212]
未知	赏赐哲学家亚里士多德礼品	800 泰兰特[213]
未知	赏赐诗人克奥瑞留斯（Choerilus）礼品	X 泰兰特[214]
未知	赏赐福基翁（Phocion）礼品	*X+100 泰兰特[215]
未知	赏赐球手谢拉皮翁（Serapion）礼品	X 泰兰特[216]
未知	赏赐婆罗门儿童礼品	X 泰兰特[217]
未知	佩里劳斯（Perilaus）家族的嫁妆	50 泰兰特[218]
未知	重建底比斯	X 泰兰特[219]
未知	重建斯塔基拉（Stagira）	X 泰兰特[220]

小结

历史文献对亚历山大支出和损失记载的频率更高，分别为 220 例和 75 例，但没有明确数字的情况占比与收入方面的数据相似，同样只能用 X 代表。诸如此类的差异反映出历史信息来源对奢华排场和国王慷慨行为的偏重，无论在什么情况下，出手花钱的情况都有可能更加公开化，也更加令人难忘。在对有争议数据采取"就低不就高"原则的前提下，亚历山大的负债总和可被表述为这样的公式 192（X）+ 82276.53［- 3（*X）+* 13100 泰兰特］= 189（X）+ 69176.53 泰兰特。值得注意的是，正如本书第 5 章所述，这个公式所能代表的只是亚历山大军事开支的一小部分。

附录 4　今在何处？

当代世界仍然能够看到亚历山大的财富遗迹，或者以此为基础的产物。人们可以在费尔吉纳和培拉的遗址中漫步；或许能够有幸一瞥埃及亚历山大城始创阶段的平面图；还可能在巴比伦发现赫费斯提翁葬礼柴堆的遗迹。[1] 即便身处太空，亚历山大当年耗费大量人力、财力使之成为大陆一部分的推罗岛仍然依稀可辨。旅行者能够在塞萨洛尼基（Thessaloniki）、培拉、卡瓦拉（Kavalla）、约阿尼纳（Ioannina）和费尔吉纳等地美轮美奂的考古博物馆中看到与这位国王及其征服行动有关的各类小型文物；芝加哥大学东方学院（Oriental Institute in Chicago）、纽约大都会艺术博物馆（Metropolitan Museum of Art in New York），还有全世界的很多地方，都能找到亚历山大的影子。自从1978年的系列巡展开始后，耐心的观众们都期待着那些珍宝能够在某天来到自己身边。在随后36年当中，世界各地至少都以某个重量级博物馆为平台举办过亚历山大珍宝展。[2] 最近的几次展览举办地分别为阿姆斯特丹（"不朽的亚历山大大帝"）、牛津（"赫拉克勒斯致亚历山大大帝"）、悉尼（"亚历山大大帝：2000年的珍宝"），以及蒙特利尔（Montreal）、渥太华、芝加哥和华盛顿［"希腊人：从阿伽门农（Agamemnon）到亚历山大大帝"］。展柜中那些华美的银器、珠宝和武器，暗示了亚历山大战利品后来的命运。

这位马其顿国王传承至今的珍宝，多数情况下都是钱币。一种老生常谈不断在坊间流传——正如拿撒勒（Nazareth）的耶稣，亚历山大被认为只是一个虚无缥缈的历史人物，这种观点产生的根源在于对那些古代钱币证据的存在出奇的无知。如今身在下曼哈顿（Lower Manhattan）的现代居民和游客很容易就能和一间保存着9000多枚以亚历山大之名铸造的钱币的处所擦肩而过。在布鲁姆斯伯里[1]，这个数字超过了2500枚。如今，维也纳保存有亚历山大钱币600多枚，乌得勒支有500多枚，雅典有将近1000枚，哥本哈根有大约400枚，牛津有600多枚，而在格拉斯哥大学、剑桥大学和哈佛大学则各有100多枚。

某些高等院校的图书馆偶尔也会藏有亚历山大钱币，这些文物长期处于被遗忘状态，直到满怀好奇的学生和教职工重新发现它们。[3] 例如，为了获得2019年"欧洲文化之都"的称号，保加利亚（Bulgaria）的布尔加斯（Burgas）在当地举办了一场展览，其中的一大亮点就是周边地区发现的亚历山大金币。[4] 还有一些零星收藏散落在世界各地，比如位于华盛顿郊区埃弗里特（Everett）的被盗房屋里或者某些博物馆里。其中的一些藏品成了专业盗贼们的目标，就像在雅典国家美术馆（National Gallery）、班加西（Benghazi）国家商业银行，以及保加利亚大特尔诺沃（Veliko Trnovo）地方博物

---

[1] Bloomsbury，伦敦大英博物馆的所在地。

馆曾发生过的那样。[5]在希腊，世事的艰难导致非法盗掘贸易屡禁不绝，很多人做梦都想挖到大地深处似乎随处可见的亚历山大钱币。[6]

任何时候，网上都能看到数百条亚历山大钱币的出售信息，更不要说全球重量级交易商和拍卖行的成交量了。2010年的某次拍卖会曾集中处理过将近100枚亚历山大金银币，这些拍品的总价值超过3.3万美元。[7]仅仅6个月以后，同一位拍卖商又以6.19万美元的价格售出了十几枚亚历山大钱币。[8]针对钱币收藏市场的调查研究显示，"亚历山大钱币的当代销量已经超过了任何一种古代钱币"。[9]2015年3月，洞穴探险爱好者在以色列某个山洞的角落里偶然发现了一些面值4德拉克马的亚历山大钱币。此类事件提醒我们，在这位国王曾经征服过的很多地方，仍有宝藏被深埋地下。

本书对这些贵金属货币公共收藏信息的整理罗列无法做到详尽无遗，恰恰相反，它只是以出版目录和个人书信往来为基础提炼而成的代表性样本。非常感谢那些对此给出回应的策展人，同时也要感谢我的研究助理弗朗西丝·M. 约瑟夫（Frances M. Joseph），感谢她出色地完成了此项调查任务。任何情况下，本书给出的相关数据都可能随着新的收购的发生或取消而发生自然浮动。这一点显而易见，自从那些分散在今天从希腊到伊拉克的广阔地区的古代造币厂开工生产，亚历山大发行的钱币就如同一场大火中闪闪发光的灰烬那样，撒遍了世界各地。

图表附4.1　某些钱币收藏包含有以亚历山大三世名义发行的金银币

收藏地点	黄金	白银	总计
阿富汗国家博物馆，喀布尔	0	3	3
阿尔法银行（Alpha Bank Collection），雅典	10	226	236
美国钱币联合会（American Numismatic Association），科罗拉多泉（Colorado Springs）	2	11	13
美国钱币协会（American Numismatic Society），纽约	499	8723	9222
考古博物馆（Archaeological Museum），米利都（Miletus）	1	34	35
奥斯丁学院（Austin College），谢尔曼（Sherman），德克萨斯	0	1	1
法国国家图书馆（Bibliothèque Nationale），巴黎	8	79	87
布莱克本博物馆（Blackburn Museum），布莱克本	13	81	94
大英博物馆，伦敦	404	2160	2564
剑桥大学，剑桥	9	120	129
市民钱币收藏（Civiche Raccolte Numismatiche），米兰（Milan）	6	122	128
克利夫兰艺术博物馆，克利夫兰（Cleveland）	1	2	3
丹麦国家博物馆（Danish National Museum），哥本哈根	36	363	399
埃尔基·凯克曼收藏（Erkki Keckman Collection），赫尔辛基（Helsinki）	1	43	44
货币博物馆（Geldmuseum），乌得勒支（Utrecht）	46	488	534
汉堡艺术画廊（Hamburg Art Gallery），汉堡	1	2	3
哈佛大学，剑桥，马萨诸塞	21	89	110
印第安纳大学（Indiana University），伯明顿（Bloomington）	1	2	3
以色列博物馆（Israel Museum），耶路撒冷	4	23	27
维也纳艺术史博物馆（Kunsthistorisches Museum），维也纳	60	565	625
莱比锡大学（Leipzig University），莱比锡	0	17	17
钱币博物馆（Money Museum），苏黎世（Zurich）	2	2	4
波士顿美术博物馆，波士顿	6	39	45
休斯敦美术博物馆，休斯敦	1	1	2
国家历史博物馆（National Historical Museum），里约热内卢（Rio de Janeiro）	1	22	23
钱币博物馆（Numismatic Museum），雅典	92	654	746
牛津大学，牛津	28	641	669

续表

收藏地点	黄金	白银	总计
皇家钱币馆（Royal Coin Cabinet），斯德哥尔摩（Stockholm）	3	21	24
比利时皇家博物馆（Royal Library of Belgium），布鲁塞尔	2	2	4
苏格兰皇家博物馆（Royal Scottish Museum），爱丁堡（Edinburgh）	1	9	10
皇家安大略博物馆（Royal Ontario Museum），多伦多	1	77	78
考古协会（Society of Antiquaries），纽卡斯尔（Newcastle upon Tyne）	1	11	12
史密森学会（Smithsonian Institution），华盛顿	0	375	375
国家钱币收藏（State Collection of Coins），慕尼黑	23	570	593
阿伯丁大学（Aberdeen），阿伯丁	3	9	12
加州大学，伯克利	0	17	17
卡尔加里大学（University of Calgary），卡尔加里	0	1	1
弗里堡大学（University of Fribourg），弗里堡	1	4	5
格拉斯哥大学，格拉斯哥	33	252	285
格拉茨大学（University of Graz），格拉茨	0	10	10
休斯敦大学，休斯敦	0	1	1
曼彻斯特大学，曼彻斯特	5	62	67
密苏里大学，哥伦比亚	0	10	10
宾夕法尼亚大学，费城	0	4	4
得州大学，奥斯丁（Austin）	0	8	8
图灵根大学，图灵根	6	26	323
弗吉尼亚大学，夏洛茨维尔（Charlottesville）	0	1	1
威斯康星大学，麦迪逊（Madison）	0	20	20
沃尔特兹艺术博物馆（Walters Art Museum），巴的摩（Baltimore）	0	2	2
华盛顿大学，圣路易斯（St. Louis）	1	11	12
惠顿学院（Wheaton College），诺顿（Norton），马萨诸塞	0	43	43
耶鲁大学，纽黑纹（New Haven），康涅狄格州（Connecticut）	0	24	24

注释

第1章

1. 古代中国的成吉思汗（Genghis Khan），亚历山大功绩最有力的挑战者，他的寿命是后者的2倍（公元1162—1227年前后）。

2. François de Callataÿ, "Royal Hellenistic Coinages: From Alexander to Mithradates", in *The Oxford Handbook of Greek and Roman Coinage*, ed. William Metcalf（Oxford: Oxford University Press, 2012）, 175-76.

3. Gustave Glotz, *Ancient Greece at Work*（1920; repr., New York: Norton, 1967）, 325. A. B. 博斯沃思（A. B. Bosworth）喜欢用"庞大的"（colossal）一词：*Conquest and Empire: The Reign of Alexander the Great*（Cambridge: Cambridge University Press, 1988）, 92 and 242; 他补充道（88），国王的财富在历史上可能"空前绝后"。

4. Diodorus 17.14.1（本书已引用）。

5. Curtius 5.6.9. See also Diodorus 17.71.1; Plutarch, *Alexander* 37.4; Strabo 15.3.9; Justin/Trogus 11.14.10.

6. Curtius 5.6.9.

7. 例如，参考前沿性的档案研究 Earl Hamilton, "Imports of American Gold and Silver into Spain, 1503-1660", *Quarterly Journal of Economics* 43 (1929): 468, and "American Treasure and the Rise of Capitalism (1500-1700)", *Economica* 27 (1929): 345. 亚历山大于公元前331年10月至公元前331年1月之间掠夺的战利品存于埃克巴坦纳，参见：Diodorus 17.80.3; Strabo 15.3.9; Justin 12.1.3。

8. 关于这个流行观点，参考 Frank Holt, "Alexander the Great and the Spoils of War", *Ancient Macedonia* 6 (1999): 499-506。

9. Plutarch, *Alexander* 37.4.

10. Sitta von Reden, *Money in Classical Antiquity* (Cambridge: Cambridge University Press, 2010), 82.

11. François de Callataÿ, "The Fabulous Wealth of the Hellenistic Kings: Coinage and Weltmachtpolitik", in *Words and Coins from Ancient Greece to Byzantium*, ed. Vasiliki Penna (Gent: MER, 2012), 92.

12. Sophia Kremydi-Sicilianou, "The Financing of Alexander's Asian Campaign", *NomismatikaChronika* 18 (1999): 66-67.

13. 根据美国人口普查局的世界人口估算统计（约1.62

亿人）。

14. 薪资统计数据参考 William Loomis, Wages, Welfare Costs and Inflation in Classical Athens (Ann Arbor: University of Michigan Press, 1998), 116 and 158-59。

15. Daniel Ogden, *Alexander the Great: Myth, Genesis and Sexuality* (Exeter: University of Exeter Press, 2011), 63-76.

16. 1 Maccabees 1: 1-3

17. John Malalas, Chronographia 8. 1.

18. D. T. Niane, ed., *Sundiata: An Epic of Old Mali* (Harlow: Longman, 1965), 23; see also Adrian Tronson, "The 'Life of Alexander' and West Africa", *History Today* 32 (1982): 38-41.

19. Stan Goron and J. P. Goenka, *The Coins of the Indian Sultanates* (New Delhi: MunshiramManoharlal Publishers, 2001), 40-41.

20. Eugene Schuyler, *Turkistan: Notes of a Journey in Russian Turkistan, Khokand, Bukhara, and Kuldja* (New York: Scribner, Armstrong and Company, 1876), 277-78 and 281-83.

21. 这个故事如今见于 Hubbard, *Tomb of the Ten Thousand Dead* (Hollywood: Galaxy Press, 2008), 1-38。

22. Berry, *The Venetian Betrayal* (New York: Ballantine Books, 2007); 雷电华电影公司的电影《水手辛巴达》由道格拉斯·费尔

班克斯和莫琳·奥哈拉主演；电视剧于1995年播出，由肖恩·帕特里克·弗兰纳里主演。

23. Released by Alawar Entertainment（2010）.

24. See Wes Smith, "Cleopatra's Tomb? A 'Snowball's Chance' in Egypt", *Chicago Tribune*, April 14, 1996, and Joseph Wilson, "The Cave That Never Was: Outsider Archaeology and Failed Collaboration in the USA", *Public Archaeology* 11（2012）: 73-95.

25. 参见2013年10月7日，Aoula News关于巴黎阿拉伯世界研究所讲座的相关内容报道。

26. 参考Strabo 15.3.21中一位亚历山大的同时代人开列的苏萨金库清单。

27. 关于这种将奴隶视为亚历山大战利品组成部分的思路，参考Borja Antela-Bernárdez, "La Campāna de Alejandro: Esclavismo y dependencia en el espacio de conquista", in *Los espacios de la esclavitud y la dependencia desde la antigüedad*, ed. Alejandro Beltrán, Inés Sastre, and Miriam Valdés（Besançon: Presses Universitaires de Franche-Comté, 2015）, 281-96。

28. W. K. Pritchett, *The Greek State at War*, Part 5（Berkeley: University of California Press, 1991）, 168-203.

29. Chares of Mitylene, quoted in Athenaeus 3.93D.

30. See, for examples, Margaret Thompson, *Alexander's Drachm Mints I : Sardes and Miletus* (New York: American Numismatic Society, 1983); Martin J. Price, *The Coinage in the Name of Alexander the Great and Philip Arrhidaeus*, 2 vols. (London: British Museum, 1991); Margaret Thompson, *Alexander's Drachm Mints II : Lampsacus and Abydus* (New York: American Numismatic Society, 1991); and Hyla Troxell, *Studies in the Macedonian Coinage of Alexander the Great* (New York: American Numismatic Society, 1997).

31. Georges Le Rider, *Alexander the Great: Coinage, Finances, and Policy*, trans. W. E. Higgins (Philadelphia: American Philosophical Society, 2007), orig inally published in French (2003).

32. For examples, see N. G. L. Hammond, "The King and the Land in the Macedonian Kingdom", *Classical Quarterly* 38 (1988): 382-91; A. J. Heisserer, *Alexander the Great and the Greeks: The Epigraphic Evidence* (Norman: University of Oklahoma Press, 1980); Miltiades Hatzopoulos, *Macedonian Institutions Under the Kings: A Historical and Epigraphic Study*, 2 vols. (Athens: Research Centre for Greek and Roman Antiquity, 1995).

33. Joseph Naveh and Shaul Shaked, eds., *Aramaic Documents from Ancient Bactria (Fourth century BCE.) from Khalili Collections* (London:

Khalili Family Trust, 2012), updating Shaul Shaked, *Le satrape de Bactriane et son gouverneur: Documents araméens du IV e s. avant notre ère provenant de Bactriane* (Paris: Diffusion De Boccard, 2004).

34. Plutarch, *Alexander* 24.1-2; Curtius 3.13.1-17; Athenaeus 13.607f.

35. Plutarch, *Alexander* 70.3-6 and Moralia 339c-d; Curtius 10.2.9-11; Diodorus 17.109.2. Arrian 7.5.3 and Justin 12.11.3 给出了不太精确的数据。参考本书第5章。

36. 有关亚历山大同时代失传文献，参考 Lionel Pearson, *The Lost Histories of Alexander the Great* (London: American Philological Association, 1960)。

37. 可用资源参考 Elizabeth Baynham, "The Ancient Evidence for Alexander the Great", in *Brill's Companion to Alexander the Great*, ed. Joseph Roisman (Leiden: Brill, 2003), 3-29。

38. 《亚历山大罗曼史》存在小说化的倾向，本身很有趣，但一般来说都被排除在此类研究范围之外。

39. Cicero, *Philippics* 5.5. 普鲁塔克也知道这句格言：参见克里奥门尼斯（27.1和4），还有狄奥多罗斯（29.6.1）。

40. 本书所说的"量化"指的是给出确切数次，而非"很多""有些""部分"之类的模糊泛指。同样不属于模糊泛指的数据还包括"1天""2天"之类的时间跨度,"亚历山大20岁时"之类的年龄以及距离等数据。史料中记载的距离数据为我们提供了一个研究范例,因为亚历山大本人对距离测绘产生了浓厚的兴趣。这一点从他给陆地上的测绘师,还有海上测绘师尼尔丘斯(Nearchus)发布的指示就可以看出。尽管如此,这方面的大量数据仍是令人不太放心的整数,尼尔丘斯的数据也存在类似的问题。《印度记》(37)中阿里安摘录了前者测绘的一系列体育场距离数据,分别为300、800、200、40、300、400、300、300,这显然是四舍五入后的近似值。他们绝非信口雌黄,但也无法像我们希望的那样精确。

41. 伊丽莎白·鲁宾卡姆热心阅读了本章草稿,并给出了评论。她告诉我说,研究证实作为她数据来源的每位希腊历史学家,包括希罗多德、修昔底德(Thucydides)、色诺芬、波利比乌斯(Polybius)和狄奥多罗斯等,记载军事开销数据的频率明显高于财政数据。这种趋势今天仍在延续。巴里·斯特劳斯(Barry Strauss)以亚历山大的军事行动为题写出了长达25页的详细调查,给出了有关部队、伤亡、船只等领域的50多个量化数据,却没有提及一个财政数据,他只是泛泛地说,"亚历山大慷慨地支付了士兵薪饷"。参考 Strauss, "Alexander: The Military Campaign", in *Brill's Companion to Alexander the Great*, ed. Joseph Roisman (Leiden: Brill, 2003), 136。

42. Jones, *Ancient Economic History: An Inaugural Lecture Delivered at University College, London* (London: H. K. Lewis, 1948).

43. See, for example, William Richardson, *Numbering and Measuring in the Classical World*, 2nd ed. (Bristol: Bristol Phoenix Press, 2004).

44. 参考 *Loomis, Wages, Welfare Costs and Inflation in Classical Athens*。凯瑟琳·鲁宾卡姆（Catherine Rubicam）始终致力于创建包括狄奥多罗斯在内的希腊历史学家的数字数据库。她的研究专著备受期待，另外，在她的文章中也可以看到很多耐人寻味的研究成果，包括"Numbers in Greek Poetry and Historiography: Quantifying Fehling", *Classical Quarterly* 53 (2003): 448-63, and "The 'Rationality' of Herodotus and Thucydides as Evidenced by Their Respective Use of Numbers", in *Thucydides and Herodotus: Connections, Divergences, and Later Reception*, ed. Edith Foster and Donald Lateiner (Oxford: Oxford University Press, 2012), 97-122。另一项类似工作于2007年启动，旨在组建一个综合性的"战争共识数据库"（Kriegskostendatenbank），用于研究古代战争是如何融资的，可在线访问：http://www2.uni-erfurt.de/kriegskosten/kriegskosten_db/，在以下文献中亦有讨论：Friedrich Burrer and Holger Müller, eds., *Kriegskosten und Kriegsfinanzierung in der Antike* (Darmstadt: WGB, 2008)。特别参见：Daniel

Franz, "Kriegsfinanzierung Alexanders des Grossen", in *1001 & 1 Talente: Visualisierung antiker Kriegskosten*, ed. Holger Müller (Gutenberg: Computus Druck Satz, 2009), 115-50。

45. Homer, *Iliad* 23.751; Aristophanes, *Clouds* 1156; Polybius 5.26.13; Herodotus 6.63.2.

46. Archaeological Museum of Naples, inventory 81947.

47. 有关这些及其他度量衡，参考本书附录1。

48. 该数据被错误地记载为1235德拉克马和5奥波尔，参看：Claude Pouzadoux, "Un Béotien à Tarente?" in *Artisanats antiques d'Italie et de Gaule*, ed. Jean-Paul Brun (Naples: Centre Jean Bérard, 2009), 259。

49. Rubincam, "Numbers in Greek Poetry and Historiography", 462.

50. 此类现象背景参考Richard Duncan-Jones, *Money and Government in the Roman Empire* (Cambridge: Cambridge University Press, 1994), 16-19, and Walter Scheidel, "Finances, Figures and Fiction", *Classical Quarterly* 46 (1996): 222-38。

51. 作者希望感谢威廉·凯文·哈特利（William Kevin Hartley）先生，休斯敦大学夏季本科生研究奖学金获得者，他在研究分析这些现存文本的量化过程方面提供了宝贵的帮助。

52. Diodorus 16.85.5.

53. Diodorus 17.9.3.

54. Diodorus 17.17.3-4. 总数为3.2万人译法出现后，很快便有其他文本出现，对这方面的偏差做出修正。

55. 阿里安（1.11.3）也给出了3万的数字。

56. See Paul Millett, "The Political Economy of Macedonia", in *A Companion to Ancient Macedonia*, ed. Joseph Roisman and Ian Worthington（Malden, MA：Wiley-Blackwell, 2010）, 498, note 99, 阿里安（2.27.7和3.15.6）中没有实际列举3万名加沙人和3万名高加米拉因徒。

57. 详情参考附录2和附录3。

58. 昆图斯给出的4个奇数中，包括1个金碗（4.8.16）、3个月的工资（5.1.45），以及为国王当年每晚换一个的总计365位嫔妃（6.6.8）。

59. Curtius 10.2.10-11.

60. Diodorus 17.109.2.

61. Arrian 7.5.3 and Justin 12.11.3.

62. 学者必须对说法不一致的数据保持警惕，因为这意味着指代相同对象的数据在有些人眼里可能是偏低的，在另一些人眼里则可能是偏高的。参考Jacek Rzepka, "How Many Companions Did Phil-

ip Ⅱ Have?" Electrum 19 (2012): 131-35。

63. Plutarch, *Alexander* 37.4: μυρίοις ὀρικοῖς ζεύγεσι. Ian Scott-Kilvert, trans., *The Age of Alexander: Nine Greek Lives by Plutarch* (New York: Penguin, 1973), 294. 狄奥多罗斯（17.71.2）记载了3000头骆驼和"大量"的骡子。

64. Examples: Nicholas Cahill, "The Treasury of Persepolis: Gift-Giving at the City of the Persians", *American Journal of Archaeology* 89 (1985): 374; François de Callataÿ, "Le Transport des monnaies dans le monde grec", *Revue Belge de Numismatique et de Sigillographie* 152 (2006): 9, 虽然他在自己的早期文献中使用了准确的数据："Les Trésors achéménides et les monnayages d'Alexandre: Espèces immobilisées et espèces circulan-tes?" *Revue des études Anciennes* 91 (1989): 263 ("10 000 mulets attelés")。

65. Ian Worthington, *Alexander the Great: Man and God* (London: Pearson, 2004), 109.

66. 同样的情况，伊斯法罕"四十柱宫"（Palace of Forty Columns/*chehel sotun*）波斯语称谓中的"四十"也不是准确数字，而是"很多"的意思。

67. 这些是大流士三世的妻子，赫克托尔（Hector）、尼卡诺尔

(Nicanor)、埃里吉乌斯（Erigyius）、德玛拉图斯（Demaratus）、科努斯（Coenus）、卡拉努斯（Calanus）和赫费斯提翁，参考附录3。阿加索克利斯的儿子菲利普（Philip the son of Agathocles）在一次行军和交战过后精疲力竭地晕倒并死在了亚历山大的怀里，原因可能是心脏病发作，但此次事件肯定与作战有关。

68. 参考 J. R. Ruffin, "The Efficacy of Medicine during the Campaigns of Alexander the Great", *Military Medicine* 157 (1992): 467-75。

69. 赫费斯提翁的葬礼开销最高为1万泰兰特，也就是6000万德拉克马，参考本书附录1。

70. Plutarch, *Alexander* 39 言简意赅地提到了亚历山大与日俱增的慷慨。

71. 此外，还有很多考古证据表明，由于亚历山大的当政，马其顿王陵变得更加奢华：Demetrius Lazarides, Katerina Romiopoulou, and Iannis Touratsaglou, *Ὁ Τύμβος τῆς Νικήσιανης* (Athens: Athenian Archaeological Service, 1992); Tsimbidou-Avloniti, *Μακεδονικοί τάφοι στον Φοίνικα και στον Ἅγιο Ἀθανάσιο Θεσσαλονίκης* (Athens: TAPA, 2005)。

72. Pearson, *Lost Histories of Alexander the Great*, 50-77.

73. 就像其他案例中发生的那样：昆图斯（9.5.21）中记载了托勒密与克莱塔卡斯、帖摩根尼斯两人之间的矛盾；普鲁塔克《亚历山大传》(46)中记载了利西马科斯驳斥欧奈西克瑞塔斯；卢西恩《如何书写历史》(12)记载了亚历山大斥责阿里斯托布鲁斯。

74. 古罗马历史学家李维（Livy）用这个办法检验他获得的信息，the annalist Valerius Antias: Livy 45.40.1。

75. 为了更好地了解我们的军队数量信息来源的可靠性，特别是阿里安记载数据的可靠性，参考 N. G. L. Hammond, "Casualties and Reinforcements of Citizen Soldiers in Greece and Macedonia", *Journal of Hellenic Studies* 109 (1989): 56-68。

76. Eugene Borza, "Alexander at Persepolis", in *The Landmark Arrian*, ed. James Romm (New York: Pantheon Books, 2010), 368; Sitta von Reden, "Money in the Ancient Economy: A Survey of Recent Research", Klio 84 (2002): 141-74.

77. Price, *Coinage in the Name of Alexander the Great and Philip Arrhidaeus*, vol. I, 25-26, compared to appendix 2.

78. Meadows, "The Spread of Coins in the Hellenistic World", in *Explaining Monetary and Financial Innovation: A Historical Analysis*, ed. Peter Bernholz and Roland Vaubel (New York: Springer International Publishing, 2014), 172.

79. 两位学者都没注意到奇里乞亚的罚款减免，还都弄错了从推罗和吉萨获得的奴隶人数，不过安德鲁·米道斯倒是弄清了大马士革入城仪式的开销情况。

80. Franz,"Kriegsfinanzierung Alexanders des Grossen",136-40. 尽管如此,这项工作依然值得称赞。

81. Plato, *Republic* 2.373d and 5.470c, *Phaedo* 66c; Aristotle, *Politics* 1256b. See further Louis Rawlings, "War and Warfare in Ancient Greece", in *The Oxford Handbook of Warfare in the Classical World*, ed. Brian Campbell and Lawrence Tritle (Oxford: Oxford University Press, 2013), 58, note 7.

82. Rawlings, "War and Warfare in Ancient Greece", 4-5.

83. Finley, *Ancient History: Evidence and Models* (New York: Viking Penguin, 1985), 76.

84. Finley, *Ancient History*, 120, note 19.

85. 狄奥多罗斯是最关心亚历山大战利品情况的历史学家,他使用名词 λάφυρα 52 次、σκῆλα 10 次、ω'φέλεια 53 次、λεία 55 次指代被掳掠的财富。关于这些名词的更详细历史,参考 Pritchett, *The Greek State at War*, Part 5, 68-152。

86. Homer, *Iliad* 10.460 and Pausanias 5.14.5.

87. For example, Cicero, *De Officiis* 1.38 and 2.85.

88. W. W. Tarn, "Alexander the Great and the Unity of Mankind", *Proceedings of the British Academy* 19 (1933): 123-66.

89. Richard Gabriel, "Alexander the Monster", *Quarterly Journal of Military History* 25 (2013): 38-45.

90. 相关文献参考 Laurent Pernot, *Alexandre le Grand: Les risques du pouvoir, Textes philosophiques et rhétoriques* (Paris: Les Belles Lettres, 2013)。

第 2 章

1. 这种惊人的命运逆转最早出现在 Polybius 29.21.3-7。

2. 围绕腓力二世的暗杀阴谋记载出现在 Diodorus 16.92.3-94.4, Justin 9.6.3-7.10, and Aristotle, *Politics* 1311b1。

3. 帕萨尼亚斯和国王有私仇，不过其他人也值得怀疑：Plutarch, *Alexander* 10.6-7 and Arrian 2.14.5。

4. Arrian 7.8-10; Curtius 10.2.15-29. 其他史料来源提到了这次演讲，但几乎没有透露演讲内容的细节，相关背景信息参见：A. B. Bosworth, *From Arrian to Alexander: Studies in Historical Interpretation* (Oxford: Clarendon Press, 1988), 94-113, and Marek Jan Olbrycht, "Curtius Rufus, the Macedonian Mutiny at Opis and Alexander's Iranian Policy in 324 B.C.", in *The Children of Herodotus*, ed. Jakub Pigon (Newcastle upon Tyne: Cambridge Scholars Publishing, 2008), 231-52。

5. 其他观点参考 Hugo Montgomery，"The Economic Revolution of Philip Ⅱ—Myth or Reality?" *Symbolae Osloenses* 60（1985）：37-47，and a response by N. G. L. Hammond，"Philip's Innovations in Macedonian Economy"，*Symbolae Osloenses* 70（1995）：22-29。

6. Curtius 10. 2. 24.

7. Arrian 7. 9. 6.

8. Diodorus 16. 91. 4 and 5；16. 92. 5.

9. As cited by Athenaeus 4. 166f-167c；see also 6. 260d-e. 罗宾·莱恩·福克斯（Robin Lane Fox）与塞奥彭普斯关于菲利普的记载恰好针锋相对："Philip's and Alexander's Macedon"，in *Brill's Companion to Ancient Macedonia*，ed. Robin Lane Fox（Leiden：Brill，2011），367。

10. Justin 9. 8. 15.

11. Athenaeus 4. 155d and 6. 231b. 文献每次都提到了大流士。那只杯子据说重 50 德拉克马。

12. Diodorus 16. 8. 6. 某些人积极的一面放在另一些人身上就成了消极的一面，一些学者认为，腓力二世对矿产资源的孜孜以求相当于后世希特勒对油井的痴迷。Adela Adam，"Philip Alias Hitler，" *Greece and Rome* 10（1941）：106.

13. Plutarch，*Aemilius Paulus* 28. 3.

14. Justin 9. 8. 20.

15. Peter Bernstein, *The Power of Gold: The History of an Obsession* (New York: Wiley, 2000), 40-41. 关于亚历山大作为一位现代化的商业大师，见本书第 7 章。

16. 国库和国王个人财富间的区别其实很难得到准确界定：Georges Le Rider, *Alexander the Great: Coinage, Finances, and Policy*, trans. W. E. Higgins (Philadelphia: American Philosophical Society, 2007), 23-24。

17. N. G. L. Hammond and G. T. Griffith, *A History of Macedonia, Volume II: 550-336 B. C.* (Oxford: Clarendon Press, 1979), 442.

18. de Callataÿ, "The Fabulous Wealth of the Hellenistic Kings: Coinage and Weltmachtpolitik", in *Words and Coins from Ancient Greece to Byzantium*, ed. Vasiliki Penna (Gent: MER, 2012), 91; Badian, "Alexander in Iran", in *The Cambridge History of Iran*, vol. 7, ed. Ilya Gershevitch (Cambridge: Cambridge University Press, 1985), 423. Among others, one may add Frank Adcock, *The Greek and Macedonian Art of War* (Berkeley: University of California Press, 1957), 67, citing in turn W. W. Tarn, "Alexander: The Conquest of Persia", in T*he Cambridge Ancient History VI*, ed. J. B. Bury et al. (Cambridge: Cambridge University Press, 1927), 360 (quoted in the epigraph of this chapter).

19. Alfred Bellinger, *Essays on the Coinage of Alexander the Great* (New York：American Numismatic Society, 1963), 37.

20. Bosworth, *From Arrian to Alexander*, 102-3. W. W. Tarn, *Alexander the Great*, vol. 2 (Cambridge：Cambridge University Press, 1948), 296，以上文献认同了这个共有的细节，但坚持认为这些演讲在其他方面都属独立创作。D. B. Nagle, "The Cultural Context of Alexander's Speech at Opis", *Transactions of the American Philological Association* 126 (1996): 151-72，与前者相反，后者在将这些演讲作为总体进行的过程中发现了许多共同点。

21. 例如 George Cawkwell, *Philip of Macedon* (Boston：Faber and Faber, 1978), 17-18 认为这是真的，即便如此，也不排除国王为了达到效果而编造或夸大这些数字的可能性，参看 Lionel Pearson, *The Lost Histories of Alexander the Great* (London：American Philological Association, 1960), 156："他的财力自然不为大众所知……没有人被迫相信他。"

22. 关于腓力二世的坟墓，参考本书后文。

23. 关于购买布塞法洛斯，参考 Plutarch, *Alexander* 6, and Gellius, *Attic Nights* 5.2.1-5, citing Chares。关于那个时代雅典的财富水平，据史料记载，德摩斯梯尼得到了一笔稍稍少于 15 泰兰特的遗产，这让他变得富有：Plutarch, *Demosthenes* 4.3。

24. J. R. Hamilton, *Plutarch, Alexander: A Commentary* (Oxford: Clarendon Press, 1969), 15.

25. 即便布塞法洛斯的身价略有夸张,那也不会相差太多。例如,亚历山大后来还听说过一个故事,在红海的某个岛上,居民非常富裕,他们愿意为一匹马支付 1 泰兰特的黄金:Pliny, *Natural History* 6.198。这个真实或想象中的财富水准低于布塞法洛斯传说中的身价。

26. 在他的演讲《论王权》(*On Kingship*)中,尤其是第 2 节和第 4 节,迪奥·克里斯托姆(Dio Chrysostom)不仅成功对诸位国王进行了类比,还将亚历山大与意志坚定的非物质主义哲学家第欧根尼(Diogenes)相提并论。

27. 关于历史上希腊人对奢侈品的复杂心态,参考 Rainer Bernhardt, *Luxuskritik und Aufwandsbeschränkungen in der griechischen Welt* (Stuttgart: Franz Steiner, 2003)。

28. As quoted in Athenaeus 12.514e-f.

29. Plutarch, *Alexander* 5.5-6 and *Moralia* 179d.

30. Plutarch, *Moralia* 342c.

31. Plutarch, *Alexander* 15.3-4 and *Moralia* 342d-e. 据说,菲利普的 800 名同伴已经和希腊最有钱的 1 万人一样富有:Athenaeus 6.261a。

32. Curtius 3.2.10-18; cf. Diodorus 17.30.2-6. 对此的讨论，参见 Elizabeth Baynham, *Alexander the Great: The Unique History of Quintus Curtius* (Ann Arbor: University of Michigan Press, 2004), 136-40。

33. 参考第 1 章

34. Herodotus 7.101-105，在涉及流亡的斯巴达国王德玛拉图斯 (Demaratus) 的那个故事中，进谏者有个更好的结局。

35. Aristotle, *Economics* 2.1351b.

36. Curtius 3.3.9-25.

37. Curtius 3.3.14.

38. Curtius 3.3.26. The theme is reprised in Livy 9.17.16-17.

39. From the translation of David Townsend, *The "Alexandreis" of Walter of Chatillon: A Twelfth-Century Epic* (Philadelphia: University of Pennsylvania Press, 1996), 37 (bk. 2, lines 533-536). 1876 年，默默无闻的诗人约瑟夫·米德隔空对话，写下了类似的诗行：*Alexander the Great, A Poem* (London: Elliot Stock, 1876), 146。

"波斯人的黄褐色礼服上金箔闪闪发光，

他们拥有的黄金和宝石，

却把战利品献给了勇敢的索取者。

拿出你的刚毅，

把它们从胆小的女人身上夺走，

而不是男人。"

40. Plutarch, *Alexander* 20.13.

41. See Hamilton, *Plutarch, Alexander: A Commentary*, 53.

42. Plutarch, *Alexander* 20.13.

43. Herodotus 9.82.

44. Plutarch, *Alexander* 20.12; cf. Justin 11.6.1. 关于这段老生常谈的漫长历史，参考 Herodotus 1.88。

45. Plutarch, *Alexander* 8.2 and 26.1-2：这似乎是一个传奇，因为需要一个魔盒和一个巨大的枕头来收藏必不可少的一捆纸莎草卷轴。

46. 关于货币和货币化的有趣历史，参考 Felix Martin, *Money: The Unauthorized Biography* (New York: Knopf, 2014)。其中的一些论点显然被夸大了，但很有用。

47. *Iliad* 6.119-236.

48. Plutarch, *Moralia* 327d.

49. Plutarch, *Alexander* 15.2.

50. Plutarch, *Moralia* 327e.

51. Plutarch, *Moralia* 342d.

52. 关于昆图斯和托勒密家族的历史，参考 Curtius 9.5.21。

53. Hamilton, *Plutarch, Alexander: A Commentary*, 36-37. On the other hand, F. R. Wüst, "Die Rede Alexanders des Grossen in Opis", *Historia* 2 (1953/54): 177-88. 要想摸索阿里安著作中这些说法的来源,那就可以一直追溯到阿里斯托布鲁斯和克莱塔卡斯的谈话。

54. 普鲁塔克给出的亚历山大负债数据累计起来比阿里安和昆图斯少了很多,应该是3.8倍不到,或者在800泰兰特已知负债的基础上再加9.5泰兰特。这种情况并不是因为这普鲁塔克故意不选择更精确的数据,可能只是因为他没有掌握托勒密提到的欧皮斯演讲详情: N. G. L. Hammond, Sources for *Alexander the Great: An Analysis of Plutarch's Life and Arrian's Anabasis Alexandrou* (Cambridge: Cambridge University Press, 1993), 30。普鲁塔克更多依赖出自阿里斯托布鲁斯和奥内西克里图斯的史料信息,而非托勒密,这是有充分证据的: Hamilton, *Plutarch, Alexander: A Commentary*, xlix-lvii。

55. Bellinger, *Essays on the Coinage of Alexander the Great*, 36-37, note 15. 他认为普鲁塔克给出的数字"不可能与实际情况相互匹配",因为根据其他史料记载,国库中的70泰兰特(实际不到60)不可能保证军队30天的需要。

56. Le Rider, *Alexander the Great*, 24-26, 文献费力地使数据保持一致,下同。François Rebuffat, "Alexandre le Grand et les problèmes financiers au début de son régne", *Revue Numismatique* 25 (1983):

43-52.

57. 此类王室架构的完美呈现参考 Robin Lane Fox, ed., *Brill's Companion to Ancient Macedon* (Leiden: Brill, 2011): by Angeliki Kottaridi, "The Palace of Aegae", 298-333; and by Ioannis Akamatis, "Pella", 393-408。

58. Eugene Borza, *In the Shadow of Olympus: The Emergence of Macedon* (Princeton, NJ: Princeton University Press, 1990), 253-76.

59. Demosthenes, *Third Philippic* 31. 文献将腓力二世贬低为"来自马其顿的生番，那个地方甚至买不到一个像样的奴隶"。

60. See, for example, Beryl Barr-Sharrar, "Macedonian Metal Vases in Perspective: Some Observations on Context and Tradition", in *Macedonia and Greece in Late Classical and Early Hellenistic Times*, ed. Beryl Barr-Sharrar and Eugene Borza (Washington, DC: National Gallery of Art, 1982), 123-39; Beryl Barr-Sharrar, *The Derveni Krater: Masterpiece of Classical Greek Metalwork* (Princeton, NJ: American School of Classical Studies at Athens, 2008); and Susan Rotroff, *The Missing Krater and the Hellenistic Symposium: Drinking in the Age of Alexander the Great* (Broadhead Classical Lecture, University of Canterbury, Christchurch, August 7, 1996).

61. 没有什么地方的展品比纽约奥纳西斯文化中心（Onassis

Cultural Center）更丰富：Dimitrios Pandermalis, *Alexander the Great: Treasures from an Epic Era of Hellenism* (New York: Alexander S. Onassis Public Benefit Foundation, 2004)。

62. 荷马对迈锡尼（Mycenae）的描述——盛产黄金，同样是基于精英阶层的生活，而非社会整体。

63. Stella Drougou, "Vergina—The Ancient City of Aegae", in *Brill's Companion to Ancient Macedon: Studies in the Archaeology and History of Macedon, 650 B.C.-300 A.D.*, ed. Robin Lane Fox (Leiden: Brill, 2011), 253.

64. 这些陵墓的精美图片参考 Manolis Andronikos, *Vergina: The Royal Tombs* (Athens: EkdotikeAthenon, 1994), and Stella Drougou and Chryssoula Saatsoglou-Paliadeli, *Vergina: The Land and Its History* (Athens: Ephesus Publishing, 2005)。

65. Nicholas Gage, "Tomb of Philip of Macedon Found in Greece", *New York Times*, November 25, 1977.

66. Manolis Andronikos, "Regal Treasures from a Macedonian Tomb", *National Geographic*, July 1978, 54-77.

67. Jane McIntosh, *Treasure Seekers: The World's Great Fortunes Lost and Found* (London: Carlton Books, 2000), 97-101；也可参考本书附录4。

68. Eugene Borza and Olga Palagia, "The Chronology of the Macedonian Royal Tombs at Vergina", *Jahrbuch des Deutschen Archäologischen Instituts* 122 (2007): 81-125, in turn critiqued by Robin Lane Fox, "Introduction: Dating the Royal Tombs at Vergina", in *Brill's Companion to Ancient Macedonia*, ed. Robin Lane Fox (Leiden: Brill, 2011), 1-34.

69. See Angeliki Kottaridi and Susan Walker, eds., *Heracles to Alexander the Great: Treasures from the Royal Capital of Macedon, a Hellenic Kingdom in the Age of Democracy* (Oxford: Ashmolean Museum, 2011).

70. 对陵墓1和陵墓2中人类遗骸的最新研究得出了相反的结论：Theodore Antikas et al., "New Finds on the Skeletons in Tomb II at the Great Tumulus of Aegae: Morphological and Pathological Changes" (paper presented at Archaeological Works in Macedonia and Thrace conference, Thessaloniki, March 13, 2014); Antonis Bartsiokas et al., "The Lameness of King Philip and Royal Tomb I at Vergina, Macedonia", *Proceedings of the National Academy of Sciences* (2015): 1-5 (early electronic edition with appendix)。

71. 享殿到底是哪座陵墓的配套设施，意见各不相同（e.g., Robin Lane Fox, "Introduction: Dating the Royal Tombs at Vergina", 7），事实上，享殿的地基几乎接触到了陵墓1的墓顶，而且明显与之对齐，让两座建筑物紧密相连。照片和平面图参考 Manolis An-

dronikos, *The Royal Graves at Vergina* (Athens: Archaeological Receipts Fund, 1980), 6-7。

72. Worthington, *Philip II of Macedonia*, 240.

73. Ibid., 235, for Worthington's description of the grave goods.

74. Andronikos, *Vergina: The Royal Tombs*, 168; a much heavier weight (10.8 kilograms) is given in Andronikos, *The Royal Graves at Vergina*, 41.

75. Andronikos, *Vergina: The Royal Tombs*, 171.

76. David Gill, "Inscribed Silver Plate from Tomb II at Vergina", *Hesperia* 77 (2008): 336; and, more generally, Catharine Lorber, "Weight Standards of Thracian Toreutics and Thraco-Macedonian Coinages", *Revue Belge de Numismatique et Sigillographie* 154 (2008): 1-29.

77. 参考附录2

78. Polyaenus 5.44.4. See also Edmund Bloedow, "Why Did Philip and Alexander Launch a War against the Persian Empire?" *L'Antiquité Classique* 72 (2003): 261-74.

79. Diodorus 17.16.1-4; Arrian 1.11.1-2. 关于亚历山大的开销，参考本书附录3。

80. Plutarch, *Alexander* 14.8-9; Arrian 1.11.2.

81. Plutarch, *Alexander* 15 and *Moralia* 342d; Justin 11.5.5.

82. Justin omits this story, and in Moralia 342e, 普鲁塔克记载只有佩尔狄卡斯拒绝了礼物, 消息来源可能是克莱塔卡斯 (Cleitarchus)。

83. 佩尔狄卡斯的竞争对手托勒密后来利用这个比喻说, 让朋友富起来, 总比自己富起来好: Aelian, *Varia Historia* 13.13。

84. Justin 11.5.5-9; cf. Thucydides 4.59. 一般认为, 如果能够从中渔利, 人们就不会害怕战争。

85. Hatzopoulos, *Macedonian Institutions under the Kings: A Historical and Epigraphic Study*, vol. 1 (Athens: Research Centre for Greek and Roman Antiquity, 1996), 436.

86. 尽管本土用兵频繁, 亚历山大送钱支援安提帕特的情况也只有两次 (Curtius 3.1.20; Diodorus 18.12.2)。

87. Plutarch, *Eumenes* 2.

88. Demosthenes, *First Olynthiac* 22-23, 记载了腓力二世流动资金危机。Polyaenus 4.2.6 保存了腓力二世手下的士兵所要薪饷的声明。

89. For example, Ian Worthington, *Philip II of Macedonia* (New Haven, CT: Yale University Press, 2008), 168-69, following closely Hammond and Griffith, *A History of Macedonia, Volume II: 550-336 b.c.*, 670-71.

90. Bose, *Alexander the Great's Art of Strategy: The Timeless Leadership Lessons of History's Greatest Empire Builder* (New York: Gotham Books, 2003), 16.

91. Diodorus 16.53.3, cf. Strabo 10.1.8.

92. 故事见于 Justin 9.1。

93. 同时参考本书第 7 章。

94. N. G. L. Hammond, "Casualties and Reinforcements of Citizen Soldiers in Greece and Macedonia", *Journal of Hellenic Studies* 109 (1989): 65.

95. 这种做法几乎是约定俗成的常态，参考 François de Callataÿ, "Armies Poorly Paid in Coins (The Anabasis of the Ten-Thousands) and Coins for Soldiers Poorly Transformed by the Markets (The Hellenistic Thasian-Type Tetradrachms) in Ancient Greece", *Revue Belge de Numismatique et de Sigillographie* 155 (2009): 59。

96. Justin 9.1-2 提供了一个案例，或许引自塞奥彭普斯，而以下文献提供了另一案例：Plutarch, *Pyrrhus* 26.2。

97. Michel Austin, "Hellenistic Kings, War and the Economy", *Classical Quarterly* 36 (1986): 454.

98. 腓力二世、亚历山大和其他马其顿人将波斯视为"适当且有利可图的入侵目标"，参考 Michel Austin, "Alexander and the Mac-

edonian Invasion of Asia: Aspects of the Historiography of War and Empire in Antiquity", in *War and Society in the Greek World*, ed. John Rich and Graham Shipley (New York: Routledge, 1993), 197-223。

第3章

1. 关于这种及其他古代武器, 参考 Angelos Chaniotis, *War in the Hellenistic World* (Oxford: Blackwell, 2005), 122。

2. 关于此类现象的悠久历史, 参考 Davide Nadali and Jordi Vidal, eds., *The Other Face of the Battle: The Impact of War on Civilians in the Ancient Near East* (Münster: Ugarit-Verlag, 2014)。

3. Polyaenus 5.44.4.

4. Plutarch, Alexander 9.1. 当时菲利普正在拜占庭附近地区率军远征。

5. 这可能就是 Justin 9.1 提到的"掠夺惩戒", 只不过不同史料对此时亚历山大的年龄记载也有所不同。

6. Polyaenus 4.3.23 记载, 公元前335年春、夏季节, 早年间的亚历山大率军横扫色萨利, 除了在坦佩 (Tempe) 遭到一支部队阻击外, 整个行军过程风平浪静。亚历山大和他的父亲一样, 主张对色萨利人征收税金及其他费用: Justin 11.3.2。

7. Arrian 1.2.1 and 1.4.5.

8. Justin 9. 3. 1.

9. A. B. Bosworth, *A Historical Commentary on Arrian's History of Macedonia*, vol. Ⅰ (Oxford: Clarendon, 1980), 56. 文献识别了这些城市。

10. François Rebuffat, "Alexandre le Grand et les problémes financiers au début de son régne", *Revue numismatique* 25 (1983): 46-47. 文献将此类战利品与亚历山大的早期铸币活动联系起来。

11. Zofia Archibald, *The Odrysian Kingdom of Thrace: Orpheus Unmasked* (Oxford: Clarendon Press, 1998). 那个地区依然非常富有, 身为亚历山大继承者的利西马科斯在当地拥有一所王室金库: Peter Delev, "Lysimachus, the Getae, and Archaeology", *Classical Quarterly* 50 (2000): 384-401。

12. Ivan Marazov, *The Rogozen Treasure* (Sofia: Svyat Publishers, 1989), 10-12.

13. Arrian 1. 1. 13, and more among the Triballi: 1. 2. 7. 这些案例并未收录于: "Catalogue of Enslavement after Battles and Sieges" in *The Greek State at War*, Part 5, ed. W. K. Pritchett (Berkeley: University of California Press, 1991), 226-34。由于普里切特 (Pritchett) 无视阿里安提供的信息, 过分依赖狄奥多罗斯的文献, 他只统计出6次奴役时间, 本书附录2则记录了23次。

14. Arrian 1.6.10.

15. 最新研究成果参考 Borja Antela-Bernárdez, "La Campāna de Alejandro: Esclavismo y dependencia en el espacio de conquista", in *Los espacios de la esclavitud y la dependencia desde la antigüedad*, ed. Alejandro Beltrán, Inés Sastre, and Miriam Valdés (Besançon: Presses Universitaires de Franche-Comté, 2015), 281-96。

16. 战俘情况的研究成果之一，参考 the extensive discussion in Pritchett, *The Greek State at War*, Part 5, 203-312。

17. 关于波斯人折磨希腊人，参考 Arrian 2.7.1 and Curtius 5.5.5-7。亚历山大实施过钉十字架/绞刑和折磨：Arrian 6.29.11 and 7.24.3；Diodorus 17.46.4。

18. Diodorus 17.28.3-5 (Lycia in 334 bc); Curtius 4.4.12 (Tyre in 332 bc); Curtius 5.6.7 (Persepolis in 330 bc).

19. Arrian 1.7-10；Diodorus 17.8-13；Plutarch, *Alexander* 11-12；Justin 11.3.6-4.8；Polybius 38.2.13-14 and 5.10.6-8. Aelian, *Varia Historia* 13.7. 以上文献提到了亚历山大对父亲腓力二世门下食客的善待。

20. Polybius 9.34.1-3，可以看到一段名义上出自吕希库斯（Lyciscus）之口，对底比斯和波斯波利斯命运进行类比的话。

21. Pliny, *Natural History* 35.98 and 34.14，这些财宝后来又被

罗马人抢走了。

22. Polyaenus 8.40; Plutarch, *Alexander* 12 and most fully in *Moralia* 259d-260d。这个故事来自阿里斯托布鲁斯。

23. 水井无疑是藏匿财宝的最便捷场所,不过也可以考虑其他"创意"。显而易见,一名底比斯逃亡者成功地将自己的黄金藏在一座青铜雕像里,这座雕像后来因此名声大噪：Pliny, *Natural History* 34.59。

24. Diodorus 17.14.1 and 4; Aelian, *Varia Historia* 13.7。"3万"肯定是个传统的虚数,意思是"很多",实际的数字却可能相对较少。按照狄奥多罗斯的说法,3万名奴隶的拍卖价格为440泰兰特,这件事情说明,每名战俘的平均价格很低,只有88德拉克马,Justin 11.4.8却给出了更高的拍卖均价。有鉴于此,只能认为实际人数少于3万人。

25. Diodorus 17.14.1。根据Athenaeus 148e,克莱塔卡斯已经失传的亚历山大传记压低了从底比斯获得的财富规模,声称只有440泰兰特。考虑到古城庞大的规模,这似乎不太可能。

26. 公元前338年的喀罗尼亚之战后,腓力二世准许底比斯战俘赎身：Justin 9.4.6。

27. Diodorus 17.17.5列举了安提帕特手下军队的规模,主流史料对亚历山大远征军规模和结构的记载存在分歧,参考A. B. Bos-

worth, *Conquest and Empire: The Reign of Alexander the Great* (Cambridge: Cambridge University Press, 1988), 259-66。

28. Arrian 1.11.5-12.1; Diodorus 17.17.1-18.1; Plutarch, *Alexander* 15.7-9; Justin 11.5.10-12. Strabo 13.1.27 记载亚历山大给予伊留姆某种性质不明的恩惠。

29. Justin 11.6.1.

30. Arrian 1.12.8-10; Diodorus 17.18.2-3.

31. Polyaenus 4.3.15.

32. Aristotle, *Economics* 2.1351b.

33. Diodorus 17.7.8-9.

34. Arrian 1.13-16; Diodorus 17.19-21; Plutarch, *Alexander* 16; Justin 11.6.

35. 据说亚历山大很高兴地接受了战利品: Plutarch, *Moralia* 179f。Arrian 1.16.3 罗列了战利品的种类,其中包括大流士三世的某些亲属。

36. Plutarch, *Alexander* 16.19.

37. Arrian 1.16.6-7; Plutarch, *Alexander* 16.17-18.

38. Arrian 1.16.2; Plutarch, *Alexander* 16.13-14.

39. Arrian 1.16.4-5; Plutarch, *Alexander* 16.15-16; Justin 11.6.12-13. 这些学者给出了有关阵亡英雄的不同说法。

40. 这些塑像当年矗立在马其顿的狄翁，公元前146年被罗马人抢走：Pliny, *Natural History* 34.64, and Velleius Paterculus, *Roman History* 1.11.3-4。

41. Stewart, *Faces of Power: Alexander's Image and Hellenistic Politics* (Berkeley: University of California Press, 1993), 123-30.

42. Georges Le Rider, *Alexander the Great: Coinage, Finances, and Policy*, trans. W. E. Higgins (Philadelphia: American Philosophical Society, 2007), 45-47.

43. Arrian 1.16.3，按照拒绝门农提出的撤退时采取焦土战术的阿西提斯的解释，导致这场战役失败的罪魁祸首是格拉尼库斯河。

44. Arrian 1.17.1. See also Waldemar Heckel, *Who's Who in the Age of Alexander the Great* (Malden, MA: Blackwell, 2006), 74-75.

45. Arrian 1.17.7 and 3.16.4.

46. Curtius 7.1.15; Arrian 3.5.3 and Indika 18.9. See Helmut Berve, *Das Alexanderreich auf prosopographischer Grundlage*, vol.1 (1926; repr. Salem: Ayer, 1988), 304.

47. Arrian 1.17.1. 亚历山大倾向沿用波斯国王的规矩征收各类款项，参考本书附录2。

48. Maxim Kholod, "On the Financial Relations of Alexander the Great and the Greek Cities in Asia Minor: The Case of *Syntaxis*", in *Ru-*

thenia Classica Aetatis Novae, ed. Andreas Mehl, Alexander Makhlayuk, and Oleg Gabelko (Stuttgart: Franz Steiner, 2013), 83–92. 关于碑文证据, 参见 A. J. Heisserer, *Alexander the Great and the Greeks: The Epigraphic Evidence* (Norman: University of Oklahoma Press, 1980)。

49. 此次入侵阶段的资金准备情况, 参考 François de Callataÿ, "Les statères de Pergame et les réquisitions d'Alexandre le Grand," Revue Numismatique 169 (2012): 179–96。

50. Arrian 1.18.2.

51. Arrian 1.17.2; Pausanias 6.18.3–4.

52. Arrian 1.19.6; Diodorus 17.22.5.

53. Heisserer, *Alexander the Great and the Greeks*, 146.

54. Arrian 1.26.3 and 27.4.

55. Arrian 2.5.5; Curtius 3.7.2.

56. Arrian 2.5.9.

57. 国王继续对希腊各城邦追加大额罚款, 比如以参加阿吉斯 (Agis) 的叛乱行动为名, 要求亚加亚人和伊利斯人支付 120 泰兰特: Curtius 6.1.20。

58. Arrian 2.1.4–5. 亚历山大后来在公元前 331 年弥补了密提利尼人的经济损失: Curtius 4.8.13。

59. Curtius 3.4.3.

60. Curtius 3.4.14-15; Arrian 2.4.5-6.

61. Curtius 4.9.8 and 14.

62. Curtius 5.13.11.

63. Heckel, *Who's Who in the Age of Alexander*, 23-24.

64. Curtius 4.1.27.

65. Arrian 2.13.2-3; Diodorus 17.48.2-5; Curtius 4.1.27-33.

66. Diodorus 17.111.1.

67. 目前在那不勒斯国家考古博物馆（Naples Museum），inventory 1035。译文请见 Miriam Lichtheim, *Ancient Egyptian Literature*, vol. III: *The Late Period* (Berkeley: University of California Press, 1980), 41-44，更多讨论请见 Olivier Perdu, "Le monument de Samtoutefnakht à Naples", *Revue d'Égyptologie* 36 (1985): 99-113。

68. 到底是伊苏斯还是高加米拉战役的幸存者，目前还存在争议，不过他的确是从海上仓皇逃到了伊苏斯（除非史料存在极大的文学夸张）。

69. 相关文献、史料参考 Stanley Burstein, "Prelude to Alexander: The Reign of Khababash", *Ancient History Bulletin* 14 (2000): 149-54, and Alan Lloyd, "From Satrapy to Hellenistic Kingdom: The Case of Egypt", in *Creating a Hellenistic World*, ed. Andrew Erskine and Lloyd Llewellyn-Jones (Swansea: Classical Press of Wales, 2010), 83-105。

70. Curtius 3.11.20-21.

71. Diodorus 17.59.7.

72. Arrian 2.11.9-10. See also Plutarch, *Alexander* 20.11; Curtius 3.8.12; Diodorus 17.32.3 and 35.1-36.5. 王室财产遭劫情况参考本书第4章。

73. Plutarch, *Alexander* 24.1-2.

74. Curtius 3.13.16. 在某些部分，Curtius 3.13.5 实际用的是波斯语词汇。"gaza"指代王室财产。

75. Curtius 3.3.24. 考虑到这些驮畜的承载能力超过100吨，74吨的钱币重量似乎并不夸张。这是一个值得借鉴的案例，昆图斯的叙述中两处不同的文字提到了同一时间牵涉的两个对象——钱币和驮畜，这两个数据为我们提供了交叉核验的机会。

76. Athenaeus 13.607f.

77. Plutarch, *Alexander* 24.3.

78. Arrian 2.24.4-5 记录有8000名死者；Diodorus 17.46.3-4 记录有1.3万名俘虏被卖作奴隶，且有2000人被钉在十字架上处死；Curtius 4.4.16-17 数据 Diodorus 相符。

79. Arrian 2.27.7; Curtius 4.6.30.

80. Plutarch, *Alexander* 25.5-8 and *Moralia* 179e-f; Pliny, *Natural History* 12.32.

81. Francisco Bosch-Puche, "L' 'Autel' du temple d'Alexandre le Grand à Bahariya retrouvé", *Bulletin de l'Institut Français d'Archéologie Orientale* 108 (2008): 33.

82. 同一基座上，希腊语铭文则简单写道：亚历山大向他的父亲——阿蒙神致敬。

83. Francisco Bosch-Puche, "The Egyptian Royal Titulary of Alexander the Great, I: Horus, Two Ladies, Golden Horus, and Throne Names", *Journal of Egyptian Archaeology* 99 (2013): 131-54, and "Alexander the Great's Names in the Barque Shrine at Luxor Temple", in *Alexander the Great and Egypt: History, Art, Tradition*, ed. Volker Grieb, Krzysztof Nawotka, and Agnieszka Wojciechowska (Wiesbaden: Harrassowitz, 2014), 55-87.

84. Ivan Ladynin, "Ἀλέξανδρος— 'Defender of Egypt?' On the Semantics of Some Denotations of Alexander the Great on the Ancient Egyptian Monuments", *Vestnik Novosibirskogo Gosudarstvennogo Universiteta* 13 (2014): 14-20 (in Russian).

85. 关于泥板文书，参考 Pierre Briant, *From Cyrus to Alexander: A History of the Persian Empire* (Winona Lake, IN: Eisenbrauns, 2003), 862。

86. Diodorus 17. 70.

87. Curtius 5. 6. 4-8. Plutarch, *Alexander* 37. 3 提到了处决波斯人，还引用了一封据说出自亚历山大之手的信。

88. 例如，公元前 351 年，成千上万的西顿人（Sidonians）在波斯人占领他们的城市时自焚：Diodorus 16. 45. 4-6。狄奥多罗斯注意到，这场大火并没能阻止劫掠行为的发生，因为波斯国王将清理废墟的权利卖给了那些热衷回收熔化金银的人。关于另一个从被焚毁城市劫掠回收物的案例，参考 Diodorus 18. 22. 4-8（Perdiccas in 322 bc）。

89. 关于劫掠城市行为并未发生的观点，参考 N. G. L. Hammond, "The Archaeological and Literary Evidence for the Burning of Persepolis", *Classical Quarterly* 42（1992）: 358-64。以上观点被以下文献驳斥：Edmund Bloedow and Heather Loube, "Alexander the Great 'Under Fire' in Persepolis", *Klio* 79（1997）: 341-53。近期讨论请参见 Robin Lane Fox, "Aspects of Warfare: Alexander and the Early Successors", *Revue des Études Militaires Anciennes* 6（2013）: 132。后者对波斯波利斯的劫掠历史持保留态度，因为根据所谓的"拉丁文史料"来源记载（狄奥多罗斯和昆图斯），这些学者对发生在印度的劫掠行为的描述是可信的。

90. Lane Fox, "Aspects of Warfare", 132.

91. Plutarch, *Alexander* 24.3. 这让人想起 Herodotus 5.49 记载的阿里斯塔格拉斯演讲，其中演讲者承诺波斯人比"世界上所有其他地方的总和还要富裕，拥有大量黄金、白银、青铜、华美的衣服、牲畜和奴隶，很容易被夺走"。

92. Arrian 3.25.2（Anaxippus in Aria）.

93. Variant accounts are given in Arrian 3.17, Diodorus 17.67, and Curtius 5.3.

94. Arrian 3.17.3.

95. Arrian 3.17.6. 公认的数字"3万"值得怀疑。

96. 他承认这个数字是被压低了，参考 N. G. L. Hammond, "Cavalry Recruited in Macedonia Down to 322 B.C.", *Historia* 47（1998）：425。

97. Arrian 3.15.6.

98. Arrian 3.19.6.

99. See, for example, Paolo Moreno, *Apelles*：*The Alexander Mosaic*（Milan：Skira, 2001），plate XI and commentary, 23-24.

100. 据史料记载，规模最大的一起案例发生在从巴克特里亚向印度进军途中，托勒密报告在一次突袭中缴获了23万头牛：Arrian 4.25.4。这方面很可能存在基于私心的夸大行为，不过毫无疑问，他们肯定缴获了牛群：cf. Curtius 9.8.29。根据记载，部分畜群被国王送回了马其顿。

101. Arrian 3. 30. 6.

102. Frank Holt, "Spitamenes against Alexander", *Historikogeographika* 4 (1994): 51-58.

103. Frank Holt, *Into the Land of Bones*, 2nd ed. (Berkeley: University of California Press, 2012), 45-84, with sources. 对亚历山大军队的影响，还可参考本书第6章。

104. Arrian 4. 2. 1-4. 3. 5; Curtius 7. 6. 10 and 7. 6. 16-23.

105. Arrian 4. 2. 4.

106. Holt, *Into the Land of Bones*, 58-60.

107. Curtius 7. 11. 28-29.

108. Curtius 7. 5. 28-35; Plutarch, *Moralia* 557b; Ammianus Marcellinus 29. 1. 31; Strabo 11. 11. 4.

109. 这种袭击的残忍性让一些学者倾向于否认它的存在，更多信息参考 Frank Holt, Alexander the Great and Bactria (Leiden: Brill, 1988), 74-75。

110. 这些悲惨的定居者很快就连续两次起义，试图返回老家希腊，参考 Holt, *Into the Land of Bones*, 96-124。

111. Plutarch, *Alexander* 57. 1-2; Polyaenus 4. 3. 10; cf. Curtius 6. 6. 14-17. 他把这件事放在战役的早些时候。唐纳德·恩格斯同

意昆图斯的说法：*Alexander the Great and the Logistics of the Macedonian Army*（Berkeley：University of California Press，1978），86。但与之不同的是，所有的情形都指向巴克特里亚。请参见下文的论点：Frank Holt，"Alexander the Great at Bactra：A Burning Question"，*Electrum* 22（2015）：9-15。

112. 向同伴赠送战利品的做法绕开了那些常年追随军队、职业倒卖战利品的商贩，后者建议离队士兵途经巴克特里亚回国，这样或许可以重新补充一些战利品，不过此类情况从未发生，参考 Diodorus 18.7.9。

113. Plutarch, *Alexander* 57.2-3.

114. Polyaenus 4.3.10："剥夺马其顿人手中的现有资财，从而刺激他们攫取更多财富的欲望。"See also Curtius 9.2.10 and 27.

115. Curtius 8.5.3.

116. Curtius 9.1.2.

117. Diodorus 17.94.3-5; cf. Arrian 6.16.2.

118. Diodorus 19.79.6-7.

119. Diodorus 17.94.4；Curtius 8.5.4 and 9.3.21-22；Diodorus 17.95.4. 此类资助措施在阿契美尼德王朝已有先例。

120. Curtius 9.10.12 and 9.10.22-23；Strabo 15.2.5.

121. 其被以下文献生动记述：Arrian 6.5.4-6.11.8。具体分析请见 A. B. Bosworth, *Alexander and the East: The Tragedy of Triumph* (Oxford: Oxford University Press, 1996), 133-65。

122. For example, Curtius 9.1.14 and 9.7.14; Arrian 5.29.5 and 6.14.2.

123. For example, Arrian 6.17.1; Curtius 9.4.5-6, 9.8.13, 9.8.15 (cf. Arrian 6.16.4 on money and elephants), and 9.8.29; Diodorus 17.96.3 and 17.99.4.

124. Diodorus 17.104.4-7; cf. Curtius 9.10.7; Strabo 15.2.4-8.

125. Plutarch, *Eumenes* 2.

126. See Lionel Pearson, *The Lost Histories of Alexander the Great* (London: American Philological Association, 1960), 83-111.

127. Arrian 6.17.1-2.

128. Curtius 9.8.16. 将远征印度的亚历山大比附于西班牙征服者是最恰当的: Bosworth, *Alexander and the East: The Tragedy of Triumph*, and Bosworth, "A Tale of Two Empires: Hernán Cortés and Alexander the Great", in *Alexander the Great in Fact and Fiction*, ed. A. B. Bosworth and E. J. Baynham (Oxford: Oxford University Press, 2000), 23-49。

129. For instance, Arrian 5.20.7 and 6.27.2; Curtius 10.1.20; Diodorus 19.14.8.

130. Strabo 15. 2. 5.

131. A. B. Bosworth, "The Indian Satrapies under Alexander the Great", *Antichthon* 17 (1983): 45.

132. *Palatine Anthology* 6. 344.

133. Numbers 31：7-54，文献涵盖了所有掠夺物的清点，以及按上帝对其进行分配的原则。

134. For example，Ⅱ Chronicles 36：7 and Ezra 1：7-11.

135. 以这些史料信息为基础的现代研究也是如此。马雷克·奥尔布赖希特简单直白地说："亚历山大作为马其顿国王来到亚洲，渴望名声、征服和战利品。"参见其研究："'An Admirer of Persian Ways': Alexander the Great's Reforms in Parthia-Hyrcania and the Iranian Heritage", in *Excavating an Empire: Achaemenid Persia in Longue Durée*, ed. Touraj Daryaee, Ali Mousavi, and Khodadad Rezakhani (Costa Mesa: Mazda Publishers, 2015), 37。

第4章

1. Quoted in Plutarch, *Moralia* 336a.

2. 关于最新的针对大流士三世的较公允评价，参考 Pierre Briant, *Darius in the Shadow of Alexander*, trans. Jane Marie Todd (Cambridge, MA: Harvard University Press, 2015)。

3. Arrian 3. 21. 10-3. 22. 6; Plutarch, *Alexander* 43. 3-4; Diodorus 17. 73. 3; Curtius 5. 13. 23-25; Justin 11. 15. 5.

4. 配有家谱树的这些女性的名单参考 Elizabeth Carney, *Women and Monarchy in Macedonia* (Norman: University of Oklahoma Press, 2000)。

5. Isocrates, *Panegyrics* 187; cf. Herodotus 5. 49.

6. Lloyd Llewellyn-Jones, "The Great Kings of the Fourth Century and the Greek Memory of the Persian Past", in *Greek Notions of the Past in the Archaic and Classical Eras*, ed. John Marincola, Lloyd Llewellyn-Jones, and Calum Maciver (Edinburgh: Edinburgh University Press, 2012), 317-46. 关于《波西卡》(*Persica*) 一书，参考 Dominique Lenfant, "Greek Monographs on the Persian World", in *Between Thucydides and Polybius: The Golden Age of Greek Historiography*, ed. Giovanni Parmeggiani (Washington, DC: Center for Hellenic Studies, 2014), 197-210。

7. Arrian 1. 17. 3-8; Diodorus 17. 21. 7; cf. Curtius 3. 12. 6; Plutarch, *Alexander* 17. 1.

8. 就像居鲁士从克里萨斯王手中夺取这座城市时一样，Xenophon, *Cyropaedia* 7. 4. 12。

9. 米特林的做法需要一定的合理解释，参考 Pierre Briant, *His-*

toire de l'empire perse de Cyrus à Alexandre, vol. 1（Paris：Fayard, 1996），862-63。

10. 后来，亚历山大将尼基亚斯分配到一位名叫斐洛克森努斯的地区财务官员名下，负责掌控整个小亚细亚，同时任命柯拉鲁斯为腓尼基财政总监：Arrian 3.6.4。参考本书第 6 章。

11. Strabo 14.1.22 传出了以弗所当时并没有宝藏的消息。

12. Curtius 3.1.20.

13. 关于这些史料及其传播，参考 N. G. L. Hammond and G. T. Griffith, *A History of Macedonia*, vol. II：550-336 b.c.（Oxford：Clarendon Press, 1979），576。

14. 关于这方面的历史，参考本书第 6 章。

15. Curtius 3.13.16：*Summa pecuniae signatae fuit talentum II milia et sescenta, facti argenti pondus quigenta aeqabat*.〔例如，是 500 泰兰特的精炼银，而非罗卜（Loeb）翻译的"500 磅"。〕

16. Curtius 3.13.9-11.

17. Arrian 2.14.9 关于大流士三世首次提出和谈建议后得到的回应，关于他和亚历山大讨价还价的努力，参考 "Historical Implications of the First Phase at Marathus in Phoenicia in 333/332 b.c.", *Ancient History Bulletin* 9（1995）：93-110。据说，不同时代历史学家对这笔财宝的记载通常都是 1 万泰兰特或 3 万泰兰特。

18. Curtius 4.7.4. 亚历山大还从昔兰尼那里得到了一份厚礼：Curtius 4.7.9；Diodorus 17.49.2。

19. 关于这些有意思的文件（British Museum n. 40623），请见 Matthew Neujahr, "When Darius Defeated Alexander: Composition and Redaction in the Dynastic Prophecy", *Journal of Near Eastern Studies* 64 (2005): 101-7。有关伊朗文献中对亚历山大显现敌意的更多内容，参看 A. S. Shahbazi, "Iranians and Alexander", American Journal of Ancient History 2 (2003): 5-38。

20. Paul Bernard, "Nouvelle contribution de l'épigraphie cunéiforme à l'histoire hellénistique", *Bulletin de Correspondance Hellénique* 114 (1990): 528. The document is in the British Museum (n. 36761).

21. Arrian 3.15.4; cf. Plutarch, *Moralia* 180c.

22. Arrian 3.15.5; Diodorus 17.64.3; Curtius 5.1.10, cf. 4.9.9. 伊苏斯之战后，帕曼纽赶到大马士革拿走了大部分的当地库存财物，参考本书第3章。

23. Strabo 15.3.9（8,000）; Arrian 3.19.5（7,000）.

24. Diodorus 17.64.3 给出的数字偏低，Curtius 5.1.10 更高。

25. Arrian 3.16.2-3.

26. Curtius 5.1.4-6.

27. Diodorus 17.65.5. 大流士三世下令用随军携带的金银财宝

分散亚历山大注意力的说法已遭到有力驳斥。Pierre Briant, *From Cyrus to Alexander: A History of the Persian Empire* (Winona Lake, IN: Eisenbraums, 2003), 840-42.

28. 前文引用的巴比伦文献中也可以看到谈判的苗头:Bernard, "Nouvelle contribution de l'épigraphie cunéiforme à l'histoire hellénistique," 525-28。

29. Briant, *From Cyrus to Alexander*, 842. 关于投降,参考 Curtius 5.1.17-19; Arrian 3.16.3; Diodorus 17.64.3。

30. Curtius 5.1.20-23 有关于这座城市的详尽描写。

31. Curtius 5.1.23. 如同米特林,巴戈芬内斯没能保住自己职位:Curtius 5.1.43-44。

32. 现存于卢浮宫(inv. 2898)。关于文献,参考 Donald Posner, "Charles LeBrun's Triumphs of Alexander", Art Bulletin 41 (1959): 237-48。

33. Ibid., 243.

34. 例如复制品保存在:the New York Metropolitan Museum of Art (acc. 61.130.3) and Museum of Fine Arts, Boston (acc. P 4813)。

35. 关于拍摄和布景,参考 Robin Lane Fox, *The Making of Alexander* (Oxford: R & L, 2004), 79-88; see also Elizabeth Baynham, "Power, Passion, and Patrons: Alexander, Charles Le Brun, and Oliver

Stone", in *Alexander the Great: A New History*, ed. Waldemar Heckel and Lawrence Tritle (Malden, MA: Wiley-Blackwell, 2009), 294-310。

36. Curtius 5.1.7: "Babylona urbem opulentissimum."

37. Diodorus 17.64.6; Curtius 5.1.45. 部分战利品被送往意大利的克罗顿, 意在象征泛希腊联盟的团结: Plutarch, Alexander 34.2。

38. 例如, N. G. L. 哈蒙德认为共同的出处是雅典的狄伊卢斯: *Three Historians of Alexander the Great* (Cambridge: Cambridge University Press, 1983), 161。

39. See, for example, R. D. Milns, "Army Pay and the Military Budget of Alexander the Great", in *Zu Alexander dem Grossen*, vol. 1, ed. Wolfgang Will and Johannes Heinrichs (Amsterdam: Hakkert, 1987), 233-56, esp. 240-44.

40. J. E. Atkinson, A *Commentary on Q. Curtius Rufus' Historiae Alexandri Magni Books 5 to 7.2* (Amsterdam: Hakkert, 1994), 54-55.

41. 关于亚历山大大军在的高加米拉特遣队, 参考 E. W. Marsden, *The Campaign of Gaugamela* (Liverpool: Liverpool University Press, 1964), 24-39。

42. 雇佣兵的薪酬率基于以下共识 H. W. Parke, *Greek Mercenary Soldiers from the Earliest Times to the Battle of Ipsus* (Oxford: Claren-

don Press, 1933), 233; Alfred Bellinger, *Essays on the Coinage of Alexander the Great* (New York: American Numismatic Society, 1963), 37, note 15; Milns, "Army Pay and the Military Budget of Alexander the Great", 249。

43. Arrian 3.16.4; Curtius 5.1.44.

44. 关于这一时期巴比伦造币厂的范围，参考 Hélène Nicolet-Pierre, "Argent et or frappes en Babylone entre 331 et 311 ou de Mazdai à Séleucos", in *Travaux de numismatique grecque offerts à Georges Le Rider*, ed. Michel Amandry and Silvia Hurter (London: Spink, 1999), 285-305。

45. Diodorus 17.64.4; Curtius 5.1.36-39. 文献评论了这座城市的堕落风气，从一座城市流动到另一座城市时征收的税金无疑是困扰当地人的难题，也是希腊人和马其顿人争论的核心：Curtius 6.11.3; Plutarch, *Eumenes* 2.1-3。

46. Diodorus 17.65.1-4; Curtius 5.2.1-7; Arrian 3.16.6-7.

47. 这142吨染料来自希腊的赫敏（Hermione）。

48. Strabo 15.3.21 重复了波吕克莱特（Polycleitus）的说法，他是一位可能的目击者，亲眼在苏萨看到了波斯人囤积的染料、药材、头发和羊毛等贡品，还见识了一盏精美绝伦的吊灯：Athenaeus 5.206e。有关波吕克莱特，参见 Lionel Pearson, *The Lost Histories of*

Alexander the Great（London：American Philological Association, 1960），70-77。

49. 引自 Strabo 15.3.21。希罗多德也有类似的看法，尽管后人对他意思的理解有所不同。Antigoni Zournatzi, "The Processing of Gold and Silver Tax in the Achaemenid Empire：Herodotus 3.96.2 and the Archaeological Realities", Studia Iranica 29（2000）：241-72.

50. A. B. Bosworth, *A Historical Commentary on Arrian's History of Macedonia*, vol. 1（Oxford：Clarendon, 1980），316；Martin Price, *The Coinage in the Name of Alexander the Great and Philip Arrhidaeus*, vol. 1（Zurich：Swiss Numismatic Society, 1991），26.

51. 参考本书附录6。

52. Herodotus 5.49.

53. 乔治斯·安东尼·罗什格罗斯的画作在1913年被这位艺术家公开展出，它最后一次露面是在2011年的佳士得拍卖会上，其他公开面试机会还包括被《国家地理》（*National Geographic*）杂志刊载。

54. 恩斯特·巴迪安指出这是亚历山大远征行动中最令人眼花缭乱的阶段，参考 "Alexander in Iran", in *The Cambridge History of Iran*, vol. 7, ed. Ilya Gershevitch（Cambridge：Cambridge University Press, 1985），443。

55. 关于这方面的共识，参考 Ali Mousavi, *Persepolis: Discovery and Afterlife of a World Wonder*（Berlin: De Gruyter, 2012), 63-70。

56. Wheeler, Flames over Persepolis: Turning Point in History (New York: William Morrow, 1968), 14.

57. Arrian 3.18.10; Curtius 5.5.2; Diodorus 17.69.1.

58. Diodorus 17.69-70 and Curtius 5.2.16-6.8，同样充满争议；Arrian 3.17-18。

59. 当代学者对希腊发生的某些事情，比如斯巴达的阿吉斯人挑起的反抗战争，是否影响了亚历山大在波斯波利斯的决策等，争论不休：Ernst Badian, Collected Papers on Alexander the Great (London: Routledge, 2012), 338-64; Eugene Borza, "Fire from Heaven: Alexander at Persepolis," Classical Philology 67 (1972): 233-45。

60. 有关亚历山大焚毁波斯波利斯研究方面漫长争论的近期成果，参考 Maria Brosius, "Alexander and the Persians", in *Brill's Companion to Alexander the Great*, ed. Joseph Roisman (Leiden: Brill, 2003), 181-85; and Krzysztof Nawotka, "Alexander the Great in Persepolis", *Acta Antiqua Academiae Scientiarum Hungaricae* 43 (2003): 67-76。

61. Arrian 3.18.10-12.

62. Strabo 15.3.6 and *Itinerarium Alexandri* 67.

63. Diodorus 17.71-72, Curtius 5.7.2-11, and Plutarch, *Alexander* 38. 他们的信息来自 Cleitarchus：Athenaeus 13.576d。关于复仇主题的一致性，参考 Michael Flower, "Alexander and Panhellenism", in *Alexander the Great in Fact and Fiction*, ed. A. B. Bosworth and E. J. Baynham（Oxford：Oxford University Press, 2000）, 113-15。

64. Diodorus 17.71.

65. Nawotka, "Alexander the Great in Persepolis", 68. 然而，他总结说，针对波斯波利斯的蓄意破坏与其说是泛希腊式的报复，不如说是为了恐吓波斯贵族，击垮他们的精神，同时用希腊人的圣火亵渎波斯人的圣地（75）。

66. 史料综合引述自 Curtius 5.6.5-6。亚历山大似乎是在安抚这些掠夺者：Gary Morrison, "Alexander, Combat Psychology, and Persepolis", *Antichthon* 35（2001）：30-44。

67. Curtius 5.6.5："他们用斧头砍碎了珍贵的艺术品。"

68. Published as Herzfeld, "Rapport sur l'état actuel des ruines de Persépolis et propositions pour leur conservation", *Archäologische Mitteilungen aus Iran* 1（1929）：17-64.

69. 此类活动并未波及遭到亚历山大军队洗劫的城市本身，而是集中在宫殿建筑群。

70. 关于这些情节的更生动演绎，参考相关电影和书籍 produced by Farzin Rezaeian, *Persepolis Revealed* (Toronto: Sunrise Visual Innovations, 2004)。

71. 关于考古发掘，参考 Erich Schmidt, *The Treasury of Persepolis and Other Discoveries in the Homeland of the Achaemenians* (Chicago: University of Chicago Press, 1939); Schmidt, *Persepolis II: Contents of the Treasury and Other Discoveries* (Chicago: University of Chicago Press, 1957); Nicholas Cahill, "The Treasury of Persepolis: Gift-Giving at the City of the Persians", *American Journal of Archaeology* 89 (1985): 373-89; and Heleen Sancisi-Weerdenburg, "Alexander and Persepolis", in *Alexander the Great: Reality and Myth*, ed. Jesper Carlsen et al. (Rome: "L'Erma" di Bretschneider, 1993), 177-88。

72. 由亚历山大同时代的塞奥彭普斯证明：in Longinus, On the Sublime 43.2。

73. Strabo 15.3.6.

74. Schmidt, *Persepolis II*, 110-14. 这个数字不包括波斯波利斯其他地区少量发现的钱币。

75. Ibid., 81. 第一套物品（臼和杵）可能在祭祀仪式中被用来研磨一种被称为"豪玛"（*haoma*）的药物：55。

76. 最后一批劫掠者在金库附近乱窜时或许丢失了一些东西：

Schmidt, *Persepolis* II, 5, 55, and 76。

77. Sancisi-Weerdenburg, "Alexander and Persepolis", 182.

78. Shahbazi, "Iranians and Alexander", 19-20, note 71 (his italics). 这表明他们的意图不仅仅是看看建筑物内那些剩余物品的燃烧。

79. Badian, "Alexander in Iran", 447.

80. Persepolis: Arrian 6.30.1. 亚历山大曾重访被灰烬掩埋的废墟, 公元前324年他从印度回国, 大火已经熄灭了几十年, 地面灰烬的深度约为1.4米 (4.6英尺): Schmidt, *Persepolis* II, 110. Thebes: Plutarch, *Alexander* 13.3-5。

81. Herodotus 8.53-5.

82. Curtius 5.5.2; Diodorus 17.69.1.

83. Curtius 5.6.11. 总的来说, 财政官员更接近官僚而非士兵, 他们更倾向以战争为代价替自己牟利。

84. Curtius 5.6.9. 有人为他的盲从辩护: Atkinson, *A Commentary on Q. Curtius Rufus*, 115-16。

85. Diodorus 17.71.1. Ian Worthington, *Alexander the Great: Man and God* (London: Pearson, 2004), 109. 令人无法理解的是, 这篇文献声称"12万泰兰特和其他宝藏"被缴获。

86. Plutarch, *Alexander* 37.4 (Persepolis) and 36.1 (Susa).

87. Strabo 15.3.9 没有给出说法不一致的依据。

88. Justin/Trogus 11.14.10.

89. Schmidt, *Persepolis II*, 73.

90. Diodorus 16.56.7 相关说法的不精确问题值得注意，某些历史学家认为，腓尼基人从德尔斐掠走的财富规模不亚于亚历山大对波斯国库的劫掠收获，不过根据狄奥多罗斯自己的计算，德尔斐宝藏的价值约为1万泰兰特。

91. Grote, *History of Greece*, vol. 12 (London: John Murray, 1856), 237-38, note 3.

92. Engels, *Alexander the Great and the Logistics of the Macedonian Army* (Berkeley: University of California Press, 1978), 79. 他在注释中补充说明这个重量只是约数。

93. Ibid., 14. 这个数字看起来很小，不过有意思的是，一个马其顿人很难扛起一头骡子负载的王室黄金：Plutarch, *Alexander* 39.3。

94. Cahill, "The Treasury of Persepolis", 374; Edmund Bloedow and Heather Loube, "Alexander the Great 'under Fire' in Persepolis", *Klio* 79 (1997): 344.

95. Alfred Bellinger, *Essays on the Coinage of Alexander the Great*, 31. 以此为例，更高的比率将相应降低现实中驮畜的实际载重。公元前5世纪，这个比率为13∶1，参考 Herodotus 3.95。

96. Curtius 5.6.10.

97. Arrian 3.18.10 指存放在帕萨尔加德的宝藏,但没有具体细节。

98. 根据 Diodorus 17.71.2,亚历山大把波斯波利斯财宝的一部分先送到了苏萨。

99. 有关大流士带走的财产:Strabo 15.3.9(8000);Arrian 3.19.5(7000)。有关其丢弃的财产:Plutarch, *Alexander* 43.2。有关其被抢劫的财产:Curtius 6.2.10; Diodorus 17.74.5。

100. Curtius 6.2.10(26000); Diodorus 17.74.5(21000).

101. Curtius 6.2.10(12000); Diodorus 17.74.5(13000).

102. Curtius 6.2.17; Diodorus 17.74.3-5. 公元前329年,亚历山大在奥克斯河遣散900名老兵时,相关比率更高。

103. Diodorus 17.74.4.

104. Arrian 3.19.5; Plutarch, *Alexander* 42.5.

105. Polybius 10.27.11; *Aelian*, *Varia Historia* 7.8.

106. Polybius 10.27.12-13.

107. Strabo 15.3.9.

108. Diodorus 17.80.3; Justin/Trogus 12.1.3.

109. 比如西徐亚国王送给亚历山大的性质不明的礼物:Arrian 4.15.2。

110. 如第 3 章所示。Peter Green, *Alexander of Macedon*, 356-323 *b.c.* (Berkeley: University of California Press, 1991), 413.

111. Arrian 5.3.5-6 and 5.8.2. 从塔克西莱斯和他的邻居那里亚历山大得到了数量惊人的礼品，以及馈赠更多礼品的许诺：Arrian 4.22.6。

112. 塔克西莱斯是阿门费斯的王号，经过了亚历山大的册封：Curtius 8.12.11-14。

113. Arrian 5.3.5（200 泰兰特，3000 头牛，10000 多只绵羊，30 头大象）；Curtius 8.12.11（80 泰兰特，3000 头公牛，很多羊，56 头大象）；Diodorus 17.86.4-7；Plutarch, *Alexander* 59.1-5；*Metz Epitome* 52（600 泰兰特，58 头大象）。

114. Arrian 5.8.2；Curtius 8.12.16；Plutarch, *Alexander* 59.5；Strabo 15.1.28.

115. Ibid.

116. Pliny, *Natural History* 35.167-168. 正是他在国王掌权的头几个月协助护送亚历山大的盖塔战利品返回马其顿：Arrian 1.4.5。

117. Curtius 8.12.17-18.

118. Plutarch, *Alexander* 57.1-2 and Polyaenus 4.3.10，本书第 3 章有详述。

119. Arrian 5.8.3, 20.5, and 29.4.

120. Diodorus 17.92.1；Curtius 9.1.27-30. 礼物包括一种凶猛的斗犬。

121. Diodorus 17.93.1, 96.2, and 102.4.

122. Curtius 9.7.12.

123. Curtius 9.8.1-2.

124. Arrian 6.15.5.

125. Diodorus 17.76.5-8；Curtius 6.5.18-21.

126. Arrian 6.15.6. 如本书第3章所述，这位音乐家后来发动叛乱并被钉死在十字架上。

127. Curtius 10.1.22-24.

128. Arrian 6.29.2-30.2；Curtius 10.1.25-38.

129. Curtius 10.1.34-35 记载了这项指控，同时为其鸣不平，部分原因似乎是由于他所得到的好处或贿赂是3000泰兰特的铸造银币，坟墓中却据说装满了3000泰兰特的黄金。这可能和命运多舛的总督阿布利特（Abulites）送给亚历山大的3000泰兰特金币弄混了：Plutarch, *Alexander* 68.7。

130. Arrian 7.23.2.

131. Diodorus 17.113.1.

第5章

1. 参考附录3亚历山大已知开销汇总表。

2. 例外包括传说中在克里索波利斯散发的救济，以及亚历山大送给亚马逊女王的礼物。

3. Plutarch, *Alexander* 39.1; cf. Rutilius Lupus 1.18.

4. See, for example, Heleen Sancisi-Weerdenburg, "Gifts in the Persian Empire", in *Le tribute dans l'Empire Perse*, ed. Pierre Briant and Clarisse Herrenschmidt (Paris: Peeters, 1989), 129-46.

5. Arrian 7.28.3.

6. Plutarch, *Moralia* 181e.

7. 更多论述，参考 Lynette Mitchell, *Greeks Bearing Gifts: The Public Use of Private Relationships in the Greek World*, 435-323 bc (Cambridge: Cambridge University Press, 1997), especially 167-77。

8. Curtius 8.12.17; cf. Plutarch, *Moralia* 181c.

9. Diodorus 17.77.4-5; Plutarch, *Alexander* 39.10.

10. Meyer Reinhold, *History of Purple as a Status Symbol in Antiquity* (Brussels: Latomus, 1970), 16.

11. Xenophon, *Cyropaedia* 8.2.8.

12. Reinhold, *History of Purple*, 29-30.

13. Plutarch, *Alexander*16. 19（Granicus）and 25. 6－8（Gaza）；Curtius 5. 2. 18（Susa）. 亚历山大的养母，卡利亚阿达女王（Queen Ada of Caria），送给他更多的实用礼品，包括各种美味佳肴，其中一些因为有碍军纪而遭到拒绝：Plutarch, *Alexander* 22. 7。普鲁塔克补充说，当亚历山大还是个孩子时，奥林匹亚斯也做过同样的事。

14. Curtius 5. 2. 18-22. Pierre Briant, *Darius in the Shadow of Alexander*, trans. Jane Marie Todd（Cambridge, MA：Harvard University Press, 2105）, 331-34. 从人种学的角度来说，这个故事的可信度不高，不过从中却能看到人们有意强化对异域文化拥有很高敏感性的亚历山大形象的努力。

15. Plutarch, *Alexander* 16. 19, 25. 6-8, and 39. 12.

16. Plutarch, *Alexander* 25. 6-8 and Moralia 179e-f；Pliny, *Natural History*12. 62；Athenaeus 9. 398e.

17. Diodorus 17. 31. 6. See Waldemar Heckel, *Who's Who in the Age of Alexander the Great*（Malden, MA：Blackwell, 2006）, 153.

18. Jamzadeh, *Alexander Histories and Iranian Reflections：Remnants of Propaganda and Resistance*（Leiden：Brill, 2012）, 7.

19. Arrian 7. 4. 8；Plutarch, *Alexander* 69. 1 and *Moralia* 246a-b；Justin 1. 6. 13；Polyaenus 7. 45. 2.

20. Marek Olbrycht, "'An Admirer of Persian Ways'：Alexander

the Great's Reforms in Parthia-Hyrcania and the Iranian Heritage", in *Excavating an Empire: Achaemenid Persiain Longue Durée*, ed. Touraj Daryaee, AliMousavi, and Khodadad Rezakhani (Costa Mesa: Mazda Publishers, 2015), 52-54.

21. 例如 Diodorus 17.81。

22. Plutarch, *Alexander* 34.3-4. 英雄法伊路斯（Phayllus）的勇气参考 Herodotus 8.47。

23. Athenaeus 6.234-262 谈到了臭名昭著的寄生虫和马屁精，包括托身腓力二世和亚历山大的门客。

24. Athenaeus 6.230f; cf. Plutarch, *Moralia* 603c.

25. Plutarch, *Alexander* 39.6.

26. Plutarch, *Alexander* 29.6 and *Moralia* 334e.

27. Plutarch, *Moralia* 331e.

28. Ps.-Callisthenes, *Alexander Romance* (Armenian), 134.

29. Pausanias 6.15.3; cf. Polybius 27.9.3-13.

30. George Cary, *The Medieval Alexander* (Cambridge: Cambridge University Press, 1956), 364.

31. 关于此类课题研究，林德赛·亚当斯（Lindsay Adams）给出了 15 个案例。"The Games of Alexander the Great", in *Alexander's Empire: Formulation to Decay*, ed. Waldemar Heckel, Lawrence Tritle,

and Pat Wheatley (Claremont, CA: Regina Books, 2007), 125-38. 这一数字较低主要是因为忽视了阿里安的《亚历山大远征记》以外的消息来源，例如，《印度记》额外记载了两次由亚历山大主持的游艺活动，外加3个由尼阿库斯主持的活动。这表明游艺活动可以由马其顿大军中的各部队独立承办。

32. Athenaeus 12.537d and 539a; cf. the anecdote opening Dio Chrysostom's *On Kingship*.

33. Lawrence Tritle, "Alexander and the Greeks: Artists and Soldiers, Friends and Enemies", in *Alexander the Great: A New History*, ed. Waldemar Heckel and Lawrence Tritle (Malden, MA: Wiley-Blackwell, 2009), 121-40.

34. Athenaeus 12.539a.

35. Plutarch, *Alexander* 29.5.

36. See Frank Holt, *Into the Land of Bones: Alexander the Great in Afghanistan*, 2nd ed. (Berkeley: University of California Press, 2012), 72-73.

37. Pausanias 6.16.5.

38. Diogenes Laertius 6.45; *Gnomologium Vaticanum* 367.

39. Plutarch, *Moralia* 333b.

40. Curtius 9.7.16.

41. Curtius 9.7.17-26.

42. Plutarch, *Eumenes* 2.1-3.

43. Plutarch, *Eumenes* 2.

44. Aristotle, *Politics* 1267b. 同类事件参考 Chremylus in Aristophanes, *Wealth*。

45. Plutarch, *Moralia* 180c.

46. Plutarch, *Alexander* 39.7-8.

47. Aelian, Varia *Historia* 9.3.

48. Athenaeus 12.537d.

49. Curtius 9.7.15.

50. Plutarch, *Alexander* 23.10.

51. William Loomis, *Wages, Welfare Costs and Inflation in Classical Athens* (Ann Arbor: University of Michigan Press, 1998), 177.

52. 相关记载见于《雅典人》(4.146c, 引用自伊菲普斯), 并在伯利埃努斯 (4.3.32) 中得到了全面的描述, 这段话延续了所谓波斯人放荡生活的陈词滥调, 但仍被以下文献认可: Pierre Briant, *From Cyrus to Alexander: A History of the Persian Empire* (Winona Lake, IN: Eisenbrauns, 2002), 286-92。亚历山大花费高昂的食物补给线参见 Athenaeus 9.393。

53. Athenaeus 13.607f.

54. Athenaues 4.155d，引用阿伽撒尔基德斯（Agatharchides）的话为素材。

55. 根据亚历山大从波斯人手中筹款除以人数的平均值：Athenaeus 4.146c（citing Ephippus）。

56. Athenaeus 12.539c（白银）；Aelian, *Varia Historia* 9.3（黄金）。据说亚历山大对这些俗气的奢侈品并不满意：Plutarch, *Alexander* 40.1。

57. Aelian, *Varia Historia* 9.3.

58. Curtius 6.11.2，在他预谋叛国罪行期间。

59. Arrian 5.27.6，科埃努斯来到海发西斯河后不久便一病不起。

60. Plutarch, *Alexander* 25.8 and *Moralia* 179e-f; Pliny, *Natural History* 12.62.

61. Reported in Athenaeus 12.537e. 奇怪的是，古人最烦恼的根源在于亚历山大的穿着打扮像个波斯人，而不是神。

62. Arrian 7.25-7.26.3; Plutarch, *Alexander* 76.

63. 参考附录3。

64. Arrian 5.3.5; Curtius 8.12.11. 此类数字很常见，按照色诺芬的说法，早年间在希腊，费莱的杰森收集了1000头牛，还有1万多头绵羊、山羊和猪，准备在皮提亚（Pythian）运动会上献祭，有一项金冠专门用来搭配最好的公牛,有关祭祀仪式牛的数量及更多相关信息,参考 Jeremy McInerney, *The Cattle of the Sun*: *Cows and Culture in the World of the Ancient Greeks* (Princeton, NJ: Princeton University Press, 2010)。

65. 诸多案例参考 Arrian, *Indika* 18.12 and Diodorus 17.16.3-4。

66. 多数情况下,亚历山大祭祀的是"一般意义上的神",而非特定的神。过河时,他就会祭祀河流本身。

67. Ilium: Strabo 13.1.26; Mallus: Arrian 2.5.9 and Strabo 14.5.16; Siwah: Curtius 4.7.28 and Plutarch, *Alexander* 27.7; Epidaurus: Arrian 7.14.6.

68. Arrian 1.17.10; Strabo 14.1.22.

69. A. J. Heisserer, *Alexander the Great and the Greeks*: *The Epigraphic Evidence* (Norman: University of Oklahoma Press, 1980), 143. 这是一个很好的例子,记载了一项没有被史料注意到的重大支出。

70. Arrian 1.17.5-6.

71. Arrian 3.1.5.

72. Mahmud Abd el-Raziq, *Die Darstellungen und Texte des Sanktuars Alexanders des Grossen im Tempel von Luxor* (Mainz am Rhein: Philipp von Zebern, 1984).

73. Ivan Ladynin, "The Argeadai Building Program in Egypt in the

Framework of Dynasties' XXIX – XXX Temple Building", in *Alexander the Great and Egypt: History, Art, Tradition*, ed. Volker Grieb, Krzysztof Nawotka, and Agnieszka Wojciechowska (Wiesbaden: Harrassowitz, 2014), 55-87; Dieter Arnold, *Temples of the Last Pharaohs* (Oxford: Oxford University Press, 1999), 138, cf. 133. 埃德夫神庙可能的案例请参见上述文献。Francisco Bosch-Puche, "L''Autel'du temple d'Alexandre le Grand à Bahariya retrouvé", *Bulletin de l'Institut Français d'Archéologie Orientale* 108 (2008): 29-44. 无论亚历山大在促成此类事情的过程中扮演了什么角色，这些事都是以他的名义和资源开展的。

74. Arrian 3.16.4 (331 bc) and 7.17.1-4 (323 bc). 以上文献把问题归咎于薛西斯。

75. Slackers: Arrian 7.17.3.

76. Plutarch, *Moralia* 343d; Diodorus 18.4.4-5，每座神庙拨付资金1500泰兰特。

77. Ilium: Strabo 13.1.26; Babylon: R. J. van der Spek, "The Astronomical Diaries as a Source for Achaemenid and Seleucid History", *Bibliotheca Orientalis* 50 (1993): 96. 巴比伦遗址出土的一块泥板文书上记载了公元前321年年初腓力三世·阿里达乌斯付给5名工人工资的情况：Michael Jursa, "Florilegium babyloniacum: Neue Texte aus

hellenistischer und spätachämenischer Zeit", in Mining the Archives, ed. Cornelia Wunsch (Dresden: ISLET, 2002), 120-21。

78. 参考附录3，当时可能有计划以更奢华的仪轨重新安置腓力二世，赫费斯提翁获得了不止一次的祭奠。

79. Arrian 7.10.4.

80. Hector: Curtius 4.8.9; Philip: Curtius 8.2.40; cf. another Alexander in India: Plutarch, *Alexander* 58.5.

81. Plutarch, *Moralia* 328e.

82. Fraser, *Cities of Alexander the Great* (Oxford: Clarendon Press, 1996), 201 and 240-43. 有关亚历山大城及其他城市的资料概要，参考 Getzel Cohen, *The Hellenistic Settlements*, 3 vols. (Berkeley: University of California Press, 2013)。

83. 参见 A. B. Bosworth, *Conquest and Empire: The Reign of Alexander the Great* (Cambridge: Cambridge University Press, 1988), 245-50。很少有学者认可70个左右的情况，这其中就包括：N. G. L. Hammond, "Alexander's Newly-Founded Cities", *Greek, Roman and Byzantine Studies* 39 (1998): 243-69。

84. Arrian 5.29.5. 季风雨冲毁了布西发拉斯和双子城布塞法拉。

85. Arrian 4.4.1; Justin 12.5.12; Curtius 7.6.25-27; *Itinerarium*

Alexandri 58.

86. Pierre Leriche, "Bactria, Land of a Thousand Cities", in *After Alexander: Central Asia before Islam*, ed. Joe Cribb and Georgina Herrmann (Oxford: Oxford University Press, 2007), 142, note 47.

87. 例如 Hammond, "Alexander's Newly-Founded Cities", 257; Marek Jan Olbrycht, "Ethnicity of Settlers in the Colonies of Alexander the Great in Iran and Central Asia", *Bulletin of the International Institute of Central Asian Studies* 14 (2011): 22-35。

88. 桥的情况参考附录 2, 皮筏子的情况参考: Edmund Bloedow, "On the Crossing of Rivers: Alexander's διφθέραι", Klio 84 (2002): 57-75。

89. Arrian 3.29.4; Curtius 7.5.17. Arrian 5.7.1-2 与 5.8.1 进一步探讨了亚历山大可能的架桥方式。

90. 参考附录 3 公元前 326—前 323 年。

91. Arrian, *Indika* 18.3-8. 有关三层桨司令官 (trierarchs) 的更多介绍参考 Waldemar Heckel, *Who's Who in the Age of Alexander the Great* (Malden, MA: Blackwell, 2006), 345-46 (然而, 忽略了阿那西多图斯之子阿奇亚斯)。

92. 如果三层桨司令官只是一个荣誉头衔, 那就很难解释亚历山大为什么会把自己座舰的舵手奥内西克里图斯 (Onesicritus) 排除在外，而且主管整支舰队的海军部长埃瓦戈拉斯（Evagoras）也没有得到此类荣誉。

93. 相关背景参考 Hans Hauben, "The Expansion of Macedonian Sea-Power under Alexander the Great," *Ancient Society* 7（1976）：79-105。

94. Arrian 1.20.1；Diodorus 17.22.5，提到亚历山大保留了由20条船组成的雅典船队运送他的攻城器械。

95. A. B. Bosworth, *A Historical Commentary on Arrian's History of Alexander*, vol. Ⅰ（Oxford：Clarendon Press, 1980）, 141-43.

96. Arrian 2.2.3；Curtius 3.1.19.

97. 关于河道工程，参考 R. J. van der Spek, "Palace, Temple and Market in Seleucid Babylonia", in *Le roi et l'économie*, ed. Véronique Chankowski and Frédérique Duyrat（Paris：De Boccard, 2004）, 303-32。

98. 虽然他没将这一趋势与亚历山大联系起来，但仍有人指出公元前323—前303年是一个海军激烈竞争的新时代。Robin Lane Fox, "Aspects of Warfare：Alexander and the Early Successors", *Revue des Études Militaires Anciennes* 6（2013）：130.

99. 相关计算，参考 Ian Morris, *War! What Is It Good For?*（New York：Farrar, Straus and Giroux, 2014）, 250。

100. 攻城器械建造，参考 Arrian 2.21.1，2.26.2-4，4.2.2，and 5.24.4。

101. 附录 3 中有列举。

102. 有人已经试过这个办法，比如乔治·勒·里德：*Alexander the Great: Coinage, Finances, and Policy*, trans. W. E. Higgins (Philadelphia: American Philosophical Society, 2007), 74-76。

103. Heisserer, *Alexander the Great and the Greeks: The Epigraphic Evidence*, 3-26; Ian Worthington, "*Alexander the Great and the Greeks* in 336? Another Reading of IG ii^2 329", *Zeitschrift für Papyrologie und Epigraphik* 147 (2004): 59-71. 铭文意味着伙友骑兵可能每天拿到 1 德拉克马，不过这只是推测。

104. Arrian 7.23.3-4.

105. 相比之下，为古罗马军队重建此类数据的希望更大：Michel Reddé, ed., *De l'or pour les braves! Soldes, armées et circulation monétaire dans le monde romain* (Bordeaux: Ausonius, 2014)。

106. 比如本书第 4 章提到的在巴比伦为士兵们分发奖赏。

107. Andreades, "Les Finances de guerre d'Alexandre le Grand", *Annales d'Histoire Économique et Sociale* 1 (1929): 321-34.

108. Beloch, *Griechische Geschichte*, vol. 4, part 1 (Berlin: Walter de Gruyter, 1925), 42-43. 卡尔·朱利叶斯·贝洛赫的观点影响了

许多历史学家，例如，G. T. Griffith, "The Macedonian Background", *Greece and Rome* 12 (1965): 127。

109. Le Rider, *Alexander the Great: Coinage, Finances, and Policy*, trans. W. E. Higgins (Philadelphia: American Philosophical Society, 2007), 76.

110. Meadows, "The Spread of Coins in the Hellenistic World", in *Explaining Monetary and Financial Innovation: A Historical Analysis*, ed. Peter Bernholz and Roland Vaubel (New York: Springer International Publishing, 2014), 171.

111. Milns, "Army Pay and the Military Budget of Alexander the Great", in *Zu Alexander dem Grossen*, vol. 1, ed. Wolfgang Will and Johannes Heinrichs (Amsterdam: Hakkert, 1987), 249. 上述文献基于以下文献：Roch Knapowski, "Die Finanzen Alexanders des Grossen", in Geschichte *Mittelasiens in Altertum*, ed. Franz Altheim and Ruth Stiehl (Berlin: de Gruyter, 1970), 235-47。

112. Milns, "Army Pay", 254-56.

113. See, for example, Wilson Bevan, *The World's Leading Conquerors* (New York: Henry Holt, 1913), 54.

114. 关于那些引发颇多争议的后期计划，参考 Ernst Badian, *Collected Papers on Alexander the Great* (London: Routledge, 2012),

174-92。

115. Diodorus 18.4.4-5.

第6章

1. N. G. L. Hammond, "An Unfulfilled Promise by Alexander the Great", in *Zu Alexander dem Grossen*, vol. 1, ed. Wolfgang Will and Johannes Heinrichs (Amsterdam: Hakkert, 1987), 627-34.

2. Plutarch, *Moralia* 182a.

3. Plutarch, *Phocion* 29.1.

4. 关于这些部队，参考 Rolf Strootman, "Alexander's Thessalian Cavalry", TALANTA 42/43 (2010-2011): 51-67。

5. Plutarch, *Alexander* 24.1-2. Strootman, "Alexander's Thessalian Cavalry", 63. 文献声称格拉尼卡斯战役后，色萨利人曾发动过类似的掠夺行动，不过这只是以 Arrian 1.17.8. 为基础的假设。

6. 色萨利骑兵与帕曼纽合伙洗劫了辎重营地：Arrian 3.11.10 and 3.15.4. On the soldiers' plot, see Plutarch, *Moralia* 180c。

7. Diodorus 17.64.6；Curtius 5.1.45. 参考本书第 4 章相关介绍。

8. Curtius 6.2.10 and 17；Diodorus 17.74.3-5.

9. Arrian 3.29.5；Curtius 7.5.27.

10. Arrian 3.19.6，本书第 3 章有相关介绍。

11. Loomis, Wages, *Welfare Costs and Inflation in Classical Athens* (Ann Arbor: University of Michigan Press, 1998), 279. 公元前329/公元前328年，一位伊洛西斯（Eleusinian）建筑工资请见上述文献。

12. Curtius 7.5.27.

13. 关于墨勒阿革洛斯及其指挥决策，参考 Waldemar Heckel, *The Marshals of Alexander's Empire* (New York: Routledge, 1992), 165-70。

14. 更多详情参考本书第4章及 Frank Holt, *Into the Land of Bones*, 2nd ed. (Berkeley: University of California Press, 2012)。

15. Curtius 7.6.19 and 21; Arrian 4.16.1 and 4-7.

16. For example, Curtius 7.11.28-29.

17. Holt, *Into the Land of Bones*, 75-79（谋杀克雷塔斯）。

18. Plutarch, *Alexander* 57.3.

19. Diodorus 17.99.5-6; Curtius 9.7.1-11.

20. Curtius 6.6.14-17，他在前文旧话重提地谈到了亚历山大日益增长的专制独裁，正确年表参考 Plutarch, *Alexander* 57.1-2 以及 Polyaenus 4.3.10，与巴克特里亚的自然环境相符合。

21. Curtius 8.12.17-18.

22. Arrian 6.17.3; Strabo 15.2.4.

23. Arrian 6.27.3.

24. Curtius 9.10.12; cf. Arrian 6.25.1-3.

25. Arrian 6.25.4-5.

26. Arrian 3.28.5-10; Strabo 15.2.10; and Curtius 7.4.22-25.

27. Curtius 7.4.23 给出了相关价格和雅典人的工资水平，参考 Loomis, *Wages, Welfare Costs and Inflation in Classical Athens*, 177。

28. Miltiades Hatzopoulos, *Actes du ventes d'Amphipolis* (Athens: Boccard, 1991), 33-38 and 81. 以上文献提到了卡瓦拉博物馆（Kavala Museum）保存的一则铭文，记录了附近的一个葡萄园以320德拉克马的较高价格对外出让约合1.38英亩的土地。这样算下来，当时的人只要花1瓶葡萄酒的价钱，就能买到一片每年大概生产86瓶酒的葡萄园。

29. Curtius 7.4.23 有提及。

30. Plutarch, *Alexander* 68.7.

31 工资和奖金：Arrian 7.12.1, cf. 7.10.3; Plutarch, *Alexander* 71.8。津贴 Arrian 7.12.2; Plutarch, *Alexander* 71.9; Justin 12.4.8-9; Diodorus 17.110.3 声称有1万名儿童领取救济金。

32. Roisman, *Alexander's Veterans and the Early Wars of the Successors* (Austin: University of Texas Press, 2012), 40.

33. Justin 12.11.2 注意到债权人和债务人一样为亚历山大的定居点计划感到高兴。

34. 具体是哪种钱币，参考 R. D. Milns, "Army Pay and the Military Budget of Alexander the Great", in *Zu Alexander dem Grossen*, vol. 1, ed. Wolfgang Will and Johannes Heinrichs (Amsterdam: Hakkert, 1987), 246-47。

35. 如果选用来自这里的数据，平均值会更高：Robin Lane Fox, "Aspects of Warfare: Alexander and the Early Successors", *Revue des Études Militaires Anciennes* 6 (2013): 132, 他认为债务总共有 2 万泰兰特。

36. Arrian 7.10.3 (at Opis).

37. Roisman, *Alexander's Veterans and the Early Wars of the Successors*, 43, 将士兵们的怀疑归咎于亚历山大, 不可被忽视的是债务人强烈的内疚感。

38. Plutarch, *Alexander* 70.4-6 and Moralia 339c-d. 这个人应避免与本章开头提到的知名度更高的独眼安提戈努斯发生混淆, 参考 Waldemar Heckel, *Who's Who in the Age of Alexander the Great* (Malden, MA: Blackwell, 2006), 31.

39. Arrian 6.22.4 and 6.23.6.

40. Diodorus 17.94.4; Justin 12.4.2-11.

41. Plutarch, *Moralia* 181c. 亚历山大的父亲因豪赌和酗酒而臭名昭著：Athenaeus 6.260. 文献描绘了一些逸事。

42. Arrian 3.6.6.

43. 相关材料多数被收集在 Heckel, *Who's Who in the Age of Alexander the Great*, 129-31。

44. Heckel, *The Marshals of Alexander's Empire*, 205-33.

45. *Plutarch, Alexander* 10 and Arrian 3.6.4-7.

46. Arrian 3.6.6:"因为他的身体情况不适合参战。"哈帕拉斯身体虚弱的情况虽然秘而不宣,却还没有严重到足以妨碍他长途旅行和追逐妓女之类嗜好的地步。

47. Plutarch, *Alexander* 41.8. See Ernst Badian, "The First Flight of Harpalus", *Historia* 9 (1960): 245-46.

48. Arrian 3.6.4.

49. Diodorus 17.108.4. Plutarch, Moralia 179f 提到一则轶事,某位财政官员(dioiketes)在一件大型私人礼品的问题上得到了国王的指示。

50. Kingsley, "Harpalos in the Megarid (333-331 b.c.) and the Grain Shipments from Cyrene", *Zeitschrift für Papyrologie und Epigraphik* 66 (1986): 165-77.

51. Green, *Alexander of Macedon* (Berkeley: University of California Press, 1991), 222.

52. Heckel, *Marshals of Alexander's Empire*, 215-17.

53. Kingsley, "Harpalos in the Megarid", 165.

54. Arrian 3.19.7-8.

55. Diodorus 17.108.4-5.

56. 关于舞者墨涅斯透斯（Mnesitheus），请见 Hyperides 5, col. 9。

57. Plutarch, *Alexander* 35.15; Theophrastus, *History of Plants* 4.4; Pliny, *Natural History* 16.144; Diodorus 17.108.4.

58. Plutarch, *Moralia* 648c-d 将种植花木归因于亚历山大的命令。

59. Diodorus 17.108.5; cf. Athenaeus 595c, quoting Philomenon.

60. 数据来自 Theopompus，cited by Athenaeus 595b。

61. 被引于 by Athenaeus 594e-f; cf. Diodorus 17.108.5。

62. Pausanias, *Description of Greece* 1.37.5; Plutarch, Phocion 22.

63. Plutarch, *Phocion* 22. 卡里克勒斯成了哈帕拉斯和阿佛洛狄忒·皮提奥尼斯生下的女儿的护卫。

64. Diodorus 17.108.6; Athenaeus 586c-d and 595d.

65. Athenaeus 595e-596b.

66. Diodorus 17.108.6.

67. 恩斯特·巴迪安称之为"恐怖统治"，他很容易就列出了那些受惩治者的名单，同时认为这种行为的真正动机是亚历山大蒙受印度撤军之辱后，精神错乱地试图通过血腥手段重新掌权：*Collected Papers on Alexander the Great*（London：Routledge，2012），58-95。

68. Diodorus 17.108.6. 有人记载哈帕拉斯在克里特岛遭遇暗杀时，身边有一位出纳员：Pausanias 2.33.4。

69. Christopher Blackwell，*In the Absence of Alexander：Harpalus and the Failure of Macedonian Authority*（New York：Peter Lang，1999）；Christian Habicht，*Athens from Alexander to Antony*（Cambridge，MA：Harvard University Press，1997），30-35。

70. 德摩斯梯尼继承的财产略少于15泰兰特（Plutarch，*Demosthenes* 4.3），不过当他遭到从哈帕拉斯那里收取好处的指控时，身价可能已达150泰兰特：Jonathan Goldstein，"Demosthenes' Fine and Its Payment，323-322 B. C."，*Classical Journal* 67（1971）：20-21。

71. Pausanias 2.33.4.

72. Polybius 2.62在公元前378年的税务评估中提供了阿提卡地区的数字——5750泰兰特。

73. 关于经济上的腐败之风，参考Curtius 6.2.10（1.2万—2.6万泰兰特在埃克巴坦纳遭到贪污）。

74. Arrian 3.6.4，with commentary：A. B. Bosworth，*A Historical Commentary on Arrian's History of Macedonia*，vol. 1（Oxford：Claren-

don，1980），280-82.

75. Aristotle，*Economics* 1352a.

76. Aristotle，*Economics* 1352b and 1353a. 更不为人所知的是神秘的司库色诺克勒斯/色诺菲勒斯：Heckel，*Who's Who in the Age of Alexander the Great*，272。

77. 亚历山大颇费周章地给搜捕逃亡奴隶的伙友骑兵写了封信。

78. Arrian 3.5.4；Curtius 4.8.5；Justin 13.4.11. 相关讨论，请见 Georges Le Rider，*Alexander the Great：Coinage，Finances，and Policy*，trans. W. E. Higgins（Philadelphia：American Philosophical Society，2007），179-200。

79. Arrian 7.23.6-8.

80. Pausanias 1.6.3.

81. 这些作品引用时的署名通常为德摩斯梯尼，而非狄俄尼索多罗和亚里士多德，尽管《经济学》（*Economics*）的作者身份仍然存在争议。

82. Demosthenes，*Against Dionysodorus* 56.9 and 45. 事实上，隶属雅典或受雅典资助的船只将粮食运往任何雅典以外的港口都属违法：Demosthenes，*Against Lacritus* 35.50。

83. Demosthenes，*Against Dionysodorus* 56.8-9.

84. 整理后的数据参考 Peter Garnsey，*Famine and Food Supply in*

the Graeco-Roman World (Cambridge: Cambridge University Press, 1988), 154-66。

85. 以下文献中有讨论: Blackwell, In the Absence of Alexander, 89-92。

86. Demosthenes, Against Phormio 34.37-39. 请见附录1。

87. Aristotle, Economics 1352b.

88. Aristotle, Economics 1352a-1353b.

89. Arrian 7.23.6-8. 某些学者质疑这封信的真实性,但阿里安认为它是可信的,尽管这位学者并不喜欢它的内容,也不愿意提到它,事实上,他三次谴责亚历山大写了这封信。

90. 克里奥门尼斯被称为敲诈勒索者,参考 Alan Lloyd, "From Satrapy to Hellenistic Kingdom: The Case of Egypt", in Creating a Hellenistic World, ed. Andrew Erskine and Lloyd Llewellyn-Jones (Swansea: Classical Press of Wales, 2010), 87。

91. Arrian 6.27.4-5; Curtius 10.1.1-9.

92. 例如,关于克里奥门尼斯,参考 Stanley Burstein, "Alexander's Administration of Egypt: A Note on the Career of Cleomenes of Naucratis", in Macedonian Legacies: Studies in Ancient Macedonian History and Culture in Honor of Eugene N. Borza, ed. Timothy Howe and Jean Reames (Claremont, CA: Regina Books, 2008), 187, and Daniel

Ogden, "*Alexander in Africa*（332-331 bc and Beyond）: The Facts, the Traditions and the Problems", in Alexander in Africa, ed. Philip Bosman（Pretoria: Classical Association of South Africa, 2014）, 16-17。

93. Diodorus 18.14.1，强调了托勒密，以及他在接管这些财宝时对埃及人的公平态度，这与克里奥门尼斯形成了鲜明对比。

94. Le Rider, *Alexander the Great: Coinage, Finances, and Policy*, 233-38.

95. Le Rider, *Alexander the Great: Coinage, Finances, and Policy*, 233.

96. Le Rider, *Alexander the Great: Coinage, Finances, and Policy*, 237, citing Justin 13.1.9. 关于亚历山大去世后留下的钱，请参见上述文献。

97. Le Rider, *Alexander the Great: Coinage, Finances, and Policy*, 234.

98. Susa: Diodorus 17.71.2; cf. Strabo 15.3.9.

99. Arrian 3.19.7. 同时可参考本书第4章。

100. Diodorus 17.71.2.

101. Ernst Badian, "The Administration of the Empire", Greece and Rome 12（1965）: 180. 文献明确地承认："国王显然不能让他的主要财富跟随他穿过巴克特里亚和印度。"

102. Le Rider, *Alexander the Great: Coinage, Finances, and Policy*, 204. 根据保罗·古科夫斯基（Paul Goukowsky）描绘的一个情景，勒·里德认为（234）帕曼纽取代哈帕拉斯成了埃克巴坦纳18万泰兰特财宝的监护人，直到亚历山大杀害了这位老将军，据说，这批财宝后来被运到了坎大哈。

103. Curtius 8.7.11.

104. Le Rider, *Alexander the Great: Coinage, Finances, and Policy*, 234.

105. 引自昆图斯（6.11.3）关于菲罗塔斯叛国罪的审判记载：Le Rider, *Alexander the Great: Coinage, Finances, and Policy*, 234。勒·里德错误翻译了拉丁文文献，其中提到的是装载黄金、白银的马车，而非由黄金、白银打造成的重型战车。

106. Waldemar Heckel, *Who's Who in the Age of Alexander the Great*, 73. 文献这样记载博隆："他仅仅在昆图斯的文献中被提及，这个人物也许是虚构的，用来表达某种情感，以达到戏剧化的效果。"

107. Frank Holt, "Alexander the Great at Bactra: A Burning Question", *Electrum* 22（2015）: 9-15.

108. 在以下文献中被提及 Le Rider, *Alexander the Great: Coinage, Finances, and Policy*, 240-41。

109. Le Rider, *Alexander the Great: Coinage, Finances, and Policy*, 243-46. 文献提及在底格里斯以东只发现了15个大流士金币, 其中大部分来自充满疑问的奥克瑟斯宝藏（Oxus Hoard）。

110. Curtius 10.6.20-21; Justin 13.2.6-8; Arrian, *Successors* 1.2.

111. Curtius 10.6.23-24; cf. Justin 13.1.8. 高级军官眼中的目标是权力, 普通士兵却紧盯着国库和成堆的黄金, 这些立刻就能抢到手里的东西。

112. Curtius 10.9.11-21.

113. Arrian 7.8.1 and 7.12.1. 亦可参见 Hammond, "An Unfulfilled Promise by Alexander the Great"。

114. Arrian, *Successors* 32; Diodorus 18.39.3-4.

115. Diodorus 17.111.1.

116. Polyaenus 4.6.6.

117. Diodorus 18.37.1-2, 39.7, 40.1-47.3; Justin 13.8.10; Plutarch, *Eumenes* 8.7-8.

118. Diodorus 18.62.2; Strabo 14.5.10. 试图将这座古老遗址与令人印象深刻的卡拉西斯山（Mount Karasis）遗址联系起来的迫切希望已归于失败: Timm Radt, "The Ruins on Mount Karasis in Cilicia," in *From Pella to Gandhara: Hybridisation and Identity in the Art*

and Architecture of the Hellenistic East, ed. Anna Kouremenos, Sujatha Chandrasekaran, and Roberto Rossi (Oxford: Archaeopress, 2011), 49-64。

119. Diodorus 18.52.7 and Polyaenus 4.6.9, discussed in R. H. Simpson, "A Note on Cyinda", *Historia* 6 (1957): 503-4.

120. Diodorus 18.58.1; Plutarch, *Eumenes* 13. 马其顿国王腓力三世阿里希达乌斯授权攸美尼斯接受这些资金。

121. Plutarch, *Demetrius* 32.

122. J. D. Bing, "A Further Note on Cyinda/Kundi", *Historia* 22 (1973): 346-50.

123. Arrian 2.5.2-4.

124. Bing, "A Further Note on Cyinda/Kundi", 350.

125. Justin 13.4.5, discussed in Alexander Meeus, "Some Institutional Problems Concerning the Succession to Alexander the Great: *Prostasia* and Chiliarchy", *Historia* 58 (2009): 295.

126. Diodorus 19.56.5.

127. Quoted in Athenaeus 11.484c.

128. Roisman, *Alexander's Veterans and the Early Wars of the Successors*. 文献对这些问题作出了令人信服的说明。

129. Ibid., 221-36.

130. Diodorus 19. 46. 5-48. 8.

131. Diodorus 19. 55. 1.

132. Diodorus 19. 55. 1-9.

第7章

1. Polybius 9. 28. 1-39. 7.

2. 希腊人对亚历山大遗产的态度，参考 Andrew Erskine, "The View from the Old World: Contemporary Perspectives on Hellenistic Culture", in *Shifting Social Imaginaries in the Hellenistic Period*, ed. Eftychia Stavrianopoulou (Leiden: Brill, 2013), 339-63。有关波利比乌斯，请见 Nikolaus Overtoom, "Six Polybian Themes Concerning Alexander the Great", Classical World 106 (2013): 571-93。

3. St. Augustine, *City of God* 4. 4. 有关这一故事在罗马文化中的背景请见 Brian Harding, "The Use of Alexander the Great in Augustine's *City of God*", *Augustinian Studies* 39 (2008): 113-28。关于现代国家的建立只是更大规模有组织犯罪的类似观点，参考 Charles Tilly, "War Making and State Making as Organized Crime", in *Bringing the State Back In*, ed. Peter Evans, Dietrich Rueschemeyer, and Theda Skocpol (Cambridge: Cambridge University Press, 1985), 169-91。

4. 这个传说残留在西塞罗的《国家篇》(3.12)。西塞罗的信息来源基本等同于猜测，虽然亚历山大偶尔可能真会遇到被俘海盗（Arrian 3.2.4-5；Curtius 4.5.19-21, 4.8.11 and 15）。类似的争论记载于 Curtius 7.8.19，故事为真的可能仍然存在，当然，西塞罗的用意主要是借亚历山大的名义谴责庞贝（Pompey），他是海盗战争中的英雄。

5. 西塞罗似乎没有理由指责亚历山大，身为奇里乞亚的地方长官，他的政府获得的利润总额是他为奢侈生活设定的标准的 3 倍多：Moses Finley, *The Ancient Economy* (London：Chatto and Windus, 1975), 55。关于西塞罗的背景，以及掳掠行为的介绍，参考 Margaret Miles, *Art as Plunder* (Cambridge：Cambridge University Press, 2008)。

6. Seneca, *De Beneficiis* 7.2. On mankind's insatiability, see Aristotle, *Politics* 2.1267b.

7. Lucan, *Pharsalia* 10, lines 20-45. 罗宾·莱恩·福克斯（Robin Lane Fox）谈论亚历山大道："不应该把旧有的刻板印象往他身上硬套，奢侈导致统治势力变得衰弱，他显然不比别人做得更差，或者更堕落"，参考 Lane Fox, "The First Hellenistic Man", in *Creating a Hellenistic World*, ed. Andrew Erskine and Lloyd Llewellyn-Jones (Swansea：Classical Press of Wales, 2010), 7。

8. Plutarch, *Moralia* 330d.

9. 有关塞内卡的态度，请见 *De Beneficiis*7. 3; cf. 2. 16。

10. Plutarch, *Moralia* 342a; cf. 328e.

11. Plutarch, *Alexander* 37. 4. 文献记载中的骡子都是成对的，因此它们有可能拉动装满战利品的重型货车。

12. Plutarch, *Moralia* 343b.

13. 亦可参见 Orosius, *Seven Books of History against the Pagans* 3. 18. 10，作者用亚历山大的嗜血欲望证明异教徒的历史与公元后哥特人和汪达尔人洗劫罗马的往事一样可怕，相关背景参考 David Ashurst, "Alexander the Great", in *Heroes and Anti-Heroes in Medieval Romance*, ed. Neil Cartlidge (Cambridge: DS Brewer, 2012), 31-32。

14. George Cary, *The Medieval Alexander* (Cambridge: Cambridge University Press, 1956), 95-98 and 156; Janet Spencer, "Princes, Pirates, and Pigs: Criminalizing Wars of Conquest in Henry Ⅴ", *Shakespeare Quarterly* 47 (1996): 160-77.

15. *King Charls His Speech Made upon the Scaffold* (London: Peter Cole, 1649), 8.

16. Su Fang Ng, "Pirating Paradise: Alexander the Great, the Dutch East Indies, and Satanic Empire in *Paradise Lost*", *Milton Studies*52 (2011): 59-91.

17. 相关翻译和讨论参考 Ory Amitay, "Alexander in *Bavli Tamid*: In Search for a Meaning", in *The Alexander Romance in Persia and the East*, ed. Richard Stoneman (Groningen: Barkhuis Publishing, 2012), 349-65。

18. 后续事件，可参见 Cyrus Masroori, "Alexander in the City of the Excellent: A Persian Tradition of Utopia", *Utopian Studies* 24 (2013): 60-62。

19. Cary, *The Medieval Alexander*, 175-76. In Lucan's Pharsalia, 10, line 33, 亚历山大用鲜血灌满了幼发拉底河和印度河。

20. Canto 12. 107.

21. Petrarch, *De Viris Illustribus*; Wauquelin, *The Deeds and Conquests of Alexander the Great*, 86.

22. Machiavelli, *The Prince*, 16.

23. Chardin, *Voyages du Chevalier de Chardin en Perse et autres lieux de l'Orient*, vol. 2 (Amsterdam: La Compagnie, 1735), 184-86. 关于背景，请见 Pierre Briant, *Darius in the Shadow of Alexander*, trans. Jane Marie Todd (Cambridge, MA: Harvard University Press, 2015), 363-70。

24. Clarke, *The Life and Death of Alexander the Great* (London: Wm. Miller, 1665), 61.

25. Abbé de Mabry, *Observations sur les Grecs* (Geneva: Compagnie des Libraires, 1749), 201. 他补充道:"腐败的种子在繁荣中生根发芽,掌握一切的他最终想要享受。"

26. Gast, *The History of Greece, from the Accession of Alexander of Macedon, till Its Final Subjection to the Roman Power*, vol. I (London: J. Murray, 1782), 58-59.

27. 我把文献的发现归功于出版社的一位匿名审读人。

28. Abbott, *The History of Alexander the Great* (New York: Harper and Brothers, 1848), 208-9.

29. 关于疯狂残忍的亚历山大的全新正统学术理念,参考 Ian Worthington, "How 'Great' Was Alexander?" *Ancient History Bulletin* 13 (1999): 39-55; Frank Holt, "Alexander the Great Today: In the Interests of Historical Accuracy?" *Ancient History Bulletin* 13 (1999): 111-17; Worthington, "Alexander and 'the Interests of Historical Accuracy': A Reply", *Ancient History Bulletin* 13 (1999): 136-40; Holt, "The Death of Coenus: Another Study in Method", *Ancient History Bulletin* 14 (2000): 49-55。

30. Bosworth, *Alexander and the East: The Tragedy of Triumph* (Oxford: Oxford University Press, 1996), 30.

31. Hobbes, *Leviathan* 13.9.

32 相关背景和历史学知识，参考 Pierre Briant, "Alexander and the Persian Empire, between 'Decline' and 'Renovation'", in *Alexander the Great: A New History*, ed. Waldemar Heckel and Lawrence Tritle (Malden, MA: Wiley-Blackwell, 2009), 171-88。

33. Rollin, *The Life of Alexander the Great, King of Macedon* (Providence, RI: B. Wheeler, 1796), 142. 罗林的立场受到了普鲁塔克《掌故清谈录》（333b）的影响。

34. Droysen, *Geschichte des Hellenismus*, vol. 1 (1877; repr., Tübingen: Tübingen Wissenschaftliche Buchgemeinschaft, 1952), 436-38.

35. Duruy, *Histoire des Grecs*, vol. 3 (1889; repr., Graz: Akademische Druck, 1968), 314. 法语原文："L'industrie vivement sollicité par les immenses richesses autrefois inactives et stériles dans les trésors royaux, maintenant jetés dans la circulation par la main prodigue du conquérant."

36. Arthur Curteis, *Rise of the Macedonian Empire* (New York: Scribners, 1916), 214. 这句话早些时候出现在牧师约翰·威廉姆斯对昆图斯的相关引述中：*The Life of Alexander the Great* (New York: A. L. Burt, 1902), ix。

37. Wilcken, *Alexander the Great* (1931; repr., New York: Nor-

ton, 1967), 255-56.

38. Rostovtzeff, *The Social and Economic History of the Hellenistic World*, vol. 1 (Oxford: Clarendon Press, 1941), 129-35. 亦可参见 Keith Roberts, *The Origins of Business, Money, and Markets* (New York: Columbia University Press, 2011), 88。

39. Hammond, *Alexander the Great: King, Commander and Statesman* (Park Ridge, NJ: Noyes Press, 1980), 263.

40. Green, *Alexander to Actium: The Historical Evolution of the Hellenistic Age* (Berkeley: University of California Press, 1990), 366. 他按1978年的汇率将价值估算为285美元。

41. 例如：John Mahaffy, *Alexander's Empire* (London: T. Fisher Unwin, 1887), 27; Ulrich Wilcken, *Alexander the Great*, 284 and 291; Pierre Jouguet, *Macedonian Imperialism and the Hellenization of the East* (London: Kegan Paul, 1928), 173; Richard Billows, *Kings and Colonists: Aspects of Macedonian Imperialism* (Leiden: Brill, 1995), 215; and R. J. van der Spek, "The 'Silverization' of the Economy of the Achaemenid and Seleukid Empires and Early Modern China", in *The Economies of Hellenistic Societies, Third to First Centuries*, ed. Zofia Archibald, John Davies, and Vincent Gabrielsen (Oxford: Oxford University Press, 2011), 409-10。

42. Howgego, *Ancient History from Coins* (London: Routledge, 1995), 50.

43. Keynes, *A Treatise on Money*, vol. 2 (New York: Harcourt, Brace and Company, 1930), 152 and 291.

44. Ibid., 150-51.

45. Michael Meyer, *The Alexander Complex: The Dreams that Drive the Great Businessmen* (New York: Times, 1989), 4. 关于亚历山大的父亲,腓力二世国王获得的类似盛赞,参考本书第3章。

46. Steve Forbes and John Prevas, *Power Ambition Glory: The Stunning Parallels between Great Leaders of the Ancient World and Today...and What Lessons You Can Learn* (New York: Three Rivers Press, 2009), 101.

47. Guillaume Emmanuel Joseph de Sainte-Croix, *Examen critique des anciens historiens d'Alexandre le Grand*, 2nd ed. (Paris: Delance et Lesueur, 1804), 415.

48. 某种程度上,这些打着亚历山大成功学名义的畅销书沿用了一种古典时代和中世纪的老套路,其中的故事案例被断章取义,用来证明这位王子或CEO人生经验的教育意义。

49. Michel Austin, "Alexander and the Macedonian Invasion of Asia: Aspects of the Historiography of War and Empire in Antiquity", in

War and Society in the Greek World, ed. John Rich and Graham Shipley (New York: Routledge, 1993), 219.

50. Partha Bose, *Alexander the Great's Art of Strategy: The Timeless Leadership Lessons of History's Greatest Empire Builder* (New York: Gotham Books, 2003).

51. 然而，有一种相反观点认为，企业道德感即便在安然公司这样的案例中也没有实际的约束作用，"安然是公司腐败的典型代表"：John Hasnas, "Reflections on Corporate Moral Responsibility and the Problem Solving Technique of Alexander the Great", *Journal of Business Ethics* 107（2012）：183-95。作者没注意到的是一个更深层次的讽刺，即他所倡导的技术（亚历山大解开戈尔迪乌姆之结）即使在古代也被认为是骗术。

52. *Iliad* 6.119-236. 参考本书第2章。

53. 更详细背景介绍，参考 Michele Faraguna, "Aspetti amministrativi e finanziari della monarchia macedone fra Ⅳ e Ⅲ secolo a.C.", *Athenaeum* 86（1998）：349-95, and Paul Millett, "The Political Economy of Macedonia", in *A Companion to Ancient Macedonia*, ed. Joseph Roisman and Ian Worthington（Malden, MA: Wiley-Blackwell, 2010）, 472-504。

54. 战术家埃涅阿斯（Aeneas Tacticus）也写了一篇以亚历山大

时代的战争资金为主题的论文：*Siegecraft* 14.2。

55. Aristotle, *Economics* 1345b.

56. Alain Bresson, "Coinage and Money Supply in the Hellenistic Age", in *Making, Moving and Managing: The New World of Ancient Economies*, 323–31 *bc*, ed. Zofia Archibald, John Davies, and Vincent Gabrielsen (Oxford: Oxbow Books, 2005), 44–72.

57. Diodorus 17.2.2; cf. Justin 11.1.8.

58. 某些人推测，当时的亚历山大似乎身负某种责任，必须用腓力二世时代的钱币偿还那个时代的债务，因此推迟了新王室货币的发行：Martin J. Price, "Alexander's Reform of the Macedonian Regal Coinage", *Numismatic Chronicle* (1982): 180–90, disputed by Thomas R. Martin, *Sovereignty and Coinage in Classical Greece* (Princeton, NJ: Princeton University Press, 1985), 292, note 63。推迟以阿提卡重量单位为标准的货币的发行也将能让亚历山大用实际分量更轻的钱履行腓力二世的承诺。

59. Diodorus 16.8.7.

60. 大流克金币上通常印有波斯国王手持弓箭的形象，阿格西劳斯（Agesilaus）因此打比方说自己正被1万名弓箭手赶出亚洲，这是一种货币与军事力量的奇特关联。

61. 腓力二世时代钱币研究范例，参考 Georges Le Rider, *Le*

Monnayage d'argent et d'or de Philippe II (Paris: Bourgey, 1977), and his follow-up *Monnayage et finances de Philippe II : Un état de la question* (Paris: Diffusion de Boccard, 1996)。

62. Plutarch, *Alexander* 3.8 and 4.9; cf. Moralia 105a.

63. Plutarch, *Alexander* 4.8-9.4.

64. 关于腓力二世延迟造币计划，参考 Le Rider, *Alexander the Great: Coinage, Finances, and Policy*, trans. W. E. Higgins (Philadelphia: American Philosophical Society, 2007), 89-90。一系列带有亚历山大名号，但按色雷斯—马其顿标准铸造的小而神秘的"鹰钱"可能是他当政早期发行的，但这仍未确定：Le Rider, *Monnayage et finances*, 91-94。

65. 某些铭文和文献证据表明，在亚历山大统治早期，菲利普金币仍然是流通货币：François de Callataÿ, "La Datedes premiers tétradrachmes de poidsattiqueémis par Alexandre le Grand", *Revue Belge de Numismatique et de Sigillographie* 128 (1982): 22。

66. 人们普遍怀疑亚历山大是否将王室头衔铸在了他那个时代的钱币上：Emiliano Arena, "L'Introduzione della leggenda ΒΑΣΙΛΕΩΣΑΛΕΞΑΝΔΡΟΥ nellamonetazione di Alessandro Magno", *Revue Belge de Numismatique et de Sigillographie* 157 (2011): 135-70。

67. Esprit Marie Cousinéry, *Voyage dans la Macédoine* (Paris: Im-

primerie Royale, 1831), 230-31.

68. 正反两个方面都有重量级学者力挺，那些倾向于认为亚历山大即位伊始就开始发行货币的人包括：Edward Newell, *Reattribution of Certain Tetradrachms of Alexander the Great* (New York: American Numismatic Society, 1912); Alfred Bellinger, *Essays on the Coinage of Alexander the Great* (New York: American Numismatic Society, 1963), 7-12; and Martin J. Price, *The Coinage in the Name of Alexander the Great and Philip Arrhidaeus*, vol. 1 (London: British Museum, 1991), 27-29。那些认为时间要稍晚一些，大概在公元前333年前后的人包括：Gerhard Kleiner, Orestes Zervos, François de Callataÿ, Carmen Arnold-Biucchi, Hyla Troxell, and Georges Le Rider。关于文献引用问题的总体概述，参阅勒·里德的杰出作品：Le Rider, *Alexander the Great: Coinage, Finances, and Policy*, 8-14 and 38-43。

69. 关于亚历山大钱币上出现的伊朗王室肖像，参考 Marek Jan Olbrycht, "An Admirer of Persian Ways", 43-44。

70. Le Rider, *Alexander the Great: Coinage, Finances, and Policy*, 152-59.

71. Margaret Thompson, "The Coinage of Philip II and Alexander III", in *Macedonia and Greece in Late Classical and Early Hellenistic Times*, ed. Beryl Barr-Sharrar and Eugene Borza (Washington, DC: Na-

tional Gallery of Art, 1982), 113-14。关于各不相同的铸币厂分类和每类铸币厂的研究, 参阅 Price, *The Coinage in the Name of Alexander the Great and Philip Arrhidaeus*。有关可能将阿克铸币厂迁至推罗的信息, 参阅 Andre Lemaire, "Le monnayage de Tyr et celui dit d'Akko dans la deuxième moité du Ⅳ esiècle avant J.-C.", *Revue Numismatique* 18 (1976): 11-24。关于佩加蒙可能的早期铸币活动, 参阅 François de Callataÿ, "Les statères de Pergame et les réquisitions d'Alexandre le Grand", *Revue Numismatique* 169 (2012): 179-96。

72. 埃及亚历山大造币厂的产量很小 (在孟菲斯可能也一样): Sitta von Reden, *Money in Ptolemaic Egypt* (Cambridge: Cambridge University Press, 2007), 33。

73. 流动造币厂可能负责生产特殊的奖章: Frank Holt, *Alexander the Great and the Mystery of the Elephant Medallions* (Berkeley: University of California Press, 2003)。

74. 有意思的是, 这些改变发生时, 哈帕拉斯已经消失, 亚历山大也没在统治末期建立更多的造币厂。

75. 关于此类造币行为的领军性研究专著, 参考 Edward Newell, *The Dated Alexander Coinage of Sidon and Ake* (New Haven, CT: Yale University Press, 1916)。

76. Le Rider, *Alexander the Great: Coinage, Finances, and Policy*,

85-105 and 109-110. 文献呈现了亚历山大延续阿契美尼德王朝的先例。

77. Le Rider, *Alexander the Great: Coinage, Finances, and Policy*, 255-56; see also 60-72 and Margaret Thompson, "Paying the Mercenaries", in *Studies in Honor of Leo Mildenberg*, ed. Arthur Houghton et al. (Wetteren: NR Editions, 1984), 241-47, 主要基于造币研究。See Thompson, *Alexander's Drachm Mints Ⅰ: Sardes and Miletus* (New York: ANS, 1983), and *Alexander's Drachm Mints Ⅱ: Lampsacus and Abydus* (New York: ANS, 1991)。关于亚历山大从一开始就打算发行共同货币的观点,参见 Sophia Kremydi-Sicilianou, "The Financing of Alexander's Asian Campaign", *Nomismatika Chronika* 18 (1999): 61-68。

78. Michael Alram, "The Coinage of the Persian Empire", in *The Oxford Handbook of Greek and Roman Coinage*, ed. Willaim Metcalf (Oxford: Oxford University Press, 2012), 80. 夸大亚历山大的铸币活动是普遍现象: Andrew Meadows, "The Spread of Coins in the Hellenistic World", 174。

79. Strabo 15.3.21 指出波斯国王主要在他们的西部领地使用货币,而且按需铸造。

80. Pierre Briant, *From Cyrus to Alexander: A History of the Persian*

Empire（Winona Lake, IN: Eisenbrauns, 2002), 800-809.

81. 关于存世的亚历山大钱币，参考本书附录4。

82. François de Callataÿ, "Quantifying Monetary Production in Greco-Roman Times: A General Frame", *Pragmateiai* 19 (2011): 7-29. 关于这场辩论中持怀疑态度的一方，参阅 T. V. Buttrey, "Calculating Ancient Coin Production: Facts and Fantasies", *Numismatic Chronicle* 153 (1993): 335-51, and "Calculating Ancient Coin Production II: Why It Cannot Be Done", *Numismatic Chronicle* 154 (1994): 341-52.

83. 由于正面和反面模具在锤击过程中的磨损率不同，因此选择更换频率必然低于后者的前者进行这些计算。

84. de Callataÿ, "Quantifying Monetary Production in Greco-Roman Times", 9.

85. François de Callataÿ, "Les trésors achéménides et les monnayages d'Alexandre: Espèces immobilisées et espèces circulantes?" *Revue des études Anciennes* 91 (1989): 259-74.

86. Ibid., 272. 普赖斯评论请见 274。

87. de Callataÿ, "Quantifying Monetary Production in Greco-Roman Times", 23.

88. Ibid.

89. de Callataÿ, "Royal Hellenistic Coinages: From Alexander to

Mithradates", in *The Oxford Handbook of Greek and Roman Coinage*, ed. William Metcalf (Oxford: Oxford University Press, 2012), 179.

90. Ibid., 178. 必须指出，波斯阿契美尼德王朝的收入并非一成不变，某些专家认为每年的贡品入库存储量不会超过 5%: Matthew Stolper, *Entrepreneurs and Empire: The Murasu Archive, the Murasu Firm, and Persian Rule in Babylonia* (Leiden: Nederlands Instituut voor het Nabije Oosten, 1985), 143-46。

91. de Callataÿ, "Royal Hellenistic Coinages: From Alexander to Mithradates", 179.

92. 按弗朗索瓦·德·卡拉塔的计算，每个正面模具能做 2 万个钱币。

93. 按照美国人口普查局的估算，公元前 4000 年的数字为 1.62 亿，公元前 200 年为 1.5 亿—2.31 亿：https://www.census.gov/population/international/data/worldpop/table_history.php。

94. 亚历山大将一小部分波斯金块送回了马其顿：Curtius 3.1.20 and Diodorus 18.12.2。

95. de Callataÿ, "Quantifying Monetary Production in Greco-Roman Times", 22.

96. Diodorus 19.46.6, 例如，提到有 5000 泰兰特未经铸造的白银，公元前 316 年仍然留在埃克巴坦纳。

97. Diodorus 17.54.1–5；Curtius 4.11.1–22；Plutarch, *Alexander* 29.7-8；Justin 11.12.9-15. 不能过分强调通常说的3万泰兰特，可能会有巨额赎金。

98. 除了回报丰厚的权力分享，以及公元前331年的亚历山大存在比大流士三世更长寿的可能性以外，马其顿王国的总资产将超过8万泰兰特，他的军事支出也将大幅缩减。

99. Sungmin Hong, Jean-Pierre Candelone, Clair Patterson, and Claude Boutron, "Greenland Ice Evidence of Hemispheric Lead Pollution Two Millennia Ago by Greek and Roman Civilizations", *Science* 265 (1994): 1841-43.

100. de Callataÿ, "The Graeco-Roman Economy in the Super Long-Run: Lead, Copper, and Shipwrecks", *Journal of Roman Archaeology* 18 (2005): 365.

101. 根据计算，1德拉克马相当于3天的开销，参考 Alfred Bellinger, *Essays on the Coinage of Alexander the Great* (New York: American Numismatic Society, 1963), 30。关于埃及的窖藏，参考 Margaret Thompson, Otto Mørkholm, and Colin Kraay, eds., *An Inventory of Greek Coin Hoards* [hereafter simply *IGCH*] (New York: American Numismatic Society, 1973), no. 1664, along with Orestes Zervos, "Additions to the Demanhur Hoard of Alexander Tetradrachms", *Numismatic*

Chronicle140 (1980): 185-88。

102. Xenophon, Ways and Means 4.7. 有关士兵们没有进入流通领域的货币的案例，参考 de Callataÿ, "Armies Poorly Paid (the Anabasis of the Ten-Thousands) and Coins for Soldiers Poorly Transformed by the Markets (the Hellenistic Thasian-Type Tetradrachms) in Ancient Greece", *Revue Belge de Numismatique et de Sigillographie*155 (2009): 51-70。

103. 根据 IGCH 和目前出版的9本钱币窖藏主题书籍提供的数据计算，随后的3位国王分别是亚历山大的将军利西马科斯（Lysimachus）（236）、亚历山大的父亲腓力二世（221）和亚历山大的继任者腓力三世（175）。

104. Davies, "Cultural, Social and Economic Features of the Hellenistic World", in *The Cambridge Ancient History*, 2nd ed., vol. 7, part 1: *The Hellenistic World*, ed. Frank Walbank et al. (Cambridge: Cambridge University Press, 1984), 277.

105. 这方面更全面的介绍，参考 Frank Holt, "Alexander the Great and the Spoils of War", *Ancient Macedonia*6 (1999): 499-506。

106. Pace David MacDowall, "Der Einfluss Alexanders des Grossen auf das Münzwesen Afghanistans und Nordwest-Indiens", in *Aus dem Osten des Alexanderreiches*, ed. Jakob Ozols and Volker Thewalt (Cologne:

Du Mont, 1984), 66-73.

107. 相关研究的信息来源, 参考 Frédérique Duyrat, "La circulation monétaire dans l'Orient séleucide (Syrie, Phénicie, Mésopotamie, Iran)", Topoi 6 (2004): 381-424。

108. 将 IGCH 编号分别为 1820、1830 (亚历山大之前) 与编号分别为 1831、1832 的藏品 (亚历山大之后至公元前 200 年) 进行比较, 并参考 Frank Holt, "Alexander the Great and the Spoils of War," 505-506。尽管不利证据存在, 快速货币化的旧有观点仍然有其合理性: Robin Waterfield, *Dividing the Spoils: The War for Alexander the Great's Empire* (Oxford: Oxford University Press, 2011), 166, 169, and 198。

109. Frank Holt, *Thundering Zeus: The Making of Hellenistic Bactria* (Berkeley: University of California Press, 1999), 29-37. 目前已知的巴克特里亚、粟特、帕罗帕密萨代和印度的 IGCH 宝藏中, 只有 3 个出土了以亚历山大名义铸造的硬币, 与此同时, 还有大约总计 200 枚, 几乎都来自奥克瑟斯宝藏 (IGCH 1822)。

110. 更新后的数据来源于 Hyla Troxell, *Studies in the Macedonian Coinage of Alexander the Great* (New York: American Numismatic Society, 1997), 75。

111. Price, *The Coinage in the Name of Alexander the Great and*

Philip Arrhidaeus (London: British Museum, 1991). Sophia Kremydi-Silianou, "The Financing of Alexander's Asian Campaign", *Nomismatika Chronika* 18 (1999): 65, 声称出自安菲波利斯和巴比伦的窖藏占据了现存亚历山大钱币的半壁江山。

112. 关于窖藏作为平衡经济的手段,参考 Véronique Chankowski, "Richesse et patrimoine dans les cités grecques: De la thésaurisation à la croissance", in *Richesse et Sociétés*, ed. Catherine Baroin and Cécile Michel (Paris: de Boccard, 2013), 163–72。

113. Matthew 25: 14–30; Luke 19: 12–27.

114. Lindsay Adams, "In the Wake of Alexander the Great: The Impact of Conquest on the Aegean World", *Ancient World* 27 (1996): 34–35.

115. 强盗们在年代为公元前4世纪晚期的2座马其顿陵墓中发现了一些珍贵的钱币,2座陵墓分别位于菲尼卡斯(Phinikas)和阿尤斯·阿塔纳西奥斯(Ayios Athanasios):Maria Tsimbidou-Avloniti, Μακεδονικοί τάφοισ τον Φοίνικα και στ ον Α'γιοΑ'θανάσιο (Athens: TAPA, 2005)。

116. 当然了,即便遭到洗劫,陵墓本身的结构也是一种富有程度的体现,公元前4世纪晚期,出现了"修建纪念性建筑的高潮": Janos Fedak, *Monumental Tombs of the Hellenistic Age: A Study of Select-*

ed Tombs from the Pre-Classical to the Early Imperial Era (Toronto: University of Toronto Press, 1990), 98。

117. 关于泛希腊世界中的白银，能提供大量信息的研究成果可参考 Katerina Panagopoulou, "Between Necessity and Extravagance: Silver as a Commodity in the Hellenistic Period", Annual of the British School at Athens 102 (2007): 315-43。

118. 例如: Athena Tsingarida and Didier Viviers, eds., Pottery Markets in the Ancient Greek World (Brussels: CReA - Patrimoine, 2013); Ian Morris, "Archaeology, Standards of Living, and Greek Economic History", in The Ancient Economy: Evidence and Models, ed. J. G. Manning and Ian Morris (Stanford: Stanford University Press, 2005), 91-126; Geoffrey Kron, "Comparative Evidence and the Reconstruction of the Ancient Economy: Greco-Roman Housing and the Level and Distribution of Wealth and Income", in Quantifying the Greco-Roman Economy and Beyond, ed. François de Callataÿ (Bari: Edipuglia, 2014), 123-46; G. Kron, "Anthropometry, Physical Anthropology, and the Reconstruction of Ancient Health, Nutrition, and Living Standards", Historia 54 (2005): 68-83。

119. 关于数据极限，参考 Morris, "Archaeology, Standards of Living, and Greek Economic History", 110-25。

120. 相关数据讨论，参考 R. J. van der Spek, "Palace, Temple and Market in Seleucid Babylonia," in *Le roi et l'économie*, ed. Véronique Chankowski and Frédérique Duyrat (Paris: de Boccard, 2004), 303-332。

121. R. J. van der Spek, B. van Leeuwen, and J. L. van Zanden, eds., *A History of Market Performance from Ancient Babylonia to the Modern World* (New York: Routledge, 2015), 8. Curtius 10.8.11-12 描述了公元前 323 年的另一场饥荒，起因是骑兵们抢走了粮食。

122. van der Spek, "Palace, Temple and Market in Seleucid Babylonia", 311-13, and even more forcefully in "How to Measure Prosperity? The Case of Hellenistic Babylonia", in *Approches de l'economie hellénistique*, ed. Raymond Descat (Paris: de Boccard, 2006), 287-310.

123. Aperghis, *The Seleukid Royal Economy: The Finances and Financial Administration of the Seleukid Empire* (Cambridge: Cambridge University Press, 2004), 79-85.

124. Miltiades Hatzopoulos, *Actes de vent d'Amphipolis* (Athens: de Boccard, 1991), 84-85.

125. Suetonius, *Augustus* 41.1-2.

126. Andrew Meadows, "The Spread of Coins in the Hellenistic World", in *Explaining Monetary and Financial Innovation: A Historical*

Analysis, ed. Peter Bernholz and Roland Vaubel（New York：Springer International Publishing, 2014）, 180-81.

127. 关于战争经济对泛希腊世界的影响的汇总研究，参考 Angelos Chaniotis, *War in the Hellenistic World*（Oxford：Blackwell, 2005）, 115-42。

128. Sinopoli, "The Archaeology of Empires", *Annual Review of Anthropology* 23（1994）：163.

129. 这必然包括马其顿在内，相关严格论证出自 A. B. Bosworth, "Alexander the Great and the Decline of Macedon", *Journal of Hellenic Studies* 106（1986）：1-12。面对某些淡化损失的努力，这一观点得到了重申：Bosworth, *The Legacy of Alexander：Politics, Warfare, and Propaganda under the Successors*（Oxford：Oxford University Press, 2002）, 64-97。

130. 例如，马其顿人对印度的控制时间很短，以至于无法听从戈尔哥斯（Gorgus）的建议，完善当地的黄金和白银开采。

附录 1

1. Diodorus 16. 56. 6.
2. Diodorus 17. 71. 1.
3. Diodorus 17. 66. 1-2.

4. For example, 1∶10（Milns）or 1∶12（Berve）。居鲁士时代，公元前333/332年以前，兑换率为1∶13.33，以后为1∶10。Evangeline Markou, "Gold and Silver Weight Standards in Fourth-Century Cyprus: A Resume", in *Proceedings of the XIVth International Numismatic Congress*, ed. Nicholas Holmes（Glasgow：International Numismatic Council, 2011）, 282.

5. 同样被Strabo 15.3.21.引用。

附录2

1. 相关内容参考本书第2章及讨论这些资金的其他文献。

2. Justin 11.3.2.

3. Arrian 1.1.13-1.2.1.

4. Arrian 1.4.5 and 1.2.7.

5. Arrian 1.6.10.

6. Arrian 1.7-10 and 2.15.3; Diodorus 17.8-14; Plutarch, *Alexander* 11-12; Justin 11.3.6-4.8; Polybius 38.2.13-14 and 5.10.6-8; Athenaeus, *Deipnosophistae* 148e; Aelian, Varia *Historia* 13.7.

7. Diodorus 17.7.8-9.

8. Arrian 1.12.1, from Menoetius.

9. Arrian 1.13-16; Diodorus 17.19-21; Plutarch, *Alexander* 16;

Justin 11.6；*Codex Sabbaiticum* 29. 多年后，亚历山大释放了雅典人：Arrian 3.6.2；Curtius 3.1.9 and 4.8.12。

10. Arrian 1.17.3-8；Diodorus 17.21.7；cf. Curtius 3.12.6；Plutarch, *Alexander* 17.1.

11. Arrian 1.19.6；Diodorus 17.22.5.

12. 阿达女王每天提供的美食：Plutarch, *Alexander* 22.7-8 and Moralia 127b, 180a, 1099c。

13. Arrian 1.24.5. 从来自法塞利斯护卫的护卫处得到。

14. Curtius 3.1.20.

15. Arrian 1.26.3（军队工资为 50 泰兰特）and 27.4（数量上涨到 100 泰兰特）。

16. Arrian 2.5.5（200 泰兰特）and 2.12.2（免除 50 泰兰特）；Curtius 3.7.2（200 泰兰特）。

17. Arrian 2.11.9-10；Plutarch, *Alexander* 20.11；Curtius 3.8.12 and 3.11.20-21；Diodorus 17.32.3 and 35.1-36.5；*Papyrus Oxyrhynchus* 1798, fragment 44.

18. Plutarch, *Alexander* 24.1-2；Arrian 2.15.1；Curtius 3.13.1-17；Athenaeus 13.607f.

19. Arrian 2.13.8, 从斯特拉敦处得到。

20. 阿里安（2.24.4-5）报告有 3 万人被俘；狄奥多罗斯

（17.46.3-4）列出了1.3万名被贩卖的囚徒；昆图斯（4.4.16—17）与狄奥多罗斯文献数据相符。

21. Arrian 2.27.7; Curtius 4.6.30.

22. Curtius 4.7.4.

23. Diodorus 17.49.2; Curtius 4.7.9.

24. Arrian 3.4.3，来自阿蒙神的祭司。

25. Diodorus 17.48.6 以及 Curtius 4.5.11 提到德利安同盟送了一顶金冠；第二个是从雅典找到的证据，于IG21496之中。

26. Arrian 3.15.4 and 6. 包括大象和骆驼。

27. Arrian 3.15.5; Diodorus 17.64.3; Curtius 5.1.10, cf. 4.9.9.

28. Diodorus 17.64.3; Curtius 5.1.17-23; Arrian 3.16.3.

29. Diodorus 17.66.1-2; Curtius 5.2.11-15; Plutarch, *Alexander* 36; Arrian 3.16.7; Justin 11.14.9.

30. Diodorus 17.70; Curtius 5.6.4-8; Plutarch, *Alexander* 37.3.

31. Arrian 3.18.10-12; Diodorus 17.71-72; Curtius 5.6.9 and 5.7.1-11; Plutarch, *Alexander* 37.5-38.8; Strabo 15.3.6 and 9; Justin 11.14.10; Athenaeus 13.576d; *Itenerarium Alexandri* 67.

32. Curtius 5.6.10; Arrian 3.18.10.

33. Arrian 3.17. 包括每年进贡30600头牲畜。Diodorus 17.67; Curtius 5.3.

34. Curtius 6.1.20.

35. Curtius 6.2.10; Diodorus 17.74.5; Polybius 10.27.11; Aelian, *Varia Historia* 7.8.

36. Diodorus 17.76.5-8; Curtius 6.5.18-21.

37. Arrian 3.25.7.

38. Curtius 6.5.22-23.

39. Curtius 7.5.28-35; Plutarch, *Moralia* 557b; Ammianus Marcellinus 29.1.31; Strabo 11.11.4.

40. Arrian 3.30.6.

41. Arrian 4.2.1-4.3.5; Curtius 7.6.10 and 7.6.16-23.

42. Arrian 4.15.2.

43. Arrian 4.6.5-7; Curtius 7.9.22.

44. Curtius 7.11.28-29.

45. Curtius 8.4.19.

46. Arrian 4.25.4.

47. Arrian 4.27.9.

48. Arrian 4.22.6 and 5.3.5（将近200泰兰特白银，3000头献祭公牛，1万多头牛，30头大象）；Curtius 8.12.11（很多羊，大概3000头公牛，56头大象）；Diodorus 17.86.4-7；Plutarch, *Alexander* 59.1-5; *Metz Epitome* 52。

49. Arrian 5.8.3，来自阿比萨雷斯与多克萨雷乌斯等印度王公。

50. Arrian 5.15.2 and 18.2，战斗中缴获。

51. Arrian 5.20.5 and 5.29.4.

52. Arrian 5.21.2 and 5.24.4，亚历山大需要以此攻打桑加拉。

53. Arrian 5.24.5，列举了1.7万名印度人被杀死，7万多人被俘，缴获了300辆马车和500匹马。

54. Diodorus 17.94.3-5.

55. Diodorus 17.96.3.

56. Diodorus 17.92.1; Curtius 9.1.27-30.

57. Diodorus 17.93.1.

58. Diodorus 17.96.2.

59. Curtius 9.4.5.

60. Diodorus 17.102.4.

61. Curtius 9.8.13; Diodorus 17.102.5.

62. Curtius 9.8.1-2; Arrian 6.14.1.

63. Curtius 9.4.25; Arrian 6.7.3.

64. Arrian 6.15.6.

65. Arrian 6.16.2.

66. Curtius 9.8.15; Arrian 6.16.4.

67. Arrian 6.17.1.

68. Diodorus 17.104.4-7；Curtius 9.10.7；Strabo 15.2.4-8；Arrian 6.21.4-5.

69. Curtius 9.8.28-29.

70. Curtius 10.1.22-38 列举了送给亚历山大和伙友骑兵的礼物，包括已驯服马匹、华丽的战车、家具、珠宝、沉重的金花瓶、紫色的衣服，以及3000泰兰特铸造成型的白银，由于宦官巴戈阿斯受到奥辛斯的蔑视，前者因此指责后者从居鲁士大帝的陵墓中掠走了这些贵重物品。

71. Athenaeus 12.539a：婚礼盛宴上由使者们奉献王冠。

72. Arrian 7.13.1，畜群后来多数被偷走。

73. Athenaeus 12.538b：盔甲师傅戈格斯（Gorgus）声称这是送给亚历山大的3000金币厚礼，外加攻打雅典需要的盔甲和器械。

74. Arrian 7.23.2；Diodorus 17.113.1.

75. 亚历山大写给希俄斯（Chios）和其他爱奥尼亚（Ionian）城市的信中提出的要求，参考 Phylarchus：Athenaeus 12.539f-540a.

76. Herodotus 3.89-98，转换不同的重量标准，不包括香料、马匹和古物的未确定价值。

77. 可以加上强加给攸克西亚的每年3.06万头进贡牲畜：Arrian 3.17.6。

78. 可以加上亚历山大向众多印度部族和城镇征收的贡品：Ar-

rian 5.29.5 and 6.14.2; Curtius 9.1.14 and 9.7.14。

79. 关于"隐性"的掠夺，参考 Paul Millett, "The Political Economy of Macedonia", in *A Companion to Ancient Macedonia*, ed. Joseph Roisman and Ian Worthington (Malden, MA: Wiley-Blackwell, 2010), 490。

80. 为了便于论证，如果每个被记载事件的平均奴隶人数为1.5万，那么24（X）就等于36万人，如果进一步假设这些都属于比较重要的事件，另有一些不太引人注目的事件没有得到记录，那就可以再加一点，比如每个事件人数再加1000，估计有38.4万人，其中被奴役的多为妇女和儿童，这样的估算可能偏低而不是太高。

81. Le Rider, *Alexander the Great: Coinage, Finances, and Policy* (Philadelphia: American Philosophical Society, 2007), 80.

82. Berve, Das *Alexanderreich auf prosopographischer Grundlage*, vol. 1 (1926; repr., Salem: Ayer, 1988), 312, note 1, citing also Beloch.

附录 3

1. Arrian 7.9.6; Curtius 10.2.24; Plutarch, *Alexander* 15.2 and *Moralia* 327e, 342d. 参见第 2 章讨论。

2. Arrian 7.9.6.

3. Arrian 1.4.5.

4. Arrian 1.5.4.

5. Diodorus 17.16.3-4("富丽堂皇的九天");Arrian 1.11.1。

6. Plutarch, *Alexander* 15 and *Moralia* 342d; Justin 11.5.5.

7. Malalas, *Chronographia* 8.1. 这篇来自公元6世纪的史料错误地记载说亚历山大从今天的斯库台(Scutari)渡过博斯普鲁斯海峡,并将那里命名为"黄金之城",用来纪念他给当地带来的恩惠。这或许是年代早于普鲁塔克和查士丁的史料相互混淆的产物,后者将此次事件的时间放在亚历山大首次看到亚洲以后。感谢本杰明·加斯塔德教授的指点。

8. Arrian 1.11.5-7.

9. Strabo 13.1.26;Arrian 1.11.8.

10. Arrian 1.16.4-7;Plutarch, *Alexander* 16.15-16;Justin 11.6.12-13. 估计花费65—69.5泰兰特,参考本书第4章。

11. Plutarch, *Alexander* 16.17-18;Arrian 1.16.7.

12. Plutarch, *Alexander* 16.19(酒具、紫色布料等.);*Codex Sabbaiticum* 29。

13. Arrian 1.16.5;Justin 11.6.13.

14. Arrian 1.17.5-6.

15. Arrian 1.18.2,少数城市除外。

16. A. J. Heisserer, *Alexander the Great and the Greeks: The Epigraphic Evidence* (Norman: University of Oklahoma Press, 1980), 143-66. 捐款的承诺可能是在公元前 334 年做出的，献祭词则是在掌权几年后刻下的。

17. Arrian 1.17.10 and 18.2，连同一次行军。

18. Curtius 3.1.1; cf. 4.3.11 and Arrian 2.20.5.

19. Curtius 3.1.20.

20. Curtius 3.1.20.

21. Arrian 2.3.8.

22. Diodorus 17.31.6（"大量礼物"）。

23. Arrian 2.5.8 and 2.6.4; Curtius 3.7.3-4.

24. Arrian 2.5.9, to Athena.

25. Arrian 2.5.9. 宗教祭品意在向英雄安菲罗科斯（Amphilochus）致敬，据说他参加了特洛伊战争，并创建了马卢斯城: Strabo 14.5.16。

26. 向涅瑞伊得斯、涅柔斯和波塞冬祈祷，为他们向海里投下了一只四桅帆船: *Papyrus Oxyrhynchus* 1798, fragment 44。

27. Arrian 2.12.1; Diodorus 17.40.1. 另一方面，Curtius 3.12.14 声称葬礼的形式是花费不高的火化。

28. Plutarch, *Alexander* 21.4; Diodorus 17.38.1-2; Curtius

3.12.13–15 and 23; cf. Arrian 2.12.3–8.

29. Curtius 4.1.26.

30. Diodorus 17.54.7; Curtius 4.10.23 and 12.2; Plutarch, *Alexander* 30.1 and *Moralia* 338e; Justin 11.12.6. 历史记载为公元前331年，不过她很可能死于公元前332年春天。

31. Arrian 2.18.4, 2.20.4, and 2.21.1.

32. Diodorus 17.46.6; Arrian 2.24.6. 捐赠包括一条船和攻城器械。

33. Athenaeus 4.167d, from Duris.

34. Arrian 2.26.4.

35. Plutarch, *Alexander* 25.6–8 and SIG3 1.252N.5ff.

36. Ibid. and *Moralia* 179e–f（法国香炉和肉桂）。Pliny, Natural History 12.62. 这些乳香被送到亚历山大生活简朴的导师手中，重达500泰兰特（14.2吨），另有没药100泰兰特（2.8吨）。

37. Arrian 3.1.4.

38. Arrian 3.1.5.

39. Diodorus 17.52.1–7; Curtius 4.8.1–3; Arrian 3.1.5–2.2; *Codex Sabbaiticum* 29.

40. Arrian 3.1.5，包括伊苏斯。

41. Dieter Arnold, *Temples of the Last Pharaohs*（Oxford: Oxford U-

niversity Press, 1999), 138.

42. Francisco Bosch-Puche, "L''Autel' du temple d'Alexandre le Grand à Bahariya retrouvé", *Bulletin de l'Institut Français d'Archéologie Orientale* 108 (2008): 29-44.

43. Diodorus 17. 51. 4; Curtius 4. 7. 28; Plutarch, *Alexander* 27. 7.

44. Arrian 3. 5. 2.

45. Arrian 3. 6. 1.

46. Curtius 4. 8. 9, 纪念帕曼纽淹死在尼罗河里的一个儿子。

47. Curtius 4. 8. 13; cf. Arrian 2. 1. 5.

48. Arrian 3. 6. 2; Curtius 3. 1. 9 and 4. 8. 12. 国王没有收取赎金，但接受了2个金冠，参考本书附录2。

49. Plutarch, *Alexander* 29. 1-4; Arrian 3. 6. 1; Curtius 4. 8. 16, 提到了黄金祭品。

50. Plutarch, *Alexander* 29. 5. 为了参加亚历山大在推罗举行的比赛，阿特诺多鲁斯违背了参加酒神节运动会的诺言，雅典城邦因此对他处以罚款。

51. Plutarch, *Alexander* 29. 6 and *Moralia* 334e. 这件和上一件事情可能发生在公元前324年的苏萨，他们也在那里表演：Athenaeus 12. 538e-f and 539a。

52. Plutarch, *Alexander* 31. 1-5, citing Eratosthenes.

53. Arrian 3.7.1-2.

54. Arrian 3.7.6，致日、月和大地。

55. Curtius 4.9.25；Plutarch，*Alexander* 39.2. 萨特雷帕特斯（Satropates）的表功首级。

56. Plutarch，*Alexander* 34.1（"财富、地产和省份"）。

57. Plutarch，*Alexander* 34.2. 这种做法回应了大约150年前波斯战争中的普拉提亚战役。

58. Plutarch，*Alexander* 34.3. 致敬一位参加波斯战争的运动员，在格拉尼卡斯河战役之后，这件礼品可能早已做好。Truesdell Brown, "Alexander and Greek Athletics, in Fact and Fiction", *in Greece and the Eastern Mediterranean in Ancient History and Prehistory*, ed. K. H. Kinzl（New York：Walter de Gruyter, 1977），78-80.

59. Arrian 3.16.4-5（see also 323 BC）.

60. Diodorus 17.64.6；Curtius 5.1.45. 相关论述参考本书第4章。

61. Arrian 3.16.9.

62. Arrian 3.16.7-8 提到了著名的暴君杀人狂雕像被薛西斯抢走。

63. Arrian 3.16.9-10；Diodorus 17.64.5；Curtius 5.1.43. 后一位作者声称这是在巴比伦。

64. Arrian 3. 18. 6 and 10.

65. Curtius 5. 5. 5-24; Diodorus 17. 69. 2-9; Justin 11. 14. 11-12. 这 800 名波斯暴行受害者每人得到了 3000 德拉克马, 1 套长袍, 2 头牛、50 只羊、粮食和免税的补偿。

66. Curtius 5. 6. 20; Diodorus 17. 72. 1.

67. Curtius 5. 7. 12; Diodorus 17. 68. 6.

68. Plutarch, *Alexander* 39. 3. 据说, 这个男人牵着一头驮着超过 200 磅 (90.7 千克) 黄金的骡子, 黄金的价值约为 35 泰兰特白银。

69. Plutarch, *Alexander* 39. 10. 这间位于苏萨, 曾经属于巴戈阿斯的房子里的财物, 仅服装一项就价值 1000 泰兰特。

70. Plutarch, *Alexander* 39. 12.

71. Arrian 3. 22. 1; Diodorus 17. 73. 3; Plutarch, *Alexander* 43. 7 and Moralia 343b. 埋葬点纯属推测, 目前尚未找到准确的陵墓位置: Pierre Briant, *Darius in the Shadow of Alexander*, trans. Jane Marie Todd (Cambridge, MA: Harvard University Press, 2015), 24–37 and 414–16。

72. Curtius 6. 2. 6-9. 数量大概是 1000。

73. Justin 12. 1. 1, 关于追击大流士三世过程中的损失。

74. 除了全部欠薪和回国路费外, 还没算希腊盟友军队的退伍奖金：Arrian 3.19.5；Plutarch，*Alexander* 42.5；Curtius 6.2.10 and 17；Diodorus 17.74.3-5。后来的学者给出了相同的数字，即骑兵每人1泰兰特和步兵每人10迈纳；那些亚历山大身边人得到的奖金是每人3泰兰特。

75. Curtius 6.2.10. 出逃的大流士三世带走了7000泰兰特或8000泰兰特：Arrian 3.19.5；Strabo 15.3.9。

76. Arrian 3.25.1.

77. Plutarch，*Alexander* 44.5.

78. 继亚历山大和塔勒斯里斯的虚构会面之后：Diodorus 17.77.3，cf. *Alexander Romance* 253-54。

79. Diodorus 17.77.5，作为亚历山大东方化宫廷的一部分。

80. Diodorus 17.78.1；Curtius 6.6.11，以平息反对。

81. Curtius 6.6.18-19；cf. Arrian 3.25.4.

82. Curtius 6.6.34.

83. Strabo 11.8.9-10；Pliny，*Natural History* 6.61.

84. Curtius 7.3.3；Arrian 3.27.5；Diodorus 17.81.2.

85. Arrian 3.27.5，to Apollo.

86. Strabo 11.8.9；Pliny，*Natural History* 6.61.

87. Diodorus 17.81.2.

88. 一座有名的亚历山大城可能在贝格拉姆，另一座可能在卡尔塔纳：Arrian 3.28.4；Curtius 7.3.23；Diodorus 17.83.1-3；Pliny, *Natural History* 6.62。

89. Arrian 3.29.5；Curtius 7.5.27, 给出的细节是每个骑兵 2 泰兰特，每个步兵 1.5 泰兰特。

90. Diodorus 17.83.8-9；Curtius 7.5.43.

91. Arrian 4.1.3-4 and 4.4.1；Justin 12.5.12；Pliny, *Natural History* 6.49；*Marmor Parium*（FGrH239 B7）；Curtius 7.6.25-27 补充说亚历山大替被选中居住在城中的奴隶，向所有者支付其身价。

92. Curtius 7.9.21.

93. Arrian 4.4.1.

94. Arrian 4.4.3, 可能是向河流本身。

95. Curtius 7.10.15；Pliny, *Natural History* 6.46-47.

96. Justin 12.5.13（12 座城）；Strabo 11.11.4（8 个定居点）；cf. Diodorus 17.83.2（"其他城市"）。

97. Arrian 4.8.1-2, 亚历山大忽略了狄俄尼索斯转而为狄俄斯库里增光添彩。

98. Arrian 4.15.7-8, 对泉眼喷油预兆的反应。

99. Arrian 4.16.4-7, 掠夺来的东西数次易手。

100. Plutarch, *Moralia* 334f, 一尊青铜雕像再现了这位英勇音乐家手举长矛和基萨拉琴（Kithara）的形象。

101. Curtius 8.5.9（跪拜礼的相关事宜）。

102. Curtius 7.11.7-19；Arrian 4.18.7 and 19.1-3. 两位学者都按降序给出了奖励等级，昆图斯划定的简单范围是10—1泰兰特（10+9+8…+1=55）。阿里安记载的最高奖励为12泰兰特，但没有说明第二等、第三等的情况，同时暗示每名成功的登山者最少能得到300金币。300名左右的志愿者中，大概有30人死亡，这个死亡数字同样存疑，不能全信。事实上，有人认为，阿里安使用"大流克"这个字眼本身就是历史文学书写的习惯使然：A. B. Bosworth, *A Historical Commentary on Arrian's History of Alexander*, vol. 2（Oxford：Clarendon, 1995），129。按照阿里安的说法，亚历山大最少支付了362泰兰特。

103. Curtius 8.2.40.

104. Curtius 8.4.18. 暴风雪给军队造成了损失。

105. Curtius 8.4.20.

106. Aelian, *Varia Historia* 9.30. 亚历山大钻进阿那克萨图斯的帐篷寻求庇护，后者烧掉自己的财物保持温暖，并因此得到了回报。

107. Curtius 8.6.19. 据说亚历山大给那9个在岗位上坚守了很晚的人（似有密谋）每人"50个塞斯特帖姆（sestertia）"。

108. Curtius 8.6.26：50泰兰特外加帝里达泰丝（Tiridates）的

富庶土地。

109. Plutarch, *Alexander* 56.2.

110. Plutarch, *Alexander* 57.1-2; Polyaenus 4.3.10; Curtius 6.6.14-17.

111. Arrian 4.22.6, 致雅典。

112. Arrian 4.24.6-7.

113. Curtius 8.10.13-18; Arrian 5.2.6.

114. Curtius 8.11.24; Arrian 4.30.4.

115. Curtius 8.11.3-4 and 25; Diodorus 17.85.5-6 and 86.1.

116. Arrian 4.30.9, 向下游运送军队。

117. Arrian 4.28.5, 4.30.9, and 5.3.5, 赫费斯提翁和佩尔狄卡斯的杰作，另外还提供了几条船。

118. Arrian 5.3.6; Diodorus 17.86.3.

119. Arrian 5.8.2, 平安渡河后。

120. Curtius 8.12.16-17（外加贵金属花瓶、波斯长袍、马匹和饰品）; Plutarch, *Alexander* 59.5。

121. Arrian 5.8.3, 强调和之前在印度河做的一样。

122. Bucephala and Nicaea: Plutarch, *Alexander* 61.2 and *Moralia* 328f; Arrian 5.19.4 and 20.2; Curtius 9.1.6 and 3.23; Diodorus 17.89.6 and 95.5.

123. Arrian 5.20.1；Diodorus 17.89.3.

124. Curtius 9.1.6；Diodorus 17.89.3. 每名指挥官得到1000金币和1顶金冠，其他人依照级别和功劳各有奖赏。

125. Arrian 5.24.4.

126. Arrian 5.24.6.

127. Arrian 5.28.4. 按照托勒密的说法，这些都不利于过河。

128. Arrian 5.29.1-2；Diodorus 17.95.1-2；Plutarch, *Alexander* 62.6-8；Curtius 9.3.19；Pliny, *Natural History* 6.62.

129. Diodorus 17.94.4；Justin 12.4.2-11.

130. Arrian 5.29.3；Curtius 9.8.8；Diodorus 17.102.4（1万居民）。

131. Curtius 9.3.21-22 and 8.5.4；Diodorus 17.95.4. 其中有2.5万件盔甲替代了被摧毁的旧盔甲。

132. 总重或总价为100泰兰特：Diodorus 17.95.4.

133. Arrian 5.29.5，渡河前。

134. Arrian 5.29.5.

135. Diodorus 17.89.4；Arrian 6.1.1, 6.2.4, and *Indika* 19.7；Curtius 9.1.3-4 and 3.21.

136. Arrian 6.2.1.

137. Arrian 6.3.1-2 and *Indika* 18.11-12.

138. Pollux, *Onamasticon* 5.42-43（100 minas）. 亚历山大年轻时，为购买坐骑布塞法洛斯，花费了13泰兰特的巨款：Plutarch, *Alexander* 6.1。

139. Plutarch, *Alexander* 65.1. Metz Epitome 84 相当幽默地记载送给这些"裸体哲学家"的礼物包括衣服（vestimenta）。

140. Plutarch, *Moralia* 181b.

141. Arrian 6.5.4.

142. Arrian 6.15.1.

143. Curtius 9.7.15-22.

144. Arrian 6.15.2；Curtius 9.8.8；Diodorus 17.102.4.

145. Arrian 6.15.4.

146. Arrian 6.15.4.

147. Arrian 6.18.1-2 and 20.1；Curtius 9.10.3（"建立了若干城镇"）；cf. Justin 12.10.6（Barce）。

148. Arrian 6.18.4-5 and 19.3. 国王烧掉已经损坏的船：Diodorus 17.104.3；Curtius 9.10.4。

149. Arrian 6.20.5.

150. Pliny, *Natural History* 6.96；cf. Arrian, *Indika* 21.10.

151. Arrian 6.19.4.

152. Arrian 6.19.5 and *Indika* 20.10；Curtius 9.9.27；Diodorus

17.104.1；Plutarch, *Alexander* 66.2. 阿里安明确表示，这些祭品献给不同的神，仪式也与之前的记载不同，"丰富的祭品"包括公牛、金杯和金碗。

153. 由尼阿库斯执行：Arrian, *Indika* 21.2.

154. Arrian, *Indika* 23.8, 5.1, and 33.9.

155. 尼阿库斯建造：Pliny, *Natural History* 6.96.

156. Arrian 6.21.5；Diodorus 17.104.8；Curtius 9.10.3（"很多城市"）and 9.10.7；Pliny, *Natural History* 6.97.

157. Curtius 9.10.12；Arrian 6.25.1–5；Strabo 15.2.5–6. 所有王室辎重据说都丢了。

158. Arrian 6.27.3–5 and 29.4–9, and 30.1–2；Curtius 10.1.1–9 and 22–38；Diodorus 17.106.2–3；Strabo 15.3.7. 官员们犯下这些罪行时，国王正在东方征战，他进行了必要的处理。

159. Plutarch, *Alexander* 68.7. 据说，当国王下令给军队提供补给时，阿布利特带来的东西只有钱，亚历山大愤怒地把这些钱丢给了马，意在强调此类行为当时是多么无用。不管这件事情的真假，他好像都没必要扔掉85.3吨钱币表明自己的态度。

160. Plutarch, *Alexander* 67.1–6；Diodorus 17.106.1；Curtius 9.10.24–30. 但是在以下文献中该数据不一致：Arrian 6.28.1–2。

161. Arrian 6.28.3；Plutarch, *Alexander* 67.7–8；Diodorus

17.106.4; cf. Athenaeus 13.603a-b,庆贺军队逃生。

162. Arrian, *Indika* 36.3,庆贺舰队逃生。

163. Arrian, *Indika* 36.9,由尼阿库斯在海边操办的另一场庆典。

164. Curtius 10.1.19（700艘船）; Arrian 7.19.3-4; Plutarch, *Alexander* 68.2; Strabo 16.1.11. 很多但可能并非全部船只都完好无损: Diodorus 18.4.4。

165. Diodorus 17.111.1.

166. Arrian 6.29.10. 工作由阿里斯托布鲁斯负责。

167. 遵循古老的波斯王室传统，每名妇女给1个金币，怀孕妇女给2个金币, Plutarch, *Alexander* 69.1 and *Moralia* 246a-b; Justin 1.6.13; Polyaenus 7.45.2。

168. Arrian 7.3.1-6; Plutarch, *Alexander* 69.6-8; Diodorus 17.107.4-5; Strabo 15.1.65; Aelian, *Varia Historia* 5.6. 作为葬礼的一部分,参见下一个条目。

169. Plutarch, *Alexander* 70.1-2; Athenaeus 437a-b; and Aelian, *Varia Historia* 2.41. 胜利者和其他41位参加者死亡。

170. Diodorus 17.108.4-8; Plutarch, *Moralia* 846a-c. 哈帕拉斯同样带走了6000雇佣兵,参考本书第6章。

171. Arrian 7.4.8; Athenaeus 538b-539a (citing Chares); Plu-

tarch, *Alexander* 70.3; Aelian, *Varia Historia* 8.7; Diodorus 17.107.6.

172. Plutarch, *Alexander* 70.3; Curtius 10.2.9-11; Diodorus 17.109.2. Arrian 7.5.3 and Justin 12.11.3 给出的数字为 2 万泰兰特,参考本书第 1 章和第 6 章相关论述。

173. Arrian, *Indika* 42.6,由尼阿库斯主持。

174. Arrian 7.5.4-6 and *Indika* 42.8-9 (cf. 23.6),包括给佩乌塞斯塔斯 (Peucestas)、尼阿库斯、奥内西克里图斯、列昂纳托 (Leonnatus)、赫费斯提翁和其他幸存侍卫的金冠。

175. Pliny, *Natural History* 6.138.

176. Arrian 7.11.8-9.

177. Arrian 7.12.1; Plutarch, *Alexander* 71.8; Diodorus 17.109.2. 这 1 万人每人都拿到了 1 泰兰特,外加全部工资和回家路费。尽管水平低于在巴克特里亚被遣散的色萨利骑兵,但却是那个时候返乡步兵奖金的 2 倍。

178. Arrian 7.12.2; Plutarch, *Alexander* 71.9; Justin 12.4.8-9; Diodorus 17.110.3(声称有 1 万名儿童领取救济)。

179. Arrian 7.13.1,数千被强盗抢走。

180. Arrian 7.14.1; Plutarch, *Alexander* 72.1(3000 名来自希腊的演员); Diodorus 17.110.7; Athenaeus 12.538a.

181. Diodorus 17.111.6.

182. Arrian 7.14.8（1万多泰兰特）；Plutarch, *Alexander* 72.5（1万）；Diodorus 17.115.2-5（1.2万）；Justin 12.12.12（1.2万）. Diodorus 18.4.2 声称该项目的某些方面从未完成，因此也许较低的数字更可取。Aelian, *Varia Historia* 7.8 描述了放在火堆上烧毁的贵金属和精美波斯服饰。

183. 涉及 3000 名演员和 1 万头牲畜：Diodorus 17.115.6；Arrian 7.14.6 and 10。

184. Arrian 7.16.1.

185. Diodorus 18.12.2. 一支由 110 辆三轮货车组成的庞大车队从波斯王室金库运往马其顿，通过海路运送大量财宝会面临严重的损失风险，正如我们已经知道的那样。Plutarch, *Cato the Younger* 38.1，卡托（Cato）将 7000 泰兰特的货物分装成 3000 多个单独的箱子，每个箱子都有用长绳固定的软木塞，如果发生沉船事故，软木塞将成为定位浮标，以便打捞沉没的白银。

186. Arrian 7.17.1-4.

187. Arrian 7.14.6.

188. Arrian 7.19.2.

189. Arrian 7.19.5.

190. Arrian 7.19.4 and 21.1.

191. Arrian 7.21；Strabo 16.1.9-11.

192. Arrian 7. 21. 7.

193. Arrian 7. 22. 4-5，讲述的故事有多个版本。

194. Arrian 7. 23. 3-4.

195. Arrian 7. 23. 5（胜利者的头冠）。

196. Arrian 7. 23. 6-8.

197. Arrian 7. 24. 4; cf. Plutarch, *Alexander* 75. 3-4 and Diodorus 17. 116. 1.

198. Arrian 7. 25-7. 26. 3; Plutarch, *Alexander* 76.

199. Plutarch, *Moralia* 343d; Diodorus 18. 4. 4-5（据说国王去世后，该项目取消）。

200. 在科林斯地峡：Pausanias 2. 1. 5。

201. Strabo 9. 2. 18，关于工程师克拉特斯（Crates）写给亚历山大的那封信，说明国王对这个项目的经济效益可能感兴趣。

202. Plutarch, *Alexander* 61. 3.

203. Athenaeus 4. 155d, from Agatharchides.

204. Athenaeus 4. 146c-d; Plutarch, *Alexander* 23. 10.

205. Athenaeus 12. 537d, quoting Ephippus, and 12. 539a, quoting Polycleitus.

206. Athenaeus 12. 537e, quoting Ephippus.

207. Pliny, *Natural History* 35. 92, 关于亚历山大·科雷帕诺夫

的相关讨论，参见 Andrew Stewart, *Faces of Power: Alexander's Image and Hellenistic Politics* (Berkeley: University of California Press, 1993), 191-95。斯图尔特（Stewart）接受"20 泰兰特黄金"的说法，而不是"以黄金形式支付的，价值相当于 20 泰兰特的白银"。

208. 物品被撒在国王的地板上，当着他的面烧毁：Athenaeus 12.538a。

209. Plutarch, *Alexander* 39.6.

210. Plutarch, *Moralia* 331e, 记载首次见面送的 1 万金币。Sextus Empiricus, *Against Grammarians* 1.282, 记载其为一首诗付钱。

211. 亚历山大送给色诺克拉底（Xenocrates）50 泰兰特，对方却只接受了 30 迈纳：Cicero, *Tusculan Disputations* 5.91; Plutarch, *Alexander* 8.5; *Moralia* 331e and 333b; Themistius 21.252a。Suda 42 记载的 30 泰兰特黄金肯定是把送出和接受的数字搞混了。

212. Plutarch, *Moralia* 179f 这件礼物有时会和之前送给色诺克拉底的礼物发生混淆，但具体数量和相关情况的记载各有不同。

213. Athenaeus 9.398e, 用于支持动物研究。

214. 凭借奉承得到的好处：Horace, *Epistles* 2.1.232。

215. Plutarch, *Moralia* 188c, *Alexander* 39.4, and *Phocion* 18.1; Aelian, *Varia Historia* 1.25 and 11.9。阿里安记载的国王将一座城市作为礼物送给福基翁（Phocion），可能是身在赛内卡（Seneca）的

亚历山大备受非议的原因。*On Benefits* 2. 16.

216. Plutarch, *Alexander* 39. 5. 谢拉皮翁（Serapion）这个名字或许不合时宜。

217. Strabo 15. 1. 61.

218. Plutarch, *Moralia* 179c. 佩里劳斯（Perilaus）对10泰兰特感到满意，但亚历山大坚持给50泰兰特。

219. Ps. -Callisthenes, *Alexander Romance*（Armenian）134.

220. Valerius Maximus 5. 6, ext. 5, and Diogenes Laertius 5. 4, Plutarch, *Alexander* 7. 3 却将修复之功放到了腓力二世身上，他其实在公元前350年摧毁了这座城市。

附录4

1. Olga Palagia, "Hephaestion's Pyre and the Royal Hunt of Alexander", in *Alexander the Great in Fact and Fiction*, ed. A. B. Bosworth and Elizabeth Baynham（Oxford: Oxford University Press, 2000）, 173.

2. 部分列表及有意思的背景介绍，参考John Cherry, "Blockbuster! Museum Responses to Alexander the Great", in *Responses to Oliver Stone's Alexander: Film, History, and Cultural Studies*, ed. Paul Cartledge and Fiona Greenland（Madison: University of Wisconsin Press, 2010）, 305-36。

3. 就像最近在布法罗大学（University of Buffalo）发生的那样：ABC News, March 2015。

4. 这些钱币是 IGCH 777 的一部分，来自布尔加斯东南约 30 千米（19 英里）的亚斯纳·波利亚纳村（Yasna Polyana）。与此同时，在保加利亚的另一端（西部），佩尔尼克博物馆（Pernik Museum）正在努力筹集资金，以便展示自己的亚历山大钱币馆藏，自从 1968 年被发现后，这些宝贝一直被收藏在金库里。

5. 关于当地盗窃案，参考 The Herald（Everett, Washington）, March 26, 2012。关于重大盗窃案，参考 Brian Haughton, *Ancient Treasures*（Pompton Plains, NJ：New Page, 2013）, 59-67。

6. *The Washington Post*（Washington, DC）, December 22, 2011. 这个问题并非近期出现：Sharon Waxman, *Loot: The Battle over the Stolen Treasures of the Ancient World*（New York：Times Books, 2008）, esp. 348-52。

7. Goldberg Auctioneers Sale 59（May/June 2010）, lots 2073-2099.

8. Goldberg Auctioneers Sale 62（Jan./Feb. 2011）, lots 3051-3062.

9. Edward Taylor, "Valuing the Numismatic Legacy of Alexander the Great", The Celator 22（2008）: 6.

参考书目

Abbé de Mabry. *Observations sur les Grecs*. Geneva: Compagnie des Libraires, 1749.

Abbott, Jacob. *The History of Alexander the Great*. New York: Harper and Brothers, 1848.

Abd el-Raziq, Mahmud. *Die Darstellungen und Texte des Sanktuars Alexanders des Grossen im Tempel von Luxor*. Mainz am Rhein: Philipp von Zebern, 1984.

Adam, Adela. "Philip *Alias* Hitler." *Greece and Rome* 10 (1941): 105–13.

Adams, Lindsay. "In the Wake of Alexander the Great: The Impact of Conquest on the Aegean World." *Ancient World* 27 (1996): 29–37.

Adams, Lindsay. "The Games of Alexander the Great." In *Alexander's Empire: Formulation to Decay*, edited by Waldemar Heckel, Lawrence Tritle, and Pat Wheatley, 125–38. Claremont, CA: Regina Books, 2007.

Adcock, Frank. *The Greek and Macedonian Art of War*. Berkeley: University of California Press, 1957.

Akamatis, Ioannis. "Pella." In *Brill's Companion to Ancient Macedon*, edited by Robin Lane Fox, 393-408. Leiden: Brill, 2011.

Alram, Michael. "The Coinage of the Persian Empire." In *The Oxford Handbook of Greek and Roman Coinage*, edited by Willaim Metcalf, 61-87. Oxford: Oxford University Press, 2012.

Amitay, Ory. "Alexander in *Bavli Tamid*: In Search for a Meaning." In *The Alexander Romance in Persia and the East*, edited by Richard Stoneman, 349-65. Groningen: Barkhuis Publishing, 2012.

Andreades, Andreas. "Les Finances de guerre d'Alexandre le Grand." *Annales d'Histoire économique et Sociale* 1 (1929): 321-34.

Andronikos, Manolis. "Regal Treasures from a Macedonian Tomb." *National Geographic*, July 1978, 54-77.

Andronikos, Manolis. *The Royal Graves at Vergina*. Athens: Archaeological Receipts Fund, 1980.

Andronikos, Manolis. *Vergina: The Royal Tombs*. Athens: Ekdotike Athenon, 1994.

Antela-Bernárdez, Borja. "La Campāna de Alejandro: Esclavismo y de-pen-dencia en el espacio de conquista." In *Los espacios de la esclavi-

tud y la dependencia desde la antigüedad, edited by Alejandro Beltrán, Inés Sastre, and Miriam Valdés, 281-96. Besançon: Presses Universitaires de Franche-Comté, 2015.

Antikas, Theodore, et al. "New Finds on the Skeletons in Tomb II at the Great Tumulus of Aegae: Morphological and Pathological Changes." Paper pre-sented at the Archaeological Works in Macedonia and Thrace conference, Thessaloniki, March 13, 2014.

Aperghis, G. G. *The Seleukid Royal Economy: The Finances and Financial Administration of the Seleukid Empire*. Cambridge: Cambridge University Press, 2004.

Archibald, Zofia. *The Odrysian Kingdom of Thrace: Orpheus Unmasked*. Oxford: Clarendon Press, 1998.

Arena, Emiliano. "L'Introduzione della leggenda ΒΑΣΙΛΕΩΣ ΑΛΕΞΑΝΔΡΟΥ nella monetazione di Alessandro Magno." *Revue Belge de Numismatique et de Sigillographie* 157 (2011): 135-70.

Arnold, Dieter. *Temples of the Last Pharaohs*. Oxford: Oxford University Press, 1999.

Ashurst, David. "Alexander the Great." In *Heroes and Anti-Heroes in Medieval Romance*, edited by Neil Cartlidge, 27-42. Cambridge: DS Brewer, 2012.

Atkinson, J. E. *A Commentary on Q. Curtius Rufus' Historiae Alexandri Magni Books* 5 *to* 7.2. Amsterdam: Hakkert, 1994.

Austin, Michel. "Hellenistic Kings, War and the Economy." *Classical Quarterly* 36 (1986): 430-66.

Austin, Michel. "Alexander and the Macedonian Invasion of Asia: Aspects of the Historiography of War and Empire in Antiquity." In *War and Society in the Greek World*, edited by John Rich and Graham Shipley, 197-223. New York: Routledge, 1993.

Badian, Ernst. "The First Flight of Harpalus." *Historia* 9 (1960): 245-46.

Badian, Ernst. "The Administration of the Empire." *Greece and Rome* 12 (1965): 166-82.

Badian, Ernst. "Alexander in Iran." In *The Cambridge History of Iran*, vol. 7, edited by Ilya Gershevitch, 420-501. Cambridge: Cambridge University Press, 1985.

Badian, Ernst. *Collected Papers on Alexander the Great*. London: Routledge, 2012.

Barr-Sharrar, Beryl. "Macedonian Metal Vases in Perspective: Some Observations on Context and Tradition." In *Macedonia and Greece in Late Classical and Early Hellenistic Times*, edited by Beryl Barr-

Sharrar and Eugene Borza, 123-39. Washington, DC: National Gallery of Art, 1982.

Barr-Sharrar, Beryl. *The Derveni Krater: Masterpiece of Classical Greek Metalwork*. Princeton, NJ: American School of Classical Studies at Athens, 2008.

Bartsiokas, Antonis, et al. "The Lameness of King Philip and Royal Tomb I at Vergina, Macedonia." *Proceedings of the National Academy of Sciences* (2015): 1-5 (early electronic edition with appendix).

Baynham, Elizabeth. "The Ancient Evidence for Alexander the Great." In *Brill's Companion to Alexander the Great*, edited by Joseph Roisman, 3-29. Leiden: Brill, 2003.

Baynham, Elizabeth. *Alexander the Great: The Unique History of Quintus Curtius*. Ann Arbor: University of Michigan Press, 2004.

Baynham, Elizabeth. "Power, Passion, and Patrons: Alexander, Charles Le Brun, and Oliver Stone." In *Alexander the Great: A New History*, edited by Waldemar Heckel and Lawrence Tritle, 294-310. Malden, MA: Wiley-Blackwell, 2009.

Bellinger, Alfred. *Essays on the Coinage of Alexander the Great*. New York: American Numismatic Society, 1963.

Beloch, Julius. *Griechische Geschichte*. Berlin: Walter de Gruyter, 1925.

Bernard, Paul. "Nouvelle contribution de l'épigraphie cunéiforme à l' histoire hellénistique." *Bulletin de Correspondance Hellénique* 114 (1990): 513-41.

Bernhardt, Rainer. *Luxuskritik und Aufwandsbeschränkungen in der griechischen Welt*. Stuttgart: Franz Steiner, 2003.

Bernstein, Peter. *The Power of Gold: The History of an Obsession*. New York: Wiley, 2000.

Berry, Steve. *The Venetian Betrayal*. New York: Ballantine Books, 2007.

Berve, Helmut. *Das Alexanderreich auf prosopographischer Grundlage*. 1926. Reprint, Salem: Ayer, 1988.

Bevan, Wilson. *The World's Leading Conquerors*. New York: Henry Holt, 1913.

Billows, Richard. *Kings and Colonists: Aspects of Macedonian Imperialism*. Leiden: Brill, 1995.

Bing, J. D. "A Further Note on Cyinda/Kundi." *Historia* 22 (1973): 346-50. Blackwell, Christopher. *In the Absence of Alexander: Harpalus and the Failure of Macedonian Authority*. New York: Peter Lang, 1999.

Bloedow, Edmund. "Diplomatic Negotiations between Darius and Alexander: Historical Implications of the First Phase at Marathus in Phoenicia in 333/332 B. C. " *Ancient History Bulletin* 9 (1995): 93–110.

Bloedow, Edmund. "On the Crossing of Rivers: Alexander's διφθ έραι. " *Klio* 84 (2002): 57–75.

Bloedow, Edmund. "Why Did Philip and Alexander Launch a War Against the Persian Empire?" *L'Antiquité Classique* 72 (2003): 261–74.

Bloedow, Edmund, and Heather Loube. "Alexander the Great 'Under Fire' in Persepolis. " *Klio* 79 (1997): 341–53.

Borza, Eugene. "Fire from Heaven: Alexander at Persepolis. " *Classical Philology* 67 (1972): 233–45.

Borza, Eugene. *In the Shadow of Olympus: The Emergence of Macedon*. Princeton, NJ: Princeton University Press, 1990.

Borza, Eugene. "Alexander at Persepolis. " In *The Landmark Arrian*, edited by James Romm, 367–70. New York: Pantheon Books, 2010.

Borza, Eugene, and Olga Palagia. "The Chronology of the Macedonian Royal Tombs at Vergina. " *Jahrbuch des Deutschen Archäologischen Instituts* 122 (2007): 81–125.

Bosch-Puche, Francisco. "L''Autel' du temple d'Alexandre le Grand à Bahariya retrouvé. " *Bulletin de l'Institut Français d'Archéologie Orientale* 108 (2008): 29–44.

Bosch-Puche, Francisco. "The Egyptian Royal Titulary of Alexander the Great, Ⅰ: Horus, Two Ladies, Golden Horus, and Throne Names." *Journal of Egyptian Archaeology* 99 (2013): 131-54.

Bosch-Puche, Francisco. "Alexander the Great's Names in the Barque Shrine at Luxor Temple." In *Alexander the Great and Egypt: History, Art, Tradition*, edited by Volker Grieb, Krzysztof Nawotka, and Agnieszka Wojciechowska, 55-87. Wiesbaden: Harrassowitz, 2014.

Bose, Partha. *Alexander the Great's Art of Strategy: The Timeless Leadership Lessons of History's Greatest Empire Builder*. New York: Gotham Books, 2003.

Bosworth, A. B. *A Historical Commentary on Arrian's History of Alexander*. 2 vols. Oxford: Clarendon, 1980-1995.

Bosworth, A. B. "The Indian Satrapies under Alexander the Great." *Antichthon* 17 (1983): 37-46.

Bosworth, A. B. "Alexander the Great and the Decline of Macedon." *Journal of Hellenic Studies* 106 (1986): 1-12.

Bosworth, A. B. *Conquest and Empire: The Reign of Alexander the Great*. Cambridge: Cambridge University Press, 1988.

Bosworth, A. B. *From Arrian to Alexander: Studies in Historical Interpretation*. Oxford: Clarendon Press, 1988.

Bosworth, A. B. *Alexander and the East: The Tragedy of Triumph.* Oxford: Oxford University Press, 1996.

Bosworth, A. B. "A Tale of Two Empires: Hernán Cortés and Alexander the Great." In *Alexander the Great in Fact and Fiction*, edited by A. B. Bosworth and E. J. Baynham, 23–49. Oxford: Oxford University Press, 2000.

Bosworth, A. B. *The Legacy of Alexander: Politics, Warfare, and Propaganda under the Successors.* Oxford: Oxford University Press, 2002.

Bresson, Alain. "Coinage and Money Supply in the Hellenistic Age." In *Making, Moving and Managing: The New World of Ancient Economies, 323–31 bc*, edited by Zofia Archibald, John Davies, and Vincent Gabrielsen, 44–72. Oxford: Oxbow Books, 2005.

Briant, Pierre. *Histoire de l'empire perse de Cyrus à Alexandre.* 2 vols. Paris: Fayard, 1996.

Briant, Pierre. *From Cyrus to Alexander: A History of the Persian Empire.* Winona Lake, IN: Eisenbrauns, 2003.

Briant, Pierre. "Alexander and the Persian Empire, between 'Decline' and 'Renovation.'" In *Alexander the Great: A New History*, edited by Waldemar Heckel and Lawrence Tritle, 171–88. Malden, MA: Wiley-Blackwell, 2009.

Briant, Pierre. *Darius in the Shadow of Alexander*. Translated by Jane Marie Todd. Cambridge, MA: Harvard University Press, 2015.

Brosius, Maria. "Alexander and the Persians." In *Brill's Companion to Alexander the Great*, edited by Joseph Roisman, 169–93. Leiden: Brill, 2003.

Brown, Truesdell. "Alexander and Greek Athletics, in Fact and Fiction." In *Greece and the Eastern Mediterranean in Ancient History and Prehistory*, edited by K. H. Kinzl, 76–88. New York: Walter de Gruyter, 1977.

Burrer, Friedrich, and Holger Müller, eds. *Kriegskosten und Kriegsfinanzierung in der Antike*. Darmstadt: WGB, 2008.

Burstein, Stanley. "Prelude to Alexander: The Reign of Khababash." *Ancient History Bulletin* 14 (2000): 149–54.

Burstein, Stanley. "Alexander's Administration of Egypt: A Note on the Career of Cleomenes of Naucratis." In *Macedonian Legacies: Studies in Ancient Macedonian History and Culture in Honor of Eugene N. Borza*, edited by Timothy Howe and Jean Reames, 183–94. Claremont, CA: Regina Books, 2008.

Buttrey, T. V. "Calculating Ancient Coin Production: Facts and Fantasies." *Numismatic Chronicle* 153 (1993): 335–51.

Buttrey, T. V. "Calculating Ancient Coin Production II: Why It Cannot Be Done." *Numismatic Chronicle* 154 (1994): 341-52.

Cahill, Nicholas. "The Treasury of Persepolis: Gift-Giving at the City of the Persians." *American Journal of Archaeology* 89 (1985): 373-89.

Carney, Elizabeth. *Women and Monarchy in Macedonia*. Norman: University of Oklahoma Press, 2000.

Cary, George. *The Medieval Alexander*. Cambridge: Cambridge University Press, 1956.

Cawkwell, George. *Philip of Macedon*. Boston: Faber and Faber, 1978.

Chaniotis, Angelos. *War in the Hellenistic World*. Oxford: Blackwell, 2005.

Chankowski, Véronique. "Richesse et patrimoine dans les cités grecques: De la thésaurisation à la croissance." In *Richesse et Sociétés*, edited by Catherine Baroin and Cécile Michel, 163-72. Paris: de Boccard, 2013.

Chardin, Jean. *Voyages du Chevalier de Chardin en Perse et autres lieux de l'Orient*. 2 vols. Amsterdam: La Compagnie, 1735.

Cherry, John. "Blockbuster! Museum Responses to Alexander the Great." In *Responses to Oliver Stone's Alexander: Film, History, and*

Cultural Studies, edited by Paul Cartledge and Fiona Greenland, 305–36. Madison: University of Wisconsin Press, 2010.

Clarke, Samuel. *The Life and Death of Alexander the Great*. London: Wm. Miller, 1665.

Cohen, Getzel. *The Hellenistic Settlements*. 3 vols. Berkeley: University of California Press, 2013.

Cousinéry, Esprit Marie. *Voyage dans la Macédoine*. Paris: Imprimerie Royale, 1831.

Curteis, Arthur. *Rise of the Macedonian Empire*. New York: Scribners, 1916.

Davies, J. K. "Cultural, Social and Economic Features of the Hellenistic World." In *The Cambridge Ancient History*, 2nd ed., vol. 7, part 1: *The Hellenistic World*, edited by Frank Walbank et al., 257–320. Cambridge: Cambridge University Press, 1984.

de Callataÿ, François. "La Date des premiers tétradrachmes de poids attique émis par Alexandre le Grand." *Revue Belge de Numismatique et de Sigillographie* 128 (1982): 5–25.

de Callataÿ, François. "Les Trésors achéménides et les monnayages d'Alex-andre: Espèces immobilisées et espèces circulantes?" *Revue des études Anciennes* 91 (1989): 259–74.

de Callataÿ, François. "The Graeco-Roman Economy in the Super Long-Run: Lead, Copper, and Shipwrecks." *Journal of Roman Archaeology* 18 (2005): 361-72.

de Callataÿ, François. "Le Transport des monnaies dans le monde grec." *Revue Belge de Numismatique et de Sigillographie* 152 (2006): 5-14.

de Callataÿ, François. "Armies Poorly Paid in Coins (the Anabasis of the Ten-Thousands) and Coins for Soldiers Poorly Transformed by the Markets (the Hellenistic Thasian-Type Tetradrachms) in Ancient Greece." *Revue Belge de Numismatique et de Sigillographie* 155 (2009): 51-70.

de Callataÿ, François. "Quantifying Monetary Production in Greco-Roman Times: A General Frame." *Pragmateiai* 19 (2011): 7-29.

de Callataÿ, François. "Royal Hellenistic Coinages: From Alexander to Mithradates." In *The Oxford Handbook of Greek and Roman Coinage*, edited by William Metcalf, 175-90. Oxford: Oxford University Press, 2012.

de Callataÿ, François. "Les statères de Pergame et les réquisitions d'Alexandre le Grand." *Revue Numismatique* 169 (2012): 179-96.

de Callataÿ, François. "The Fabulous Wealth of the Hellenistic Kings: Coinage and Weltmachtpolitik." In *Words and Coins from Ancient*

Greece to Byzantium, edited by Vasiliki Penna, 91 – 101. Gent: MER, 2012.

de Sainte-Croix, Guillaume Emmanuel Joseph. *Examen critique des anciens historiens d'Alexandre le Grand*. 2nd ed. Paris: Delance et Lesueur, 1804.

Delev, Peter. "Lysimachus, the Getae, and Archaeology." *Classical Quarterly* 50 (2000): 384–401.

Drougou, Stella. "Vergina—The Ancient City of Aegae." In *Brill's Companion to Ancient Macedon: Studies in the Archaeology and History of Macedon, 650 BC–300 AD*, edited by Robin Lane Fox, 243–56. Leiden: Brill, 2011.

Drougou, Stella, and Chryssoula Saatsoglou-Paliadeli. *Vergina: The Land and its History*. Athens: Ephesus Publishing, 2005.

Droysen, J. G. *Geschichte des Hellenismus*. 3 vols. 1877. Reprint, Tübingen: Tübingen Wissenschaftliche Buchgemeinschaft, 1952.

Duncan-Jones, Richard. *Money and Government in the Roman Empire*. Cambridge: Cambridge University Press, 1994.

Duruy, Victor. *Histoire des Grecs*. 3 vols. 1889. Reprint, Graz: Akademische Druck, 1968.

Duyrat, Frédérique. "La circulation monétaire dans l'Orient séleucide

(Syrie, Phénicie, Mésopatamie, Iran). " *Topoi* 6 (2004): 381 - 424.

Engels, Donald. *Alexander the Great and the Logistics of the Macedonian Army*. Berkeley: University of California Press, 1978.

Erskine, Andrew. "The View from the Old World: Contemporary Perspectives on Hellenistic Culture." In *Shifting Social Imaginaries in the Hellenistic Period*, ed. Eftychia Stavrianopoulou, 339 - 63. Leiden: Brill, 2013.

Faraguna, Michele. "Aspetti amministrativi e finanziari della monarchia mace-done fra IV e III secolo a. C." *Athenaeum* 86 (1998): 349 - 95.

Fedak, Janos. *Monumental Tombs of the Hellenistic Age: A Study of Selected Tombs from the Pre-Classical to the Early Imperial Era*. Toronto: University of Toronto Press, 1990.

Finley, Moses. *The Ancient Economy*. London: Chatto and Windus, 1975.

Finley, Moses. *Ancient History: Evidence and Models*. New York: Viking Penguin, 1985.

Flower, Michael. "Alexander and Panhellenism." In *Alexander the Great in Fact and Fiction*, edited by A. B. Bosworth and E. J. Baynham,

96-135. Oxford: Oxford University Press, 2000.

Forbes, Steve, and John Prevas. *Power Ambition Glory: The Stunning Parallels between Great Leaders of the Ancient World and Today ... and What Lessons You Can Learn.* New York: Three Rivers Press, 2009.

Franz, Daniel. "Kriegsfinanzierung Alexanders des Grossen." In *1001 & 1 Talente: Visualisierung antiker Kriegskosten*, edited by Holger Müller, 115-50. Gutenberg: Computus Druck Satz, 2009.

Fraser, P. M. *Cities of Alexander the Great.* Oxford: Clarendon Press, 1996. Gabriel, Richard. "Alexander the Monster." *Quarterly Journal of Military History* 25 (2013): 38-45.

Gage, Nicholas. "Tomb of Philip of Macedon Found in Greece." *New York Times*, November 25, 1977.

Garnsey, Peter. *Famine and Food Supply in the Graeco-Roman World.* Cambridge: Cambridge University Press, 1988.

Gast, John. *The History of Greece, from the Accession of Alexander of Macedon, till Its Final Subjection to the Roman Power.* 8 vols. London: J. Murray, 1782.

Gill, David. "Inscribed Silver Plate from Tomb II at Vergina." *Hesperia* 77 (2008): 335-58.

Glotz, Gustave. *Ancient Greece at Work.* 1920. Reprint, New York: Norton, 1967. Goldstein, Jonathan. "Demosthenes' Fine and Its Payment, 323-322 b. c." *Classical Journal* 67 (1971): 20-21.

Goron, Stan, and J. P. Goenka. *The Coins of the Indian Sultanates*. New Delhi: Munshiram Manoharlal Publishers, 2001.

Green, Peter. *Alexander to Actium: The Historical Evolution of the Hellenistic Age*. Berkeley: University of California Press, 1990.

Green, Peter. *Alexander of Macedon*, 356-323 b. c. Berkeley: University of California Press, 1991.

Griffith, G. T. "The Macedonian Background." *Greece and Rome* 12 (1965): 125-39.

Grote, George. *History of Greece*. 12 vols. London: John Murray, 1856.

Habicht, Christian. *Athens from Alexander to Antony*. Cambridge, MA: Harvard University Press, 1997.

Hamilton, Earl. "Imports of American Gold and Silver into Spain, 1503-1660." *Quarterly Journal of Economics* 43 (1929): 436-72.

Hamilton, Earl. "American Treasure and the Rise of Capitalism (1500-1700)." *Economica* 27 (1929): 338-57.

Hamilton, J. R. *Plutarch, Alexander: A Commentary*. Oxford: Clarendon Press, 1969.

Hammond, N. G. L. *Alexander the Great: King, Commander and States-*

man. Park Ridge, NJ: Noyes Press, 1980.

Hammond, N. G. L. *Three Historians of Alexander the Great.* Cambridge: Cambridge University Press, 1983.

Hammond, N. G. L. "An Unfulfilled Promise by Alexander the Great." In *Zu Alexander dem Grossen*, vol. 1, edited by Wolfgang Will and Johannes Heinrichs, 627-34. Amsterdam: Hakkert, 1987.

Hammond, N. G. L. "The King and the Land in the Macedonian Kingdom." *Classical Quarterly* 38 (1988): 382-91.

Hammond, N. G. L. "Casualties and Reinforcements of Citizen Soldiers in Greece and Macedonia." *Journal of Hellenic Studies* 109 (1989): 56-68.

Hammond, N. G. L. "The Archaeological and Literary Evidence for the Burning of Persepolis." *Classical Quarterly* 42 (1992): 358-64.

Hammond, N. G. L. *Sources for Alexander the Great: An Analysis of Plutarch's Life and Arrian's Anabasis Alexandrou.* Cambridge: Cambridge University Press, 1993.

Hammond, N. G. L. "Philip's Innovations in Macedonian Economy." *Symbolae Osloenses* 70 (1995): 22-29.

Hammond, N. G. L. "Cavalry Recruited in Macedonia Down to 322 b. c." *Historia* 47 (1998): 404-25.

Hammond, N. G. L. "Alexander's Newly-Founded Cities." *Greek, Roman and Byzantine Studies* 39 (1998): 243-69.

Hammond, N. G. L., and G. T. Griffith. *A History of Macedonia*, vol. II: 550-336 b.c. Oxford: Clarendon Press, 1979.

Harding, Brian. "The Use of Alexander the Great in Augustine's *City of God*." *Augustinian Studies* 39 (2008): 113-28.

Hasnas, John. "Reflections on Corporate Moral Responsibility and the Problem Solving Technique of Alexander the Great." *Journal of Business Ethics* 107 (2012): 183-95.

Hatzopoulos, Miltiades. *Actes du ventes d'Amphipolis*. Athens: de Boccard, 1991.

Hatzopoulos, Miltiades. *Macedonian Institutions Under the Kings: A Historical and Epigraphic Study*. 2 vols. Athens: Research Centre for Greek and Roman Antiquity, 1995.

Hauben, Hans. "The Expansion of Macedonian Sea-Power under Alexander the Great." *Ancient Society* 7 (1976): 79-105.

Heckel, Waldemar. *The Marshals of Alexander's Empire*. London: Routledge, 1992.

Heckel, Waldemar. *Who's Who in the Age of Alexander the Great*. Malden, MA: Blackwell, 2006.

Heisserer, A. J. *Alexander the Great and the Greeks: The Epigraphic Evidence.* Norman: University of Oklahoma Press, 1980.

Herzfeld, Ernst. "Rapport sur l'état actuel des ruines de Persépolis et propo‐sitions pour leur conservation." *Archäologische Mitteilungen aus Iran* 1 (1929): 17–64.

Holt, Frank. *Alexander the Great and Bactria.* Leiden: Brill, 1988.

Holt, Frank. "Spitamenes Against Alexander." *Historikogeographika* 4 (1994): 51–58.

Holt, Frank. "Alexander the Great and the Spoils of War." *Ancient Macedonia* 6 (1999): 499–506.

Holt, Frank. *Thundering Zeus: The Making of Hellenistic Bactria.* Berkeley: University of California Press, 1999.

Holt, Frank. "Alexander the Great Today: In the Interests of Historical Accuracy?" *Ancient History Bulletin* 13 (1999): 111–17.

Holt, Frank. "The Death of Coenus: Another Study in Method." *Ancient History Bulletin* 14 (2000): 49–55.

Holt, Frank. *Alexander the Great and the Mystery of the Elephant Medallions.* Berkeley: University of California Press, 2003.

Holt, Frank. *Into the Land of Bones.* 2nd ed. Berkeley: University of California Press, 2012.

Holt, Frank. "Alexander the Great at Bactra: A Burning Question." *Electrum* 22 (2015): 9-15.

Hong, Sungmin, Jean-Pierre Candelone, Clair Patterson, and Claude Boutron. "Greenland Ice Evidence of Hemispheric Lead Pollution Two Millennia Ago by Greek and Roman Civilizations." *Science* 265 (1994): 1841-43.

Howgego, Christopher. *Ancient History from Coins*. London: Routledge, 1995.

Hubbard, L. Ron. *Tomb of the Ten Thousand Dead*. Hollywood: Galaxy Press, 2008.

Jamzadeh, Parivash. *Alexander Histories and Iranian Reflections: Remnants of Propaganda and Resistance*. Leiden: Brill, 2012.

Jones, A. H. M. *Ancient Economic History: An Inaugural Lecture Delivered at University College, London*. London: H. K. Lewis, 1948.

Jouguet, Pierre. *Macedonian Imperialism and the Hellenization of the East*. London: Kegan Paul, 1928.

Jursa, Michael. "Florilegium babyloniacum: Neue Texte aus Hellenistischer und Spätachämenischer Zeit." In *Mining the Archives*, edited by Cornelia Wunsch, 107-30. Dresden: ISLET, 2002.

Keynes, John M. *A Treatise on Money*. 2 vols. New York: Harcourt,

Brace and Company, 1930.

Kholod, Maxim. "On the Financial Relations of Alexander the Great and the Greek Cities in Asia Minor: The Case of *Syntaxis*." In *Ruthenia Classica Aetatis Novae*, edited by Andreas Mehl, Alexander Makhlayuk, and Oleg Gabelko, 83–92. Stuttgart: Franz Steiner, 2013.

King Charls His Speech Made upon the Scaffold. London: Peter Cole, 1649.

Kingsley, Bonnie. "Harpalosinthe Megarid (333–331 b. c.) and the Grain Shipments from Cyrene." *Zeitschrift für Papyrologie und Epigraphik* 66 (1986): 165–77.

Knapowski, Roch. "Die Finanzen Alexanders des Grossen." In *Geschichte Mittelasiens in Altertum*, edited by Franz Altheim and Ruth Stiehl, 235–47. Berlin: de Gruyter, 1970.

Kottaridi, Angeliki. "The Palace of Aegae." In *Brill's Companion to Ancient Macedon*, edited by Robin Lane Fox, 298–333. Leiden: Brill, 2011.

Kottaridi, Angeliki, and Susan Walker, eds. *Heracles to Alexander the Great: Treasures from the Royal Capital of Macedon, a Hellenic Kingdom in the Age of Democracy*. Oxford: Ashmolean Museum, 2011.

Kremydi-Sicilianou, Sophia. "The Financing of Alexander's Asian Campaign." *Nomismatika Chronika* 18 (1999): 61–68.

Kron, Geoffrey. "Anthropometry, Physical Anthropology, and the Reconstruction of Ancient Health, Nutrition, and Living Standards." *Historia* 54 (2005): 68-83.

Kron, Geoffrey. "Comparative Evidence and the Reconstruction of the Ancient Economy: Greco-Roman Housing and the Level and Distribution of Wealth and Income." In *Quantifying the Greco-Roman Economy and Beyond*, edited by François de Callataÿ, 123-46. Bari: Edipuglia, 2014.

Kwarteng, Kwasi. *War and Gold: A 500-Year History of Empires, Adventures, and Debt*. New York: Public Affairs, 2014.

Ladynin, Ivan. "The Argeadai Building Program in Egypt in the Framework of Dynasties' XXIX-XXX Temple Building." In *Alexander the Great and Egypt: History, Art, Tradition*, edited by Volker Grieb, Krzysztof Nawotka, and Agnieszka Wojciechowska, 55-87. Wiesbaden: Harrassowitz, 2014.

Ladynin, Ivan. "Ἀλέξανδρος- 'Defender of Egypt'? On the Semantics of Some Denotations of Alexander the Great on the Ancient Egyptian Monuments." *Vestnik Novosibirskogo Gosudarstvennogo Universiteta* 13 (2014): 14-20 (in Russian).

Lane Fox, Robin. *The Making of Alexander*. Oxford: R & L, 2004.

Lane Fox, Robin. "The First Hellenistic Man." In *Creating a Hellenistic World*, edited by Andrew Erskine and Lloyd Llewellyn-Jones, 1–29. Swansea: Classical Press of Wales, 2010.

Lane Fox, Robin. "Introduction: Dating the Royal Tombs at Vergina." In *Brill's Companion to Ancient Macedonia*, edited by Robin Lane Fox, 1–34. Leiden: Brill, 2011.

Lane Fox, Robin. "Philip's and Alexander's Macedon." In *Brill's Companion to Ancient Macedonia*, edited by Robin Lane Fox, 367–91. Leiden: Brill, 2011.

Lane Fox, Robin. "Aspects of Warfare: Alexander and the Early Successors." *Revue des études Militaires Anciennes* 6 (2013): 127–34.

Lazarides, Demetrius, Katerina Romiopoulou, and Iannis Touratsaglou. *Ὁ Τύμβος τῆς Νικήσιανης*. Athens: Athenian Archaeological Service, 1992.

Lemaire, Andre. "Le monnayage de Tyr et celui dit d'Akko dans la deuxième moité du IVe siècle avant J.-C." *Revue Numismatique* 18 (1976): 11–24.

Lenfant, Dominique. "Greek Monographs on the Persian World." In *Between Thucydides and Polybius: The Golden Age of Greek Historiogra-

phy, edited by Giovanni Parmeggiani, 197-210. Washington, DC: Center for Hellenic Studies, 2014.

Leriche, Pierre. "Bactria, Land of a Thousand Cities." In *After Alexander: Central Asia before Islam*, edited by Joe Cribb and Georgina Herrmann, 121-53. Oxford: Oxford University Press, 2007.

Le Rider, Georges. *Le Monnayage d'argent et d'or de Philippe II*. Paris: Bourgey, 1977. Le Rider, Georges. *Monnayage et finances de Philippe II: Un état de la question*. Paris: de Boccard, 1996.

Le Rider, Georges. *Alexander the Great: Coinage, Finances, and Policy*. Translated by W. E. Higgins. Philadelphia: American Philosophical Society, 2007.

Lichtheim, Miriam. *Ancient Egyptian Literature*, vol. III: *The Late Period*. Berkeley: University of California Press, 1980.

Llewellyn-Jones, Lloyd. "The Great Kings of the Fourth Century and the Greek Memory of the Persian Past." In *Greek Notions of the Past in the Archaic and Classical Eras*, edited by John Marincola, Lloyd Llewellyn-Jones, and Calum Maciver, 317-46. Edinburgh: Edinburgh University Press, 2012.

Lloyd, Alan. "From Satrapy to Hellenistic Kingdom: The Case of Egypt." In *Creating a Hellenistic World*, edited by Andrew Erskine and Lloyd Llewellyn-Jones, 83-105. Swansea: Classical Press of Wales, 2010.

Loomis, William. *Wages, Welfare Costs and Inflation in Classical Athens*. Ann Arbor: University of Michigan Press, 1998.

Lorber, Catharine. "Weight Standards of Thracian Toreutics and Thraco-Macedonian Coinages." *Revue Belge de Numismatique et Sigillographie* 154 (2008): 1-29.

MacDowall, David. "Der Einfluss Alexanders des Grossen auf das Münzwesen Afghanistans und Nordwest-Indiens." In *Aus dem Osten des Alexanderreiches*, edited by Jakob Ozols and Volker Thewalt, 66-73. Cologne: Du Mont, 1984.

Mahaffy, John. *Alexander's Empire*. London: T. Fisher Unwin, 1887.

Marazov, Ivan. *The Rogozen Treasure*. Sofia: Svyat Publishers, 1989.

Markou, Evangeline. "Gold and Silver Weight Standards in Fourth-Century Cyprus: A Resume." In *Proceedings of the XIVth International Numismatic Congress*, edited by Nicholas Holmes, 280-84. Glasgow: International Numismatic Council, 2011.

Marsden, E. W. *The Campaign of Gaugamela*. Liverpool: Liverpool University Press, 1964.

Martin, Felix. *Money: The Unauthorized Biography*. New York: Knopf,

2014. Martin, Thomas R. *Sovereignty and Coinage in Classical Greece*. Princeton, NJ: Princeton University Press, 1985.

Masroori, Cyrus. "Alexander in the City of the Excellent: A Persian Tradition of Utopia." *Utopian Studies* 24 (2013): 52–65.

McInerney, Jeremy. *The Cattle of the Sun: Cows and Culture in the World of the Ancient Greeks*. Princeton, NJ: Princeton University Press, 2010.

McIntosh, Jane. *Treasure Seekers: The World's Great Fortunes Lost and Found*. London: Carlton Books, 2000.

Mead, Joseph. *Alexander the Great, a Poem*. London: Elliot Stock, 1876.

Meadows, Andrew. "The Spread of Coins in the Hellenistic World." In *Explaining Monetary and Financial Innovation: A Historical Analysis*, edited by Peter Bernholz and Roland Vaubel, 169–94. New York: Springer International Publishing, 2014.

Meeus, Alexander. "Some Institutional Problems Concerning the Succession to Alexander the Great: *Prostasia* and Chiliarchy." *Historia* 58 (2009): 287–310.

Meyer, Michael. *The Alexander Complex: The Dreams That Drive the Great Businessmen*. New York: Times, 1989.

Miles, Margaret. *Art as Plunder*. Cambridge: Cambridge University Press, 2008.

Millett, Paul. "The Political Economy of Macedonia." In *A Companion to Ancient Macedonia*, edited by Joseph Roisman and Ian Worthington, 472–504.

Malden, MA: Wiley-Blackwell, 2010.

Milns, R. D. "Army Pay and the Military Budget of Alexander the Great." In *Zu Alexander dem Grossen*, vol. 1, edited by Wolfgang Will and Johannes Heinrichs, 233–56. Amsterdam: Hakkert, 1987.

Mitchell, Lynette. *Greeks Bearing Gifts: The Public Use of Private Relationships in the Greek World, 435–323 bc*. Cambridge: Cambridge University Press, 1997.

Montgomery, Hugo. "The Economic Revolution of Philip II—Myth or Reality?" *Symbolae Osloenses* 60 (1985): 37–47.

Moreno, Paolo. *Apelles: The Alexander Mosaic*. Milan: Skira, 2001.

Morris, Ian. "Archaeology, Standards of Living, and Greek Economic History." In *The Ancient Economy: Evidence and Models*, edited by J. G. Manning and Ian Morris, 91–126. Stanford: Stanford University Press, 2005.

Morris, Ian. *War! What Is It Good For?* New York: Farrar, Straus and

Giroux, 2014.

Morrison, Gary. "Alexander, Combat Psychology, and Persepolis." *Antichthon* 35 (2001): 30–44.

Mousavi, Ali. *Persepolis: Discovery and Afterlife of a World Wonder*. Berlin: de Gruyter, 2012.

Nadali, Davide, and Jordi Vidal, eds. *The Other Face of the Battle: The Impact of War on Civilians in the Ancient Near East*. Münster: Ugarit-Verlag, 2014.

Nagle, D. B. "The Cultural Context of Alexander's Speech at Opis." *Transactions of the American Philological Association* 126 (1996): 151–72.

Naveh, Joseph, and Shaul Shaked, eds. *Aramaic Documents from Ancient Bactria (Fourth century BCE.) from Khalili Collections*. London: Khalili Family Trust, 2012.

Nawotka, Krzysztof. "Alexander the Great in Persepolis." *Acta Antiqua Academiae Scientiarum Hungaricae* 43 (2003): 67–76.

Neujahr, Matthew. "When Darius Defeated Alexander: Composition and Redaction in the Dynastic Prophecy." *Journal of Near Eastern Studies* 64 (2005): 101–7.

Newell, Edward. *Reattribution of Certain Tetradrachms of Alexander the*

Great. New York: American Numismatic Society, 1912.

Newell, Edward. *The Dated Alexander Coinage of Sidon and Ake*. New Haven, CT: Yale University Press, 1916.

Ng, Su Fang. "Pirating Paradise: Alexander the Great, the Dutch East Indies, and Satanic Empire in *Paradise Lost*." *Milton Studies* 52 (2011): 59–91.

Niane, D. T., ed. *Sundiata: An Epic of Old Mali*. Harlow: Longman, 1965.

Nicolet-Pierre, Hélène. "Argent et or Frappes en Babylone Entre 331 et 311 ou de Mazdai à Séleucos." In *Travauxdenumismatiquegrecqueofferts à Georges Le Rider*, edited by Michel Amandry and Silvia Hurter, 285–305. London: Spink, 1999.

Ogden, Daniel. *Alexanderthe Great: Myth, Genesisand Sexuality*. Exeter: University of Exeter Press, 2011.

Ogden, Daniel. "Alexander in Africa (332–331 bc and Beyond): The Facts, the Traditions and the Problems." In *Alexander in Africa*, edited by Philip Bosman, 1–37. Pretoria: Classical Association of South Africa, 2014.

Olbrycht, Marek Jan. "Curtius Rufus, the Macedonian Mutiny at Opis and Alexander's Iranian Policy in 324 BC." In *The Children of Herodotus*, edited by Jakub Pigon, 231–52. Newcastle upon Tyne: Cambridge Scholars Publishing, 2008.

Olbrycht, Marek Jan. "Ethnicity of Settlers in the Colonies of Alexander the Great in Iran and Central Asia." *Bulletin of the International Institute of Central Asian Studies* 14 (2011): 22–35.

Olbrycht, Marek Jan. "'An Admirer of Persian Ways': Alexander the Great's Reforms in Parthia-Hyrcania and the Iranian Heritage." In *Excavating an Empire: Achaemenid Persia in Longue Durée*, edited by Touraj Daryaee, Ali Mousavi, and Khodadad Rezakhani, 37–62. Costa Mesa, CA: Mazda Publishers, 2015.

Overtoom, Nikolaus. "Six Polybian Themes Concerning Alexander the Great." *Classical World* 106 (2013): 571–93.

Palagia, Olga. "Hephaestion's Pyre and the Royal Hunt of Alexander." In *Alexander the Great in Fact and Fiction*, edited by A. B. Bosworth and Elizabeth Baynham, 167–206. Oxford: Oxford University Press, 2000.

Panagopoulou, Katerina. "Between Necessity and Extravagance: Silver as a Commodity in the Hellenistic Period." *Annual of the British School at Athens* 102 (2007): 315–43.

Pandermalis, Dimitrios. *Alexander the Great: Treasures from an Epic Era of Hellenism*. New York: Alexander S. Onassis Public Benefit Foundation, 2004.

Parke, H. W. *Greek Mercenary Soldiers from the Earliest Times to the Battle of Ipsus*. Oxford: Clarendon Press, 1933.

Pearson, Lionel. *The Lost Histories of Alexander the Great*. London: American Philological Association, 1960.

Perdu, Olivier. "Le monument de Samtoutefnakht à Naples." *Revue d'égyptologie* 36 (1985): 99–113.

Pernot, Laurent. *Alexandre le Grand: Les risques du pouvoir, Textes philosophiques et rhétoriques*. Paris: Les Belles Lettres, 2013.

Posner, Donald. "Charles LeBrun's Triumphs of Alexander." *Art Bulletin* 41 (1959): 237–48.

Pouzadoux, Claude. "Un Béotien à Tarente?" In *Artisanats antiques d'Italie et de Gaule*, edited by Jean-Paul Brun, 256–63. Naples: Centre Jean Bérard, 2009.

Price, Martin J. "Alexander's Reform of the Macedonian Regal Coinage." *Numismatic Chronicle* (1982): 180–90.

Price, Martin J. *The Coinage in the Name of Alexander the Great and Philip Arrhidaeus*. 2 vols. London: British Museum, 1991.

Pritchett, W. K. *The Greek State at War*, Part 5. Berkeley: University of California Press, 1991.

Radt, Timm. "The Ruins on Mount Karasis in Cilicia." In *From Pella to Gandhara: Hybridisation and Identity in the Art and Architecture of the Hellenistic East*, edited by Anna Kouremenos, Sujatha Chandrasekaran, and Roberto Rossi, 49-64. Oxford: Archaeopress, 2011.

Rawlings, Louis. "War and Warfare in Ancient Greece." In *The Oxford Handbook of Warfare in the Classical World*, edited by Brian Campbell and Lawrence Tritle, 3-28. Oxford: Oxford University Press, 2013.

Rebuffat, François. "Alexandre le Grand et les problèmes financiers au début de son régne." *Revue Numismatique* 25 (1983): 43-52.

Reddé, Michel, ed. *De l'or pour les braves! Soldes, armées et circulation monétaire dans le monde romain*. Bordeaux: Ausonius, 2014.

Reinhold, Meyer. *History of Purple as a Status Symbol in Antiquity*. Brussels: Latomus, 1970.

Rezaeian, Farzin. *Persepolis Revealed*. Toronto: Sunrise Visual Innovations, 2004.

Richardson, William. *Numbering and Measuring in the Classical World*. 2nd ed. Bristol: Bristol Phoenix Press, 2004.

Roberts, Keith. *The Origins of Business, Money, and Markets*. New

York: Columbia University Press, 2011.

Roisman, Joseph. *Alexander's Veterans and the Early Wars of the Successors*. Austin: University of Texas Press, 2012.

Rollin, Charles. *The Life of Alexander the Great, King of Macedon*. Providence, RI: B. Wheeler, 1796.

Rostovtzeff, Michael. *The Social and Economic History of the Hellenistic World*. 3 vols. Oxford: Clarendon Press, 1941.

Rotroff, Susan. *The Missing Krater and the Hellenistic Symposium: Drinking in the Age of Alexander the Great*. Broadhead Classical Lecture, University of Canterbury, Christchurch, August 7, 1996.

Rubincam, Catherine. "Numbersin Greek Poetryand Historiography: Quantifying Fehling." *Classical Quarterly* 53 (2003): 448-63.

Rubincam, Catherine. "The 'Rationality' of Herodotus and Thucydides as Evidenced by Their Respective Use of Numbers." In *Thucydides and Herodotus: Connections, Divergences, and Later Reception*, edited by Edith Foster and Donald Lateiner, 97-122. Oxford: Oxford University Press, 2012.

Ruffin, J. R. "The Efficacy of Medicine during the Campaigns of Alexander the Great." *Military Medicine* 157 (1992): 467-75.

Rzepka, Jacek. "How Many Companions Did Philip II Have?" *Electrum*

19（2012）: 131-35.

Sancisi-Weerdenburg, Heleen. "Gifts in the Persian Empire." In *Le tribute dans l'Empire Perse*, edited by Pierre Briant and Clarisse Herrenschmidt, 129-46. Paris: Peeters, 1989.

Sancisi-Weerdenburg, Heleen. "Alexander and Persepolis." In *Alexander the Great: Reality and Myth*, edited by Jesper Carlsen et al., 177-88. Rome: "L'Erma" di Bretschneider, 1993.

Scheidel, Walter. "Finances, Figures and Fiction." *Classical Quarterly* 46 (1996): 222-38.

Schmidt, Erich. *The Treasury of Persepolis and Other Discoveries in the Homeland of the Achaemenians*. Chicago: University of Chicago Press, 1939.

Schmidt, Erich. *Persepolis II: Contents of the Treasury and Other Discoveries*. Chicago: University of Chicago Press, 1957.

Schuyler, Eugene. *Turkistan: Notes of a Journey in Russian Turkistan, Khokand, Bukhara, and Kuldja*. New York: Scribner, Armstrong and Company, 1876.

Scott-Kilvert, Ian, trans. *The Age of Alexander: Nine Greek Lives by Plutarch*. New York: Penguin, 1973.

Shahbazi, A. S. "Iranians and Alexander." *American Journal of Ancient*

History 2 (2003): 5–38.

Shaked, Saul. *Le satrape de Bactriane et son gouverneur: Documents araméens du IVe s. avant notre ère provenant de Bactriane*. Paris: de Boccard, 2004.

Simpson, R. H. "A Note on Cyinda." *Historia* 6 (1957): 503–4.

Sinopoli, Carla. "The Archaeology of Empires." *Annual Review of Anthropology* 23 (1994): 159–80.

Smith, Wes. "Cleopatra's Tomb? A 'Snowball's Chance' in Egypt." *Chicago Tribune*, April 14, 1996.

Spencer, Janet. "Princes, Pirates, and Pigs: Criminalizing Wars of Conquest in *Henry V*." *Shakespeare Quarterly* 47 (1996): 160–77.

Stewart, Andrew. *Faces of Power: Alexander's Image and Hellenistic Politics*. Berkeley: University of California Press, 1993.

Stolper, Matthew. *Entrepreneurs and Empire: The Murasu Archive, the Murasu Firm, and Persian Rule in Babylonia*. Leiden: Nederlands Instituut voor het Nabije Oosten, 1985.

Strauss, Barry. "Alexander: The Military Campaign." In *Brill's Companion to Alexander the Great*, edited by Joseph Roisman, 133–57. Leiden: Brill, 2003.

Strootman, Rolf. "Alexander's Thessalian Cavalry." *TALANTA* 42/43

(2010-2011): 51-67.

Tarn, W. W. "Alexander: The Conquest of Persia." In *The Cambridge Ancient History* VI, edited by J. B. Bury et al., 352-86. Cambridge: Cambridge University Press, 1927.

Tarn, W. W. "Alexander the Great and the Unity of Mankind." *Proceedings of the British Academy* 19 (1933): 123-66.

Tarn, W. W. *Alexander the Great*. 2 vols. Cambridge: Cambridge University Press, 1948.

Taylor, Edward. "Valuing the Numismatic Legacy of Alexander the Great." *The Celator* 22 (2008): 6-27.

Thompson, Margaret. "The Coinage of Philip II and Alexander III." In *Macedonia and Greece in Late Classical and Early Hellenistic Times*, edited by Beryl Barr-Sharrar and Eugene Borza, 113-21. Washington, DC: National Gallery of Art, 1982.

Thompson, Margaret. *Alexander's Drachm Mints* I: *Sardes and Miletus*. New York: American Numismatic Society, 1983.

Thompson, Margaret. "Paying the Mercenaries." In *Studies in Honor of Leo Mildenberg*, edited by Arthur Houghton et al., 241-47. Wetteren: NR Editions, 1984.

Thompson, Margaret. *Alexander's Drachm Mints* II: *Lampsacus and*

Abydus. New York: American Numismatic Society, 1991.

Thompson, Margaret, Otto Mørkholm, and Colin Kraay, eds. *An Inventory of Greek Coin Hoards*. New York: American Numismatic Society, 1973.

Tilly, Charles. "War Making and State Making as Organized Crime." In *Bringing the State Back In*, edited by Peter Evans, Dietrich Rueschemeyer, and Theda Skocpol, 169–91. Cambridge: Cambridge University Press, 1985.

Townsend, David. *The "Alexandreis" of Walter of Chatillon: A Twelfth-Century Epic*. Philadelphia: University of Pennsylvania Press, 1996.

Tritle, Lawrence. "Alexander and the Greeks: Artists and Soldiers, Friends and Enemies." In *Alexander the Great: A New History*, edited by Waldemar Heckel and Lawrence Tritle, 121–40. Malden, MA: Wiley-Blackwell, 2009.

Tronson, Adrian. "The 'Life of Alexander' and West Africa." *History Today* 32 (1982): 38–41.

Troxell, Hyla. *Studies in the Macedonian Coinage of Alexander the Great*. New York: American Numismatic Society, 1997.

Tsimbidou-Avloniti, Maria. *Μακεδονικοίτάφοι στον Φοίνικα και στον Α'γιο Α'θανάσιο Θεσσαλονίκης*. Athens: TAPA, 2005.

Tsingarida, Athena, and Didier Viviers, eds. *Pottery Markets in the Ancient Greek World*. Brussels: CReA-Patrimoine, 2013.

van der Spek, R. J. "The Astronomical Diaries as a Source for Achaemenid and Seleucid History." *Bibliotheca Orientalis* 50 (1993): 92-101.

van der Spek, R. J. "Palace, Temple and Market in Seleucid Babylonia." In *Le roi et l'économie*, edited by Véronique Chankowski and Frédérique Duyrat, 303-32. Paris: de Boccard, 2004.

van der Spek, R. J. "How to Measure Prosperity? The Case of Hellenistic Babylonia." In *Approches de l'économie hellénistique*, edited by Raymond Descat, 287-310. Paris: de Boccard, 2006.

van der Spek, R. J. "The 'Silverization' of the Economy of the Achaemenid and Seleukid Empires and Early Modern China." In *The Economies of Hellenistic Societies, Third to First Centuries*, edited by Zofia Archibald, John Davies, and Vincent Gabrielsen, 402-20. Oxford: Oxford University Press, 2011.

van der Spek, R. J., B. van Leeuwen, and J. L. van Zanden, eds. *A History of Market Performance from Ancient Babylonia to the Modern World*. New York: Routledge, 2015.

von Reden, Sitta. "Money in the Ancient Economy: A Survey of Recent

Research." *Klio* 84 (2002): 141-74.

von Reden, Sitta. *Money in Ptolemaic Egypt*. Cambridge: Cambridge University Press, 2007.

von Reden, Sitta. *Money in Classical Antiquity*. Cambridge: Cambridge University Press, 2010.

Waterfield, Robin. *Dividing the Spoils: The War for Alexander the Great's Empire*. Oxford: Oxford University Press, 2011.

Waxman, Sharon. *Loot: The Battle over the Stolen Treasures of the Ancient World*. New York: Times Books, 2008.

Wheeler, Mortimer. *Flames over Persepolis: Turning Point in History*. New York: William Morrow, 1968.

Wilcken, Ulrich. *Alexander the Great*. 1931. Reprint, New York: Norton, 1967.

Williams, John. *The Life of Alexander the Great*. New York: A. L. Burt, 1902.

Wilson, Joseph. "The Cave That Never Was: Outsider Archaeology and Failed Collaboration in the USA." *Public Archaeology* 11 (2012): 73-95.

Worthington, Ian. "How 'Great' Was Alexander?" *Ancient History Bulletin* 13 (1999): 39-55.

Worthington, Ian. "Alexander and 'the Interests of Historical Accuracy': A Reply." *Ancient History Bulletin* 13 (1999): 136-40.

Worthington, Ian. *Alexander the Great: Man and God.* London: Pearson, 2004.

Worthington, Ian. "Alexander the Great and the Greeks in 336? Another Reading of IG ii^2 329." *Zeitschrift für Papyrologie und Epigraphik* 147 (2004): 59-71.

Worthington, Ian. *Philip II of Macedonia.* New Haven, CT: Yale University Press, 2008.

Wüst, F. R. "Die Rede Alexanders des Grossen in Opis." *Historia* 2 (1953/1954): 177-88.

Zervos, Orestes. "Additions to the Demanhur Hoard of Alexander Tetradrachms." *Numismatic Chronicle* 140 (1980): 185-88.

Zournatzi, Antigoni. "The Processing of Gold and Silver Tax in the Achaemenid Empire: Herodotus 3.96.2 and the Archaeological Realities." *Studia Iranica* 29 (2000): 241-72.

重要译名对照表

阿里安	Arrian
埃克巴坦纳	Ecbatana
安提帕特	Antipater
巴比伦	Babylon
巴尔干	Balkan
巴克特里亚	Bactria
波斯波利斯	Persepolis
查士丁	Justin
大流士三世	Darius Ⅲ
狄奥多罗斯	Diodorus
底比斯	Thebes
底格里斯河	Tigris
蒂莫克利亚	Timocleia
独眼安提戈努斯	Antigonus One-Eyed
腓力二世	Philip Ⅱ

费尔吉纳	Vergina
高加米拉	Gaugamela
格德罗西亚沙漠	Gedrosian Desert
格拉尼卡斯河	Granicus River
哈帕拉斯	Harpalus
海达斯佩斯河	Hydaspes
海发西斯河	Hyphasis River
赫费斯提翁	Hephaestion
宦官巴戈阿斯	eunuch Bagoas
伙友骑兵	hetairoi
居鲁士大帝	Cyrus
克里奥门尼斯	Cleomenes
昆图斯	Quintus Curtius Rufus
欧皮斯	Opis
帕曼纽	Parmenion
培拉	Pella
普鲁塔克	Plutarch
奇里乞亚	Cilicia
色雷斯	Thrace

斯特拉波	Strabo
苏萨	Susa
粟特	Sogdian
塔克西拉	Taxila
塔克西莱斯	Taxiles
推罗	Tyre
兴都库什山	Hindu Kush
伊苏斯	Issus
印度河	Indus
攸美尼斯	Eumenes